KB038941

초보 상담자를 위한

초기 상담에 관한
99 가지 Q & A

신혜린 저

학지사

머리말

    이 책은 초보 상담자들이 궁금해하는 질문들에 대답하는 형식으로 기술되었습니다. 필자는 슈퍼비전을 하거나, 상담 전공생들을 대상으로 한 대학원 강의를 하거나, 인턴 상담자 교육 등을 할 때 초보 상담자들에게 질문을 많이 하도록 권유하곤 합니다. 아주 사소하고 아주 별것 아닌 것도 좋으니 뭐든지 질문을 해 보라고 부추기기도 합니다. 호기심도 많고 궁금한 게 많은 우리는 점점 어른이 되고 점잖아지면서 하고 싶은 질문을 꿀꺽 삼킬 때가 많이 있는 것 같습니다. 그래서 학생들에게 질문을 해 보라고 부추기면 처음에는 쭈뼛거리는데, 막상 질문을 시작하면 재미있습니다. '와! 참 기발하다.' '맞아, 나도 초보 상담자 때 진지하게 했던 고민이지.' '아, 초보 상담자들은 저게 궁금할 수 있겠구나.' 등과 같이 신선하게 느끼면서 초보 상담자의 질문들을 들었습니다. 그런데 어느 순간 초보 상담자들의 현실을 생생하게 반영한 질문들을 교육 현장에서 즉각 답변하고 끝내 버리는 것이 너무 아깝고 소중하다는 생각이 들었습니다. 그래서 이 질문들을 몇 년 동안 모아 기록해 두었다가 마침내 질문과 답변의 형식을 통해 이 책으로 다른 이들과 나눌 수 있게 되었습니다. 특히 초보 상담자들이 상담 초기에 대해 배울 것도 많고 어려워하는 것 같아 여러 질문 중에서 상담 초기에 관한 질문들을 분류해 99가지로 추리게 되었습니다. 그래서 책 제목을 『초보 상담자를 위한 초기 상담에 관한 99가지 Q&A』로 정하게 되었습니다.

99가지 질문들을 영역별로 나눠 보니 총 7개의 영역으로 구성되었습니다. 초기 상담의 시간적 진행을 염두에 두면서 제1장에서는 '접수면접', 제2장에서는 '첫 회 상담'으로 구성하였습니다. 접수면접과 첫 회 상담의 개념과 구체적인 진행 방식에 관한 설명을 하였고, 더불어 진행할 때 구체적으로 어려웠던 지점들에 관한 질문을 다루었습니다. 제3장~제5장에서는 상담 초기에 진행해야 하는 중요 과제인 '사례개념화' '상담 목표' '상담 구조화'에 관한 질문들을 모아 구성해 보았습니다. 이 장들에서는 좀 더 상담 실제에 적용할 수 있도록 하는 데 중점을 두어 설명하였습니다. 따라서 상담 사례들을 직접 제시하면서 구체적으로 사례개념화하는 방법이나 상담 목표를 설정하는 방법에 대해 설명하고자 하였습니다. 여기서 미리 밝히는 것은, 예시로 제시된 상담 사례들은 모두 실제 사례가 아니며 가상으로 구성된 내용들입니다. 상담 구조화에 대한 장에서도 상담자가 구조화하는 방법의 예시를 구체적으로 제시해 보았으며, 구조화가 위협되는 상황에서 개입하는 방법의 예시도 제시하였습니다. 제6장에서는 '상담 초기 반응과 개입'과 관련된 면접 기술들을 다루고 있습니다. 이때 초기 상담에서 사용하는 면접 기술의 예시를 많이 들면서 상담자들이 구체적인 방법을 습득하고 감을 익힐 수 있도록 하는 데 중점을 두었습니다. 마지막 제7장에서는 초보 상담자들이 상담 초기를 경험하면서 올라오는 불안으로 인해 여러 걱정과 두려움을 많이 호소하는데, 이러한 상담자 내적인 고민에 관해서도 선배로서의 경험을 토대로 '초보 상담자의 걱정과 두려움'으로 다루었습니다. 책 전반에 걸쳐 질문의 배열은 각 장의 앞부분에는 좀 더 전체적인 개념과 과정에 관한 질문을 배치하였고, 뒷부분에는 좀 더 미시적 과정에 관한 질문들을 배치하였습니다.

이 책은 다음과 같이 활용하라고 제안하고 싶습니다. 우선 처음부터 읽으면서 상담의 초기 과정과 상담 운영에 관한 지식을 학습할 수 있을 것입니다. 책의 전체 구성이 질문과 답의 형식이기는 하지만 접수면접, 첫 회 상담, 사례개념화 등 중요한 상담 과정에 대한 전체적인 개념과 내용, 구체적인 진행 과정에 관해 설명하고자 하였으므로 이 책을 처음부터 끝까지 읽으면서 초보 상담자들이 초기 상담을 어떻게 해 가야 하는지 길잡이로 활용할 수 있을 것입니다. 또 다른 활용법으로는 흡사 요리책과 같이 사용할 수 있을 것입니다. 즉, 현재 상담을 진행하면서 상담자가 특정 어려움을 겪고 있다고 생각될 때마다 이 책의 목차를 살펴보면서 내가 겪는 어려움과 비슷한 질문을 찾아 읽어 보면 도움을 받을 수 있을 것입니다. 초보 상담자들은 교실에서 상담 이론과 기술들을 열심히 배웁니다. 그렇지만 막상 상담 현장에 들어가서 실제에 적용할 때 예상치 못한 여러 상황에 접하게 되어 당황하게 되는 경우가 많이 있습니다. 그때마다 이 책의 질문과 답들이 조금이나마 도움이 되었으면 합니다.

저자 신혜린

차례

제1장

접수면접

제2장

첫 회 상담

9

제3장   사례개념화

제4장

상담 목표

제5장 상담 구조화

14

제6장

상담 초기 반응과 개입

제7장 초보 상담자의 걱정과 두려움

99

초보 상담자를 위한
초기 상담에 관한 99가지 Q&A

제1장
접수면접

"내담자를 상담 안으로 잘 받아들이는 과정이 접수면접입니다."

Q01 '접수면접'이라는 과정이 왜 필요한가요?

접수면접은 영어로 intake, 즉 '안으로 들이다'라는 뜻이지요. 많은 상담 기관은 실제 상담을 시작하기 전에 내담자를 상담 안으로 (in) 잘 들어오게(take) 하려고 접수면접이라는 과정을 거칩니다. 그렇다면 내담자를 어떻게 상담 안으로 잘 들어오게 할 것일까요? 이 질문이 곧 접수면접의 필요성과도 관련이 될 것 같아 이에 관해 설명해 보겠습니다.

내담자를 상담 안으로 잘 들어오게 하기 위해서는 우선 내담자가 이 상담 기관에서 상담받는 것이 적합한지를 판단해야 할 것입니다. 어쩌면 내담자가 찾아온 이 상담 기관의 도움보다는 정신과의 약물치료나 입원이 필요한 상태일 수도 있고, 심리상담 기관과 비슷하지만, 다른 기관(중독 상담센터, 인권센터, 양성평등센터, 진로 상담센터 등)의 도움이 필요한 상태일 수도 있습니다. 이에 내담자가 실제 상담을 바로 시작하기 전에 내담자가 본 상담 기관의 서비스가 진짜 필요한 상태인지, 내담자의 요구에 본 상담 기관이 적합한지를 파악하기 위해 접수면접 과정이 필요합니다.

그리고 내담자가 어떤 상담자와 상담을 진행하는 것이 적합할지를 판단해야 합니다. 보통 상담 기관에는 여러 상담자가 있습니다. 상담 기관을 총괄하고 책임지는 책임 상담자, 어느 정도의 경력과 자격증을 취득하여 슈퍼바이저 역할을 하는 상담자, 선배 역할을 하는 상담자, 지금 막 상담을 시작한 수련생 상담자 등 다양한 경력의 상담자들이 있습니다. 그리고 때로는 임상 전문가, 위기 담당 상담자, 외국어로 상담이 가능한 상담자, 특정 분야에 관심이 있는 상담자 등 각 분야에 대한 전문 상담자들도 있습니다. 이에 내담자 호소문제의 내용, 심각도나 긴급성, 난이도, 내담자의 상담자 선호(예: 성폭력 피해자 여성의 경우 남자와 있으면 두려움을 강하게 느끼기에 여성 상담자를 선호할 수 있음) 등을 고려하여 내담자에게 좀 더 효과적인 도움을 줄 수 있는 상담자 배정을 위해서 접수면접이 필요합니다.

또한 상담 기관에 따라 여러 상담 서비스(예: 개인 상담, 집단 상담, 심리검사 해석 상담, 위기 개입, 심리교육)가 있는데, 그중에서 내담자에게 필요한 개입이 어떤 것인지 판단하여 안내하기 위해서도 접수면접 과정이 필요합니다.

요약하면 접수면접은 실제 상담을 하기 전에 내담자의 호소문제를 이해하고 문제의 심각성, 긴급성, 난이도를 파악함으로써 ① 내담자가 본 상담 기관에서 상담을 받는 것이 적합한지 판단하고, ② 적절한 상담 서비스와 적합한 상담자를 연결해 주어 ③ 내담자가 상담에 잘 진입할 수 있도록 돕기 위해서 필요한 것입니다.

Q 02 접수면접, 구체적으로 어떻게 진행해야 하나요?

접수면접의 진행 과정이나 내용들은 상담 기관에 따라 혹은 상담자의 상담 이론적 배경에 따라 다를 수 있습니다. 그러나 이 책에서는 초보 상담자들이 많이 수련받는 곳으로서 어느 정도 접수면접의 세팅을 갖추고 있는 대학 상담 기관을 기준으로 그 진행에 대해 안내해 보고자 합니다.

보통 접수면접자는 접수면접을 진행하기 전에 내담자에 대한 몇 가지 자료를 미리 받아 보고 들어가게 됩니다. 그 자료에는 상담 신청서, 상담 동의서, 정신건강 관련 간단한 체크리스트, 위기상태 관련 체크리스트, 상담 기관에서 시행하는 상담 전 필수 심리검사 (MMPI, SCT 등) 등이 있습니다. 접수면접자는 접수면접 전에 이 상담신청서나 심리검사, 체크리스트 등을 미리 살펴보면서 빠진 자료는 없는지, 내담자가 기재하지 않은 내용은 없는지 살펴봅니다. 그리고 내담자가 호소하는 어려움이 무엇인지 단서를 얻으면서 내담자에 대해 미리 그림을 그려 봅니다.

때론 간단한 상담신청서 속에서도 내담자의 핵심적인 문제가 드러나기도 합니다. 예를 들어, 어머니가 생존해 있음에도 비상 연락처 난에 이모를 쓰는 내담자라면 어머니와의 관계는 어떨지 의문이 드는 단서가 될 것입니다. 졸업한 고등학교를 썼다가 지운 흔적이 있다면 좀 의아할 것입니다. 고등학교를 중퇴한 내담자일 수도 있고 이에 대한 감정적 어려움이 있을 수 있는 것이지요. 가족 나이를 쓰는 난에 아버지가 2년 7개월 전에 돌아가셨다고 구체적인 날짜를 세면서 썼다면, 아버지의 죽음에 대해 마음속에서 아직 고군분투하고 있을 가능성이 있습니다. 이러한 단서들을 상담자가 마음속에 넣고 내담자가 어떤 사람인지 미리 그려 보면, 접수면접에 들어가서 내담자의 문제를 파악하는 데 도움이 되며 초점을 맞춰야 하는 질문들이 보다 선명하게 보여 내담자에 대한 좀 더 정확한 이해를 할 수 있을 것입니다.

그리고 나서 내담자가 오면 접수면접이 본격적으로 시작되지요. 내담자와 만나서 인사를 나누고 접수면접에 대해 간단히 구조화합니다. 이때는 접수면접이 본 상담이 아니라는 것, 접수면접의 목적, 접수면접에 소요되는 시간, 메모에 대한 동의 등의 내용이 들어가면 좋습니다. 예를 들면, 다음과 같이 구조화할 수 있습니다.

"안녕하세요. 저는 ○○씨와 오늘 접수면접을 진행하게 된 상담자 □□□입니다. 오늘 접수면접은 본격적인 상담이 시작되기 전에 ○○씨의 어려움에 대해 간략히 들어 보면서 가장 적합한 상담 서비스와 상담자를 배정해 드리기 위해 준비된 시간입니다. 이를 위해 앞으로 40분 정도 ○○씨가 왜 지금 상담을 받고자 하는지 질문을 하려 합니다. 가능한 한 모두 대답해 주시면 좋겠습니다. 그렇지만 대답하기 어려우시면 말씀해 주세요. 그리고 상담자에게 전달할 목적으로 메모하려고 하는데 괜찮을까요?"

이렇게 접수면접에 대해 간략한 구조화를 하면서 상담을 시작하면 좋습니다. 이러한 구조화는 내담자에게 무엇이 어떻게 진행되는지에 관해 설명해 줌으로써 내담자가 처음 경험하는 상담 세팅에 대한 불안도 줄일 수 있고, 상담자가 내담자의 알 권리를 존중하고 있다는 것을 전하는 태도라 할 수 있습니다. 특히 상담을 처음 받아 보는 내담자는 접수면접과 본 상담의 차이를 잘 모를 수 있으므로 접수면접이 본 상담과는 다른 목적으로 진행됨을 미리 얘기해 주는 것이 좋습니다. 상담자 배정을 위해서 내담자에 대한 탐색이 될 것이라는 안내를 받게 되면 내담자는 접수면접자가 지속해서 만나는 상담자가 아니라는 것을 알게 됩니다. 그래서 접수면접에서 이야기할 때, 내담자 자신도 감정이나 관계의 친밀도, 내용의 깊이를 조절할 수 있습니다.

그리고 나서 본격적으로 내담자가 상담을 신청하게 된 이유에 관해 물어봅니다. 이를 통해 내담자가 상담이 필요한 상태인지, 어떤 상담 서비스가 적절한지, 어떤 상담자에게 배정되는 것이 좋을지 등을 판단하게 됩니다. 좀 더 구체적으로 접수면접에서 물어봐야 할 내용들은 다음과 같습니다.

① 호소문제

② 호소문제나 증상에 대한 구체적 내용(시작과 경과, 맥락)

③ 정신건강 상태(mental status exam)

④ 이전 상담 및 치료 경험

⑤ 가족관계 및 대인관계 특성

⑥ 내담자의 강점

⑦ 외모 및 행동 관찰, 이에 대한 면접자 느낌

⑧ 상담자 배정에 필요한 그 밖의 정보

앞의 내용에 대해 순서대로 좀 더 자세한 내용들에 관해 기술해 보겠습니다.

1) 호소문제

상담자 인사와 접수면접에 대한 간단한 구조화를 한 후 바로 호소 문제에 관해 물으면서 접수면접은 시작이 됩니다. "상담을 받고자 하는 어려움이 무엇인가요?" 혹은 "어떤 문제로 상담에 오시게 되었 나요?" 등으로 시작합니다. 이렇게 개방형 질문을 하게 되면 내담자 는 자신에게 가장 중요하다고 생각하는 부분을 선택하여 자발적으 로 자유롭게 이야기할 수 있게 됩니다. 내담자 대부분은 자발적으로 이야기하기를 선호하며, 상담자가 이를 경청하는 행동은 라포 형성 에 도움을 주고 내담자의 적극적 상담 참여를 독려하게 됩니다.

또한 개방형 질문에 대해 내담자가 자유롭게 대답하는 과정은 상 담자가 내담자에 대해 관찰할 수 있는 시간을 갖게 해 주는데, 이때 상담자는 내담자의 분위기, 행동, 태도, 사고방식, 성격, 외모 등에 대해 관찰할 수 있습니다.

2) 호소문제나 증상에 대한 구체적 내용

내담자가 자신의 호소문제를 자유롭게 이야기하는 동안 상담자가 전반적으로 내담자의 가장 중요한 문제가 무엇인지 이해했다면, 다음으로는 영역의 범위를 좁혀서 내담자가 상담받게 된 이유에 대해 좀 더 자세한 탐색을 합니다. 내담자의 이야기들을 경청하면서 다음과 같은 영역들에 관한 이야기가 나왔을 때 초점화된 질문들을 할 수 있습니다.

(1) 증상에 대한 구체화

이야기를 들으면서 내담자는 심리적, 생리적, 신경증적 증상을 보고하기도 하는데 이때는 각 증상의 특성을 파악합니다. '불안하다, 긴장된다, 우울하다, 공황 증상이 있다, 잠을 잘 자지 못한다, 수면문제가 있다, 감정의 업다운이 심하다, 집중이 안 된다, 폭식한다' 등의 증상에 대하여 구체적으로 물어봅니다. 즉, '증상의 내용은 무엇인가? 증상이 언제부터 일어났는가, 언제 어떤 맥락에서 일어나는가? 항상 존재하는가? 일시적인가? 어느 정도 자주 있는가? 어느 정도의 강도로 일어나는가? 이 증상이 일상생활에 어느 정도의 장애를 주고 있는가, 어떨 때 증상이 더 심해지는가?' 등에 대해 질문합니다.

예를 들어 알코올 중독이 의심된다면, 다음과 같이 구체적으로 물어보면서 증상에 관한 내용과 심각도를 평가할 수 있어야 합니다.

"언제부터 술을 마시기 시작했는가(언제부터 더 많이 마시게 되었는가)? 얼마나 자주 술을 마시는가, 한 번 먹을 때 주로 어떤 술을 몇 병 정도 마시는가, 주량이 어떻게 되는가, 필름이 끊길 때가 있는가, 누구와 마시는가, 술 먹고 일상생활에 어느 정도의 지장이 있는가?"

(2) 상담에 오게 된 직접적인 최근 스트레스

그리고 이야기를 들으면서 내담자의 호소문제가 이전부터 있었는데도 왜 지금 상담소를 찾아오게 되었는지를 탐색하면 내담자의 현 호소문제의 배경과 내용이 잘 드러나게 됩니다. 내담자는 최근 스트레스가 된 에피소드를 가장 생생하게 기억하고 있으며 현재 가장 관심을 두고 있는 문제이기 때문에, 내담자에게 상담소에 오게 된 직접적인 에피소드들을 물어보면 자신의 문제에 대해 좀 더 잘 전달할 수 있을 것입니다.

27

"상담소에 오는 걸 결심하게 된 사건이나 배경이 있을까요?"
(자존감이 낮은 것이 호소문제라고 생각하는 내담자에게) "자존감이 낮다는 어려움은 ○○씨를 오랫동안 힘들게 한 것 같은데, 무엇 때문에 지금 상담소에 도움을 구하러 오게 되었을까요?"

(3) 호소문제 시작 시기와 경과

지금의 호소문제나 증상의 내용과 최근 촉발된 스트레스들을 살펴보는 것 외에도 이 호소문제가 시작된 시기와 경과를 파악합니다.

"이전에도 비슷한 어려움이 있었을까요?"
(자존감이 낮아 힘들다는 내담자에게) "언제 처음으로 그런 느낌을 받았나요?"
"언제부터 우울함이 있었나요?"

(4) 내담자의 호소문제를 악화시키거나 영향을 주는 여러 스트레스 요인

최근 내담자가 겪고 있는 주요한 사건과 관련된 질문을 합니다. 최근의 주요한 사건들이 내담자에게 미치는 영향들이 있음에도 내담자들은 종종 그 연관성을 인식하지 못하고 있을 수 있기에, 상담자는 그 연관성을 염두에 두면서 내담자를 둘러싼 환경의 변화와 주요한 사건들을 탐색해 나갑니다. 이러한 요인으로는 신체 질병, 경제 상황 악화, 학교에서의 학업 문제나 학교에서의 관계 변화, 거주 환경에서의 스트레스(이웃과 분쟁, 열악한 주거환경, 이사), 직업 관련 상황 변화(근무 조건, 이직, 상사나 동료와의 관계, 은퇴, 실업, 실직 위협, 승진 등), 친밀한 관계 변화(이혼, 친구의 죽음, 사회적 고립, 부모의 이혼이나 재혼, 친구와의 갈등, 출산 등) 등이 있을 수 있습니다.

그 어려움이 시작될 당시에 어떤 변화가 있었을까요?

(자신의 환경 변화에 대해 인지를 못하는 내담자의 경우에는 영역별로 다시 질문) 집에서는 혹시 어땠나요? 직장에서는 어떤 변화가 없었을까요? 가족들과의 관계에 어떤 변화가 있었을까요? 학업 관련해서는 그 당시에 어땠나요?

(자유롭게 호소문제를 이야기하면서 여러 스트레스가 되는 사건들에 관해 사건 중심으로 이야기할 때) "그것이 당신에게 어떤 영향을 미쳤나요?"

(5) 호소문제가 현재 내담자의 삶(신체 건강 영역, 사회적 영역, 교육/직업적 영역, 가정생활 영역)에 방해가 되는 정도

"우울감이 내 삶 전반에 어떤 영향을 주고 있을까요?"

"지금의 어려움으로 인해 건강에는 어떤 영향을 주기도 했나요?"

"지금 이 문제로 인해 학업이나 친구 관계에도 영향을 주었을까요?"

(6) 대처 행동 및 그 효과성

"지금의 어려움에 대해 어떤 노력을 해 보셨을까요?"

"노력이 효과가 있었나요?"

"이전에는 이런 문제들이 있을 때 어떻게 대처하셨나요?"

"이전에는 그럭저럭 대처하셨는데 왜 이번에는 대처가 좀 어려우신 것 같나요?"

3) 정신건강 상태

이렇게 호소문제를 들으면서 상담자가 가장 먼저 평가해야 하는 부분은 내담자의 정신 기능 상태가 심리상담에서 도움을 받을 수 있는 상태인가에 대한 것입니다. 이는 정신건강 상태(mental status exam)를 평가함으로써 가능합니다. 상담자는 내담자의 전체적인 외양, 현 상황에 대한 자각(지남력), 사고의 내용과 과정, 지적 기능, 자기 인식, 통찰 기능과 판단력, 감정과 기분의 적절성, 강도, 유동성, 지각 과정의 기능도 등을 평가하게 됩니다.

병원과 같은 임상 현장에서는 정신건강 상태를 평가하기 위한 질문이 매뉴얼로 정해져 있는 경우들이 있습니다. 예를 들면, 지남력을 평가하기 위하여 '오늘은 몇 월 며칠입니까?'와 같은 질문이나, 사회적으로 적절한 판단을 내릴 수 있는지의 판단력을 측정하는 질문으로 '길가에서 낯선 사람이 나에게 100만 원을 빌리고 싶어 한다면 어떻게 할 것입니까?' 등의 질문이 정해져 있을 수 있습니다. 환각이 있는지 점검하기 위해서 '다른 사람들이 듣지 못하거나 보지 못하는 것을 보기도 하는데, 그런 경험이 있습니까?' 등의 질문을 할 수 있습니다. 대학 상담 기관 등에서는 병원 세팅에서처럼 정신건강 기능에 어려움을 겪는 내담자가 많지 않기 때문에 보통은 이를 평가하기 위한 별도의 매뉴얼이 있지는 않습니다.

그러나 간혹 심리상담을 진행하기에 정신건강 기능에 어려움이 있는 심각한 내담자도 있을 수 있으므로 상담자들은 정신건강 상태 평가 리스트를 염두에 둬야 합니다. 예를 들면, 심각한 정신건강 문제를 가진 사람은 자기 관리가 소홀하여 사회적으로 적합한 외모를 유지하기 어려울 수 있습니다. 조현병이 의심되는 내담자는 사고가 조직적이지 못하고 비논리적이며 비약이 있을 수 있습니다. 회사나 학교에서 자꾸 잊어버리는 행동으로 해고당하거나 학습에 문제가 있어 고민하는 내담자의 실제 문제가 기억의 손상, 지적 기능의 문제로 생긴 가능성도 있습니다. 내 생각과 느낌이 나에게 속한 것이 아닌 것 같고 내가 누구인지 모르겠다고 호소하는 이인증을 겪는 내담자도 있을 수 있습니다. 약물중독 상태의 내담자는 부적절한 행동이나 사고가 산만하며 입술이 마르고 말이 느리거나 빠른 모습을 보일 수 있습니다.

이에 정신건강 기능에 어려움이 적은 내담자들이 오는 대학교 상담 기관에 있는 상담자라 할지라도, 내담자의 정신건강 상태를 평가할 수 있는 주요 특징들에 대해 잘 숙지하여 내담자의 정신건강 상태를 평가할 수 있어야 합니다. 정신건강 상태 평가 영역으로는 내담자의 사고가 현실적인지, 조직적인지 비약이 많은지와 같은 사고 내용과 과정을 평가합니다. 또한 환각이나 환시, 환청이나 환후 등 지각의 문제가 없는지 평가해야 합니다. 환각은 오감 중 어떤 것에서도 생길 수 있으며(환청, 환시, 환후, 환촉, 환미), 신체적 감각에서도 생길 수 있습니다. 환각 중에서 환청은 진단적으로 가장 중요할 때가 많고 (Sims, 2003) 환청에 대한 호소는 대학 상담 기관의 대학생들이나 일반인들도 종종 보고하기에, 이에 대해 여기서 조금 더 다루어 보고자 합니다. 환청을 듣는 것 같다고 보고하는 내담자가 "상상일 수도 있다." 혹은 "밖에서 들리는 소리일 수도 있다."라고 말하는 경우 정확히 환청이라고 볼 수 없습니다.

또한 항상 있는 경우가 아니라 트라우마가 있을 때 잠시 환청이 발생하는 것은 조현병이 아닌 PTSD 등과 같은 다른 장애일 수 있습니다. 환청과 관련된 질문으로는 얼마나 자주 들리는지, 상담자가 말하는 것처럼 분명한지, 이 목소리가 어디서 오는 것 같은지, 혹시 누구의 목소리처럼 들리는지, 한 사람 이상의 목소리가 들리는지, 다른 사람들도 이 목소리를 들을 수 있을 것 같은지, 이 목소리가 들릴 때 어떻게 반응하는지, 혹시 목소리가 내담자에게 어떻게 하라고 명령하는지 등을 물어볼 수 있습니다. 환청도 점점 심각한 수준으로 발달하는데 처음에는 '똑똑' 물 떨어지는 소리처럼 모호한 소음으로 들릴 수 있습니다. 그래서 환청이 시작될 때 내담자들이 이비인후과에 찾아가는 일도 있습니다. 이후에는 중얼거리는 소리처럼 불명확한 소리가 들리고, 이러한 소리가 확실한 단어, 그 후에는 구, 그리고 점점 완벽한 문장으로 들리게 됩니다. 가장 심각한 정도는 이 환청이 자신에게 '여기서 뛰어내려라.'나 '누구를 해쳐라.' 등과 같이 내담자에게 명령을 내리고 이에 복종하는 상태입니다.

그렇다면 이제 다음 영역으로 넘어가 보도록 하겠습니다. 기분이나 감정이 생각의 내용에 적절한지, 한 감정에서 다른 감정으로 이동하는 방식이 불안정한지, 기분의 강도는 무디거나 과도하지는 않은지와 같은 기분이나 감정에 대해 평가해야 합니다. 주의력이나 집중력, 지남력, 기억력과 같은 의식과 인지 수준도 평가합니다. 그리고 학습 문제, 정서 문제, 사회화 행동에 영향을 줄 수 있는 지능에 대해

31

염두에 둬야 합니다. 지능은 접수면접에서 정확히 판단하기 어렵기 때문에 지능을 고려한 평가가 필요하다고 판단되면 지능검사를 시행하고 평가해야 합니다. 무엇이 잘못되었는지, 문제의 원인이 무엇인지, 미래의 삶에 어떤 영향을 미칠 수 있는지, 어떤 도움이 필요한지를 인식하는 통찰력도 파악해야 합니다. 통찰력이 매우 낮은 경우 신경인지장애나 중증 우울증 혹은 조현병이나 양극성장애를 의심할 수 있습니다.

정신건강 상태를 점검하기 위한 체크리스트를 Morrison(2023)의 책에서 참고하여 다음과 같이 제시해 보겠습니다.

정신건강 상태 체크 영역

- 외관(외관상 나이, 인종, 체격과 자세, 영양 상태, 의복 착용 상태, 위생 상태, 머리 스타일, 액세서리)
- 각성 수준(충분한지, 졸린지, 혼미한지, 혼수상태인지)
- 일반적인 행동(활동 수준, 떨림, 버릇, 표정, 시선 접촉, 목소리)
- 면담자에 대한 태도
- 기분(유형, 불안정성, 적절성, 강도)
- 사고 흐름(말의 연상, 말의 속도와 리듬)
- 사고 내용(망상, 환각, 불안, 공포증, 강박사고와 충동, 자살과 폭력)
- 지남력(사람, 장소, 시간)
- 언어(이해력, 유창성, 명명, 반복, 읽기, 쓰기)
- 기억(즉각, 단기, 장기)
- 주의력과 집중력
- 문화정보
- 추상적 사고
- 통찰력
- 판단력

4) 이전 상담 및 치료 경험

혹시 내담자가 과거에 상담이나 정신과적 병원 치료를 받은 경험이 있는지에 대해 다음과 같이 질문할 수 있습니다.

> "이전에 상담이나 정신과적 병원 치료를 받은 적이 있나요? 언제 상담(혹은 치료)받았고, 상담받을 당시 자신의 상황이나 상태가 어떠했나요? 구체적으로 어떤 상담을 얼마 동안 받았나요? 과거 상담에 대해 어떻게 느끼고 있나요? 중간에 중단했다면 왜 중단했나요? 과거 상담에서 어떤 도움을 받거나 받지 못했나요? 약물치료를 한 적이 있나요? 약물은 어떤 약물을 어느 정도 용량으로 복용했나요? 치료 효과가 있었나요? 입원한 적이 있었나요? 어디서, 얼마나 입원 생활을 했나요?"

33

과거의 상담에 대한 정보는 내담자가 비슷한 어려움을 과거에도 겪었는지, 상담자와의 관계를 어떻게 맺는지, 상담에 대한 내담자의 신뢰 경험이 있는지 등에 대한 정보를 줍니다. 이러한 정보를 통해 내담자의 증상이나 정신적 어려움의 심각도나 만성화 정도에 대해 평가할 수 있는 근거가 되며, 현재 어려움이 상담을 통해 도움을 받을 수 있는지에 대한 예측도 가능합니다. 그리고 혹시 상담자와의 관계에 어려움이 있을 수 있다면 상담자가 이 부분을 염두에 두며 주의 깊고 세심하게 다가가야 합니다. 이는 내담자가 상담에 잘 진입할 수 있도록 도움을 주는 중요한 정보가 됩니다.

5) 가족관계 및 대인관계 특성

호소문제를 들으면 자연스럽게 이 문제들이 원가족 관계와 연결되어 있는 경우가 많습니다. 원가족에 대한 배경은 내담자의 호소문제에 대한 원인과 맥락들을 좀 더 넓게 바라볼 수 있도록 도움을 줍니다. 가족의 맥락이 현재 문제와 직접적으로 연결되어 있다면 가족 이야기가 나왔을 때 가족에 대해 구체적으로 물어볼 수 있습니다. 기본적으로 가족의 인적 사항과 관련된 사항인 '부모님과 형제의 나이, 부모님의 결혼 상태, 돌아가셨다면 돌아가신 때, 부모님과 형제의 직업, 어렸을 때 가족 환경, 부모님에 대한 내담자의 간단한 설명, 가족 중 심리적 문제를 가진 사람이 있는지 없는지(특히 현재 증상과 관련된 가족력)' 등을 묻습니다.

혹시 내담자의 호소문제와 가족관계가 직접 연결되어 있지 않다면, 중립적으로 다음과 같이 질문할 수 있습니다.

> "이번에는 가족에 관해 물어볼게요."
>
> "이번에는 어릴 적에 대해 좀 말씀해 주시겠어요?"
>
> "부모님이나 형제와는 어떻게 지냈나요? 관계는 어떤가요?"
>
> "이 어려움에 대해 가족들은 어떻게 반응하나요?"

물론 결혼을 한 내담자라면 현재 가족에 대해서도 질문해야 합니다.

> "배우자에 대해 말해 주세요."
>
> "현재 결혼생활은 어떤가요?"

34

"배우자와는 의사소통이 잘 되나요?"

"아이들은 몇 살이고 성별은 어떻게 되나요?"

"아이들과의 관계는 어떤가요?"

가족 외의 대인관계와 관련된 특성을 파악하기 위해서 다음과 같이 물으면서 내담자의 전반적인 사회적 관계에 대해 탐색을 시작할 수 있습니다.

"이 어려움에 대해 친구와 이야기를 나눠 봤나요?"

"지금 어려움에 대해 의논해 본 지인들은 있나요?"

이때 어떤 친구들과 어떻게 상호작용을 하는지 들어 보는데, 단지 친구의 수 자체보다 마음을 터놓고 의지할 수 있는지와 관련된 관계의 질에 대해 주의하면서 들어 봅니다. 가장 친한 친구는 누구인지, 얼마나 자주 만나는지 물어볼 수 있습니다. 이러한 사회적 지지체계가 내담자에게 있는지, 없는지에 따라 내담자가 현재 어려움이 있어도 견디면서 넘어갈 수도 있고, 어떤 경우에는 더 고립되어 현재의 어려움에 깊이 빠질 수도 있습니다. 즉, 지지체계의 유무는 내담자의 보호 요인 혹은 위험 요인으로 작용하기에 접수면접자가 알아야 하는 중요한 정보입니다.

6) 내담자의 강점

앞에서 접수면접에서 상담자가 내담자의 호소문제 외에도 내담자의 강점을 포함한 전반적인 모습에 초점을 두는 것이 내담자가 존

35

중받는 느낌을 받을 수 있으며 자신을 드러내는 것에 대해 수치심을 덜 느낄 수 있다고 하였습니다. 내담자의 강점 혹은 자원을 탐색하는 것은 또한 내담자 평가를 위해서도 필요합니다. 내담자가 가진 자원들(예: 타인에게 주는 호감도, 성실도, 성공 경험, 지지 경험, 지지적 대인관계 망, 스트레스에 대한 인내력, 정서 표현 능력, 높은 변화 동기, 학업수행능력, 지능, 경제 상황 등)은 내담자의 현재 문제의 심각도를 낮출 수 있는 보호 요인으로 작용하게 되기 때문이지요.

7) 외모 및 행동 관찰, 이에 대한 면접자 느낌

면담 중 내담자의 행동은 내담자의 특성에 대해 말해 줄 수 있습니다. 이에 접수면접 상황에서 내담자의 행동이나 태도들에 대해 주의 깊게 관찰하고 이를 기록으로 남겨 둡니다. 예를 들면, 면담 중에 하품을 한다든가 무관심한 태도를 보이는 것, 상담자의 물품을 마음대로 만지는 행동, 상담자를 판단하거나 비난하는 행동(들어와서 둘러보거나 상담자를 위아래로 훑어보는 태도)이나 말, 다른 사람들이 꺼리는 말을 자랑스럽게 하는 말투(예: 공격적 행동, 성적 행동 등에 대해 거리낌 없이 자랑스럽게 이야기함 등), 눈맞춤이 안 되는 것, 시선을 너무 고정하여 부담스럽게 하는 등의 행동을 관찰하고 이에 대한 면접자의 내용을 기록해 두면, 내담자에 대한 진단적 특성이나 성격특성, 혹은 관계 패턴을 알 수 있는 정보가 됩니다.

내담자의 외모, 행동에서 주의 깊게 관심을 두어야 할 영역들에 대해 다음과 같은 예시를 들어 보겠습니다.

내담자의 외모, 행동 체크 영역

- 신체 특징(날씬한지, 다부진 체격인지, 근육질인지, 자세가 어떤지, 영양 상태가 어떤지)
- 의복 및 위생(깨끗한지, 더러운지, 악취가 나는지, 캐주얼 옷차림, 정장 등 옷차림은 어떤지, 화려한 스타일, 기괴한 스타일, 우아한 스타일 등 어떤 스타일인지)
- 신체적 움직임(조용히 앉아 있는지, 부동자세인지, 오랜 시간 특이한 자세를 유지하는지, 안절부절못하는지, 다리를 흔드는지, 과도한 몸짓으로 설명하는지, 주먹을 꽉 쥐고 있는지, 손 떨림이 있는지, 손으로 몸을 자주 문지르거나 긁는지, 뒤로 물러나 앉는지, 가까이 앉는지)
- 표정(웃는 얼굴, 찡그린 얼굴, 표정이 없는지, 눈맞춤이 잘 되는지, 방 안 이곳저곳을 힐끔거리는지)
- 목소리(억양, 목소리 톤 문법이나 단어 사용 능력, 더듬는지, 혀 짧은 소리가 나는지, 중얼거리는지)
- 상담자에 대한 태도(우호적인지, 적대적인지, 관심이 없는 것 같은지, 관심이 많은 것 같은지, 폐쇄적인지, 개방적인지, 협조적인지, 비협조적인지)

8) 상담자 배정에 필요한 그 밖의 정보

그 밖에 내담자와 이중 관계에 있을 수 있는 상담자(예: 때로는 상담자가 교내에서 강의하는 경우 내담자가 강의를 듣고 있는 학생일 수 있음)가 있다든지, 내담자가 동성 상담자에 대해 불편함이 있는 경우인지, 혹은 내담자가 이성 상담자에 대해 불편함이 큰 경우인지, 내담자가 특정 종교에 대해 불편함이 있는 경우인지, 내담자가 부모 연령대의 상담자에게 불편함이 있는 경우인지 등의 정보를 알게 된다면 이에 대한 정보를 접수면접자가 적어 두는 것도 필요합니다.

단기 상담이 진행되는 상담 기관이라면 치료 동맹을 좀 더 쉽게 맺을 수 있는 상담자를 배정하는 것이 상담 과정 시간을 단축하여 좀 더 효과적인 상담을 할 수 있기 때문입니다.

Q 03 내담자의 호소문제를 듣다 보면 증상에 관한 이야기를 하는데, 어떻게 하면 이에 대해 구체적으로 탐색할 수 있을까요?

접수면접을 하기 전에 접수면접자는 보통 내담자의 미네소타 다면적 인성검사(Minnesota Multiphasic Personality Inventory: MMPI) 결과, 위기 관련 체크리스트, 상담 신청 영역 등을 읽고 들어갑니다. 그래서 어느 정도 내담자의 증상의 내용과 정도에 관한 예상을 할수 있습니다. 그러나 내담자가 심리적 증상을 이야기할 때 그 심각도가 어느 정도인지 면밀하게 알아보기 위하여 추가적 질문을 하면서 구체적으로 살펴봐야 합니다. 각 증상에 대한 심각성을 알아보기 위해 증상 리스트를 상담자가 미리 염두에 두고 있으면 이 증상에 대한 구체적 탐색에 도움이 됩니다. 이에 내담자들이 많이 호소하는 우울, 불안 그리고 심각한 임상적 영역인 조증, 정신증의 증상 내용을 간단히 소개해 보고자 합니다.

우울의 경우 체크해야 하는 증상들을 살펴보겠습니다. 식욕의 변화가 있는지, 체중의 변화가 있는지, 잠은 잘 자는지, 주의 집중이 잘되는지, 최근의 활동 수준이 증가했거나 감소했는지, 평소 관심 있는 활동에 관한 관심이 감소하지는 않았는지, 자살 사고가 있는지, 무가치함을 보고하는지, 눈물이 자주 나는지, 불안 증상이나 알코올등 물질을 많이 사용하게 되는지 등에 대해 살펴보면 좋습니다.

불안의 경우 체크해야 하는 증상들은 다음과 같습니다. 불안한 감정을 보고하는지, 신체적인 불안 증상(흉통, 불규칙한 심장 박동, 호흡 곤란, 떨림, 발한, 어지러움 등)이 있는지, 공포심과 두려움(미쳐 버릴 것 같음, 죽을 것 같은 두려움, 상황에 대한 공포)이 있는지, 강박관념과 걱정이 있는지, 불안으로 인한 충동적 행동이 있는지 등에 대해 살펴보면 좋습니다.

조증과 관련하여 체크해야 하는 증상들을 말씀드려 보겠습니다. 기분과 관련되어 팽창된 자기감이 있는지, 행복하지만 불안정한 기분을 느끼는지, 수면이 감소되었는지, 많은 계획과 활동을 하고 있는지, 말의 속도가 빠르고 큰 소리로 이야기하는지, 사고의 비약을 보이는지, 최근 물질 오남용이 증가하였는지, 비현실적인 판단력을 보이는지 등에 대해 살펴봐야 합니다.

그리고 정신증과 관련해서 체크해 봐야 하는 증상들은 다음과 같습니다. 혼란된 상태인지, 사회적으로 철회된 모습을 보이는지, 망상이 있는지, 환각이 있는지, 지각의 왜곡이 있는지, 사고가 비논리적이고 이해하기 어렵거나 앞뒤가 맞지 않는 말을 하지 않는지, 전반적으로 정동이 단조로운지, 부적절한 이상행동을 보이지는 않는지 등에 대해 살펴봐야 합니다.

앞에서와 같은 리스트를 상담자가 숙지하고 있으면서 내담자의 증상과 관련된 질문과 관찰을 한다면, 증상의 심각도를 평가하는 데 도움이 될 것입니다.

39

Q 04 내담자가 보고한 것보다 내담자의 심각도가 높을 가능성이 있는데, 이를 정확히 모르고 지나칠까 봐 두려워요. 어떤 질문을 해야 내담자의 심각도를 잘 파악할 수 있을까요?

호소문제를 확인하다 보면 그 문제로 인해 내담자의 삶이 어느 정도까지 흔들리고 있는지 확인함으로써 내담자 문제의 심각도를 체크할 수 있습니다. 이를 위하여 내담자의 현재 기능에 대해 탐색합니다. 내담자가 잘 기능하면서 살고 있는지를 알아보기 위한 중요한 측정치 중 하나는 현재 직업이나 학업을 유지하는 능력입니다. 학생의 경우에는 성적을 물어보게 되는데, 이는 내담자의 학업 적응과 만족도를 잘 나타내는 척도 중 하나이기 때문이지요. 일하고 있는 경우 근무를 계속하고 있는지, 일하는 데 어려움은 없는지도 파악합니다.

다음으로 내담자의 심각도를 평가하기 위해서 특히 주의하여 봐야 하는 부분은 내담자의 충동 통제가 안 되는 행동 문제가 있는지입니다. 즉, 음주 조절이 안 되는지, 폭식이나 거식의 섭식에서 통제가 안 되는 부분이 있는지, 무분별한 성관계를 하고 있는지, 자해 충동이 있는지, 폭행 관련 행동 조절의 어려움이 있는지, 인터넷 중독이나 게임 중독 등으로 인해 조절의 어려움이 있는지 등을 살펴봅니다. 이러한 행동의 조절이 어려운 경우에는 삶의 주요 기능들(학업, 대인관계 등)이 무너지게 되는 경우가 있기에, 이는 특히 내담자 문제의 심각도를 높이며 주의 깊게 봐야 할 부분입니다.

자살에 대한 가능성을 탐색하는 것은 접수면접에서 해야 할 일이지만 특히 자해나 자살 충동과 관련된 이야기가 나온다면 접수면접에서 해야 하는 다른 어떤 질문들을 뒤로하고 우선순위로 두면서 그 문제부터 말해야 합니다. 자살 위험성을 평가하기 위하여 자살 사고

나, 의도, 방법, 동기, 계획, 과거 시도력, 치명성 정도, 위험 요인과
보호 요인 등을 파악해야 하는데 다음과 같은 질문을 통해 자살 위
험 수준을 평가할 수 있습니다.

> "힘들어 보이는데 혹시 자살에 대해 생각하고 있나요?"
>
> "있다면 어떤 이유가 있습니까?"
>
> "얼마나 자주 생각하십니까?"
>
> "그 생각 때문에 일상생활에 방해가 될 정도입니까?"
>
> "현재 자살에 대한 어떤 계획을 세우고 있습니까?"
>
> "있다면 시간, 장소, 방법을 생각하고 있습니까?"
>
> "자살 충동을 조절할 수 있는 자신이 있습니까?"
>
> "시도하지 않는다면 그 이유는 무엇 때문일까요?"
>
> "당신이 힘들 때 도움을 요청할 수 있는 사람은 누구입니까?"
>
> "현재 신체적 질환이 있나요?"

자살에 대한 과거의 시도나 계획은 현재의 자살 시도 위험도를 높
이는 요인 중 하나입니다. 그래서 과거의 자살 시도나 사고에 대해
다음과 같은 질문을 통해 물어봐야 합니다.

> "과거에 자살계획 및 시도 경험이 있습니까?"
>
> "시도했다면 언제, 어디서, 어떻게(방법), 몇 번이나 있었나요?"
>
> "자살 시도를 하게 된 이유(스트레스 요인)가 무엇인가요?"
>
> "그 당시 다른 정신적 어려움(우울증, 조울증, 조현병 등)이 있었나요?
>
> "현재나 과거에 정신과적 치료를 받거나 받은 적이 있나요?"
>
> "그 시도는 얼마나 심각했나요?"

자살에 대한 과거의 시도나 계획이 신체에 해로운 것일수록 자살 위험도가 높다고 판단할 수 있을 것입니다. 예를 들면, 가볍게 손목을 긁거나 아스피린 약 5개를 삼키는 것보다는 정맥이 절단된 경험, 알약을 먹고 위세척을 한 경험, 가슴에 총상이 있다면 심각하고 위험도가 높은 것입니다. 그리고 자살계획이 치밀한 것은 자살 위험도가 더 높은 것입니다. 충동적인 결정이 아닌 오랫동안 계획하고, 자살을 시도하기 전에 유서를 쓰거나 경제적인 부분들을 정리한 것 등은 자살 위험도가 높은 신호입니다.

이러한 질문들과 더불어 상담자는 자살 위험도를 높이는 요인과 자살 위험도를 낮추는 요인을 알 필요가 있습니다.

『자살위기개입 핸드북』(이명수, 2010)에 의하면 우울증, 조현병, 알코올 중독 등 정신장애를 경험하고 있는 경우, 과거에 자살 시도를 한 과거력이 있는 경우, 가족 중 자살을 한 경우, 부모의 현재 또는 과거에 정신질환이 있는 경우, 어린 시절 신체적 혹은 성적 학대를 받았던 경험, 사회 환경적으로 저소득이나 소수집단인 경우, 신체적 질병으로 인한 고통이 심한 경우, 완벽주의적 성격 혹은 충동적이고 공격적인 성격일 경우에 자살 위험성을 증가시켰습니다. 한편 가족과 친구들을 포함한 심리 사회적 지지가 있는 경우, 종교적 믿음으로 자살이 죄악이라고 믿는 경우, 삶의 의미를 여러 가지 가지고 있는 경우, 낙관성 및 사고의 유연성, 스트레스 상황에 대해 대처 능력이 있는 등 심리적 강점이 있는 경우 자살 위험성이 낮았습니다.

Q 05 내담자가 자살에 관해 이야기할 때 상담자는 어떤 마음
과 태도로 내담자를 대해야 할까요?

상담자들은 자살에 대해 어렵고 무거운 마음이 들 수 있을 텐데
요. 그래서 자살 행동에 대해 질문할 때 불편함을 느낄 수도 있고 이
러한 질문이 내담자의 자살에 관한 생각을 더 떠올리게 하여 자살
행동을 촉발하는 건 아닌지 묻는 초보 상담자도 있습니다. 그런데
자살에 대한 가능성이 있는데도 이에 대해 탐색하지 않는 것이 더
위험합니다. 그 위험성을 간과하여 그냥 지나가게 되면 적절한 도움
을 줄 수 없기 때문입니다.

우선 상담자들은 자살에 대한 내담자의 마음을 생각해 보면 좋겠
습니다. 내담자가 죽고 싶다고 이야기할 때의 마음 말입니다. 아마
도 대부분의 자살을 언급하는 내담자들은 죽고 싶을 만큼 고통스럽
고, 이 고통을 끝내고 싶어 하는 마음이 큰 상태일 것입니다. 자신의
현재 삶의 고통을 해결할 수 있는 해결책을 떠올리기 어렵고 현재의
고통을 견디기 어려워서 자살을 떠올리는 것이지요.

그런데 이러한 고통스러운 상태에서는 혼란스러운 상태로서 어
떤 내담자들은 자살을 선택하고 싶어 하는 마음이 일시적이거나 죽
고 싶은 마음과 살고 싶은 마음이 함께 있는 양가적인 감정 상태일
때가 많습니다. 예를 들면, 한 내담자는 자신의 자살 가능성에 대해
부모님에게 이야기하지 말라고 하지만 사실은 부모에게 상담자가
이야기해 주기 바랐다고 말하기도 하였습니다. 자살 기도가 성공하
지 못했을 때 다행이라고 생각하는 사람도 많습니다. 자살을 시도할
때 누군가가 나를 도와주었으면 하고 생각하는 경우가 빈번합니다.
한 내담자의 경우 자살의 위기가 지나간 후에 "자살을 시도하려고

43

할 때는 내가 제정신이 아니었던 것 같다. 지금 생각해 보면 그때 상담자가 내 의견을 묻는 건 별로 의미가 없었던 것 같다. 왜냐하면 내가 판단을 제대로 할 수 있는 상태가 아니었던 것 같기 때문이다. 지금 생각해 보면 그냥 그 시도 자체를 막아 주는 게 최선이었던 것 같다."라고 이야기를 한 적도 있습니다. 이처럼 내담자가 삶의 고통을 견디기 어려워 자살 충동이 생기거나 자살을 원하는 경우 상담자는 내담자 삶의 고통이 무엇인지, 자살에 대한 의지의 근원이 무엇인지, 고통과 관련된 자신과 타인 그리고 세상을 보는 관점이 얼마나 실제와 일치하는지, 그 고통을 없애거나 낮추기 위해 정말 아무것도 할 수 없는지를 함께 이야기하면서 스스로 상황을 명확하게 판단할 수 있도록 같이 찾아보자는 태도로 다가갈 필요가 있습니다.

내담자가 자살에 대해 어느 정도 편안하게 이야기를 할 수 있다면 상담자도 좀 더 편안하게 이야기할 수 있을 것입니다. 그런데 자살에 대한 주제에 대해 질문했을 때 내담자가 모호하게 이야기하거나 주저하는 태도를 보이거나 불편해하거나 눈물을 보인다면 상담자도 이에 대해 질문하기가 꺼려질 수 있습니다. 그러나 상담자는 이를 좀 더 탐색해야 한다는 신호로 받아들이고 내담자와의 라포가 손상되지 않도록 조심하면서도, 추가 질문을 통해 내담자의 상태를 명료하게 확인해야 합니다. 이를 위해 다음과 같이 상담자가 내담자의 마음 상태를 공감하거나 상담자의 마음 상태를 전달하면서 동시에 자살 관련 질문의 필요성과 중요성을 이야기해 줄 수 있습니다.

"이 이야기를 하는 것이 힘들 수 있을 것 같습니다. 저도 이 질문을 드리는 게 ○○씨를 힘들게 하는 것 같아서 마음이 안 좋네요. 그런데 이에 대해 질문을 해야 ○○씨를 좀 더 잘 도와드릴 수 있기에 질문을 좀 더 하려고 합니다. 괜찮으실까요?"

Q 06 접수면접 중에 내담자가 위기 상담이 필요해 보여요.
초보 상담자로서 어떻게 접근해야 하나요?

만약 자살 심각도가 낮다면, 즉 자기에게 해가 되는 행동을 하려
는 충동이나 생각이 있지만 조절은 하는 상태로 보인다면, 다음과
같이 상담자가 물으면서 대처에 대하여 의논할 수 있습니다.

> "곧 배정된 상담자가 연락할 것입니다. 그때 자살에 관한 생각을 이야기하면서
> 도움을 받으시면 좋겠습니다. 그런데 상담 전까지 자살에 관한 생각들이 일어날
> 때 행동을 조절할 수 있으실까요? 스스로 위험하다고 느끼면 어떻게 대처할 수 있
> 을까요?"

예를 들면, 내담자가 자살에 대한 위험한 생각이 들 때 친구에게
연락하고 이야기를 나누겠다고 한다면 친구 누구에게 연락할 것인
지, 연락하면 만날 수는 있는지, 그 친구가 연락이 닿지 않으면 그다
음 어떤 것을 할 수 있을지 등 대처에 대해 구체적인 시뮬레이션을
할 수 있도록 돕습니다. 이렇게 미리 대처 방법에 대해 생각해 두면
위기 상황에서 자신이 해야 할 일에 대해 더 잘 떠오르고 그대로 행
할 가능성이 커집니다. 그리고 상담소에 비치된 '안전에 대한 동의'
양식에 서명하도록 안내합니다. 스스로 자신의 안전에 대해 최선을
다할 것이라는 약속을 상담자와 명시적으로 함으로써 자신의 의지
도 다지게 되고, 상담자 혹은 상담소와 관계가 맺어진 느낌으로 인
해 내담자를 한 번 더 붙잡아 줄 수 있습니다. 그리고 본격적인 상담
이 시작되기 전이라도 위기감이 느껴진다면 상담소에 전화하여 도
움을 요청할 수 있도록 안내해 줍니다.

그런데 만약 자살 심각도가 높아 보이는 경우, 즉 자살 충동에 대해 내담자 스스로 조절할 자신이 없어서 불안해하는 경우에는 조금 더 긴급하고 적극적인 대처가 필요할 것입니다. 만일 기관에 상담전문가 혹은 위기 담당 스텝 선생님이 상주한다면 보통은 초보 상담자가 접수면접 중 혹은 개인 상담 중에 심각한 위기 내담자의 위기 관련 사항이 보고되었을 경우 바로 전문가 선생님에게 보고하고, 위기 면담에 대한 도움을 받거나 바로 위기 면담을 진행할 수 있도록 시스템이 구성되어 있을 것입니다. 혹시 그렇지 않더라도 내담자가 초보 상담자로서 감당하기 어려운 위기 상태라면 전문가 선생님에게 긴급히 도움을 청해야 합니다. 그리고 전문가 선생님께 내담자의 위기 상태를 보고하고 필요한 조치를 자문받아 개입합니다. 만약 전문가 선생님이 내담자를 직접 면담해야 하는 상황이라면 전문가 선생님과 내담자의 상담 시간 약속 조정을 돕고, 내담자에게 전문가 선생님과의 면담의 필요성과 그 과정을 설명해 줍니다. 그리고 바로 상담 약속 시간을 알려 주어 이 과정에 대한 내담자의 불안을 감소시켜 줍니다.

만약 여건상 초보 상담자인 접수면접자가 위기 개입을 해야 한다면 내담자의 어려움을 듣고, 내담자의 현재 심각도에 대하여 상담자로서의 소견을 이야기해 주면서 가족에게 연락해야 하며, 도움을 받아야 하는 상황이라고 설명해 주어야 합니다. 그리고 나서 보호자에게 연락하여 위기 상태를 설명하고 도움을 청해야 합니다. 만일 내담자가 자살 충동이 제어가 안 되어 위험해서 입원해야 하는 정도라고 판단되면 병원 입원에 대한 안내 및 연결을 할 수 있도록 돕습니다. 이때 내담자가 혼자 있지 않도록 조치하는 것이 중요합니다. 내담자가 병원에 같이 갈 수 있는 사람을 떠올리고 같이 갈 수 있도록 연락하는 것까지 상담자가 도울 수 있습니다. 그리고 추후 내담자가 현재 어떤 상태인지 위험도를 지속해서 관찰할 수 있도록 가족, 친구들에게 도움을 청할 수 있습니다. 또한 상담자가 내담자의 위험도를 모니터링하기 위한 연락에 개입할 수도 있습니다. 상담자가 내담자에게 야간이나 주말에 연락하기가 어렵다면 야간과 주말에 모니터링해 줄 수 있는 기관인 블루터치 핫라인(1577-0199) 등에 연결해 주고 모니터링할 수 있도록 도울 수 있습니다. 마지막으로, 상담자는 자신이 행한 위기 개입들에 대해 상담 기관에 있는 다른 상담자와도 의사소통할 수 있도록 개입 내용에 대해 보고한 후 과정 결과에 대한 문서를 만들어 두는 것이 좋습니다. 이는 또한 상담자 자신을 스스로 보호하는 행동이기도 합니다.

Q 07 접수면접을 어떻게 마무리 짓는 것이 좋을까요?

접수면접에서 탐색해야 하는 내용들이 어느 정도 마무리 지어지면 내담자에게 소감이나 더 하고 싶은 이야기가 있는지 물어봅니다.

> "오늘 이야기 나누면서 어떠셨나요?"
>
> "혹시 제가 알아야 한다고 생각하는데 우리가 얘기하지 않은 것이 있을까요?"

상담자는 이 질문을 하면서 내담자의 상태를 체크해 볼 수 있습니다. 접수면접을 하는 동안 내담자가 겉으로는 괜찮아 보여도 내적으로는 힘들거나 불안해했을 수 있습니다. 그런데 이렇게 묻는 것만으로 불안을 진정할 수 있는 틈이 생깁니다.

그리고 내담자에게 적절한 상담 서비스를 논의하거나 제안할 수 있습니다. 대부분 개인 상담을 신청한 내담자였을 수 있지만 내담자의 상태가 위기 개입을 해야 하는 상태일 수도 있고, 내담자가 원했던 것을 들어 보니 1회로 진행하는 심리검사에 대한 해석 상담일 수도 있으며, 어떤 경우에는 집단 상담이 더 적절할 수도 있습니다. 혹은 외부 기관에 리퍼를 해야 할 수도 있습니다. 예를 들면, 현재의 어려움에 대해 도움받고 싶은 내용이 양성평등센터나 취업센터, 혹은 법률기관에서 더 적절히 도움을 받을 수 있는 부분이라면 이에 대해 안내를 해 주는 것이 좋습니다.

접수면접을 통해 내담자의 문제가 개인 상담으로 진행해야 하는 것이 적절하다고 판단되었다면 접수면접자는 접수면접 이후 진행될 개인 상담의 전반적 과정에 대해 간략히 설명해 줍니다. 접수면접이 끝난 후에는 언제 어떻게 연락이 갈 것이고, 첫 상담 약속은 어떻게 잡게 되는지, 상담자가 누구인지는 언제 알게 될 것인지, 심리검사를 실시했다면 그 결과는 언제 알 수 있는지 등에 대하여 설명해 줍니다. 그리고 상담에 관해 묻고 싶은 점이 있는지 질문할 기회를 줍니다. 추후 일어나게 될 상담 과정에 대한 설명을 통해 내담자의 불필요한 불안을 줄여 줄 수 있습니다. 또한 무엇이 어떻게 진행될 것인지에 대한 설명은 내담자를 존중하는 의미로 다가갈 수 있습니다. 이에 대한 설명의 예시를 다음과 같이 제시해 보겠습니다.

> "접수면접 후 대략 일주일 후에 상담 선생님이 정해지게 될 것이고, 이후 일주일 안에 담당 상담 선생님이 전화로 연락을 드릴 겁니다. 그리고 상담 신청 때 하셨던 심리검사는 담당 상담 선생님이 상담 초반부에 결과에 대한 해석 상담을 해 주실 겁니다."

이렇게 내담자와 접수면접을 마무리하게 되면 접수면접이 종료됩니다. 그 후 상담자가 접수면접의 면담 내용들에 대해 접수면접지에 기록하면 최종적으로 접수면접이 종료됩니다. 접수면접지를 기록할 때는 되도록 내담자가 말했던 용어 그대로 기술하는 것이 좋습니다. 예를 들면, '내담자가 종종 충동적인 행동을 함'이라고 적었을 경우 다른 상담자가 이 기록을 읽었을 때 정확히 내담자가 어떤 행동을 하는지 모르기 때문에 나름대로 상상하게 됩니다. 이에 내담자가 접수면접 중에 말했던 내담자의 용어로 작성하는 것이 좋습니다. 예를 들면, 충동적인 행동에 대해 내담자가 한 표현으로 '화가 나거나 스트레스가 쌓이면 갑자기 인터넷 쇼핑을 하고 이에 대해 후회한 적이 있음'이라고 쓰는 것이 좋습니다.

49

Q 08 접수면접에서 상담자가 지녀야 할 중요한 태도와 마음가짐은 무엇인가요?

앞에서 언급한 바와 같이 접수면접에서는 상담자가 내담자의 호소문제와 내담자의 심각성, 긴급성, 난이도 등을 평가하기 위해 좀 더 진단적인 활동을 많이 해야 합니다. 내담자는 상담에 처음 올 때 많은 경우 자신의 주관적 감정에 몰입해서 객관적 시각을 지니기가 어렵고, 때론 자신의 어려움을 부정하거나 어려움에 있어서 자신이 기여하는 바에 대해 잘 보지 못하기 때문에 어려움에 편향된 시각을 갖고 있을 수 있습니다. 따라서 내담자의 어려움을 이해하고 평가하기 위해서 접수면접자는 객관적 정보를 탐색할 수 있어야 합니다. 하지만 또 상담자가 너무 정보수집에만 몰입하는 경우 분위기는 딱딱해지고 일방적으로 묻고 답하는 형식으로 인해 내담자는 자신의 어려움이나 취약함이 드러나는 것에 대해 불안해하고 수치심을 느낄 수도 있습니다. 혹은 앞으로의 상담이 상담자가 주도해 주는 것으로 오리엔테이션이 잘못되어서 내담자가 전체 상담에 소극적으로 임하게 될 수도 있습니다. 이에 정보탐색 작업을 하되 다음의 태도들을 유지해야 합니다.

내담자들은 혼자서 자신의 문제가 잘 해결되지 않은 상태로 고군분투하는 상태에 있을 때 상담소를 찾게 됩니다. 이에 두려움과 우울감, 불안, 분노, 의심 등을 느끼며 취약한 상태로 상담에 오게 되는 경우가 많지요. 따라서 상담의 첫 과정인 접수면접에서는 상담자의 민감성이 더더욱 필요합니다. 접수면접에서 내담자의 상태를 파악하고 평가하기 위해서 내담자가 표현하는 고통의 감정에 조율하면서 내담자의 고통을 민감하게 듣고 느끼며 공감하는 태도로 부드럽게 질문해야 할 것입니다.

상담자가 내담자의 감정에 조율이 안 된 채 질문하는 경우, 다음과 같은 상담자의 반응이 그렇게 이상하진 않습니다.

내담자: 그때 그 친구가 나에게 ~라는 이야기를 해서 너무 화났어요.

상담자: (왜 그 정도까지 화가 나는지 이해가 안 되고, 지금 내담자가 이야기하면서 화가 났다는 것을 체감하지 못함. 의아하게) 근데 그 이야기가 왜 그렇게 화가 나나요?

그러나 이 내담자는 추후에 상담자의 이 반응으로 인해 상담자 앞에서 수치심을 느꼈다고 보고하였습니다. 내용상으로는 상담자가 내담자를 이해하기 위한 질문이었으나, 내담자는 상담자가 자신의 상태에 둔감하게 반응하고 있음을 알았던 것입니다. 그래서 "화가 날 만한 일이 아닌데 왜 그렇게까지 화가 나냐?"라고 말한 것처럼 느꼈던 것입니다. 그리고 '왜'라는 단어의 사용이 비난처럼 느껴지게 한 부분도 있을 것입니다.

좀 더 세심하고 부드럽게 질문을 한다면 어떻게 할 수 있을까요?

내담자: 그때 그 친구가 나에게 ~라는 이야기를 해서 너무 화났어요.

상담자: (왜 그 정도까지 화가 나는지 이해가 안 되지만, 지금 내담자가 이야기하면서 화가 났다는 것을 체감한다. 그리고 상담자는 아직 그 이유를 모르지만, 이 이슈가 내담자에게 민감한 부분인 것 같다고 느끼며) 그 친구가 ~라고 이야기한 게 화가 났나 보군요. 어떤 의미로 다가오면서 화가 났을까요?

51

여기서 상담자는 내담자가 ~라는 이야기를 들은 것이 왜 화가 나는지를 묻고자 했으며, 이는 바로 앞의 상담자가 의도했던 것과는 같았습니다. 그러나 내담자가 화가 나 있는 상태를 알아주고 그럴 만한 이유가 있으리라는 것을 존중해 주면서 화가 난 이유에 관해 물어보니 내담자는 저항감 없이 자신의 이야기를 해 주게 됩니다. 이렇게 정보탐색을 위한 접수면접이라 할지라도, 내담자의 감정 상태에 대해 조율하면서 공감하는 태도로 다가가는 것이 중요합니다.

내담자들은 자신의 아픔과 고통, 무너진 상태에 대해 도움을 받기 위해 상담에 와서 자신의 어려움을 이야기하지만, 이 취약함을 드러내는 것에 대한 수치심을 동시에 느끼는 상태일 것입니다. 이때 상담자가 이들의 아픔과 고통으로 인한 취약한 상태를 들으면서 동시에 내담자의 건강한 특성(예: 인내심이나 성실성, 주변 사람들에 관한

관심, 내담자의 능력이나 지성, 품위 등)과 같은 내담자의 강점도 상담
자가 함께 느끼고 집중해서 듣는다면 이는 내담자에 대한 깊은 존중
을 반영하게 될 것입니다. 그리고 이것이 내담자가 자신의 문제들을
이야기하면서 느끼는 수치심을 감소시켜 줄 것입니다. 예를 들면,
다음과 같이 반응할 수 있습니다.

> 상담자: ○○씨가 그동안 생각해 오던 진로가 좌절되면서 혼란스러우신 것 같아요. 그
> 럴지만 오늘 ○○씨 이야기를 들으면서 ○○씨의 성실한 태도, 내 삶을 내 의
> 지로 살아야겠다는 동기, 그리고 이렇게 어려움에 닥쳤을 때 도움을 요청할 수
> 있는 용기가 느껴졌네요. 이런 부분들은 ○○씨의 현재 어려움을 극복하는 데
> 분명 도움이 될 거예요.

요약하면 접수면접에서 상담자가 내담자의 호소문제들에 대해
아무 느낌 없이 듣는 것이 아니라 혹은 압도되는 것이 아니라 내담
자의 고통에 대해 민감하게 조율하면서 듣고자 노력해야 합니다. 그
리고 내담자의 고통 외의 강점도 느끼면서 전체적으로 내담자를 보
려고 노력하면서 들어야 합니다. 그때 내담자는 현재 자신의 취약한
부분을 낯선 사람에게 드러내면서도 안전하다는 느낌이 들어 안심
하고 자신의 이야기를 할 수 있고, 접수면접(intake)의 본질인 '상담
속으로 잘 들어올 수' 있게 될 것입니다.

Q 09 접수면접에서 해야 할 내용에 대해 질문하랴, 내담자를 따라가랴 정신이 없는데 어떻게 해야 할까요?

우선 초보 상담자는 앞에서 제시한 접수면접에서 내담자에 대해 탐색해야 할 내용들을 숙지하는 것이 필요합니다. 그렇게 되면 내담자에게 어떤 어려움 때문에 상담을 신청하게 되었는지 호소문제에 대해 개방형으로 질문한 후 내담자를 따라가면서 그 내용에 따라 범위를 좁히며 자유자재로 초점 질문을 할 수 있을 것입니다. 예를 들면, 상담자는 내담자의 호소문제에 대해 자유롭게 이야기하도록 한후, 빠진 정보가 있을 때 이에 대해서 약간 초점화된 질문을 할 수 있을 것입니다. "제가 ○○씨의 어려움인 ~ 부분에 대해 듣고 이해했습니다. 그런데 이러한 어려움이 있을 때 누구에게 이야기해 본 적이 있나요?" 등 접수면접에서 필요한 질문을 자연스럽게 할 수 있습니다. 그리고 질문한 주제가 어느 정도 이해가 되었고, 필요한 내용을 들었다고 판단하면 상담자는 그에 대해 요약하면서 마무리 짓고 다른 주제로 넘어가면 됩니다. 중요한 정보인데 다 다룰 수 없을 것 같으면 이 중요 정보들에 대해 접수면접 전에 체크리스트를 작성하게끔 할 수도 있습니다. 예를 들면, 자살 위험성, 충동 행동, 가족관계 등에 대해 리스트를 작성하도록 하면 접수면접에서 특이 사항을 기억해 뒀다가 질문하면서 시간을 절약할 수도 있습니다.

한편 상담자는 접수면접에서 내담자에 대해 탐색해야 할 내용들을 염두에 두며 들을 때, 1번 질문, 2번 질문 등으로 머릿속에 목록을 떠올리면 내담자의 이야기에 집중하기 어려울 수 있습니다. 이에 저는 개인적으로 내담자를 파악하기 위한 그림을 그야말로 그림으로 머릿속에 넣고 있으려 합니다. 그러면 내담자 이야기 속에서 빠진

53

그림을 직관적으로 알아차리고 이에 관한 질문을 자연스럽게 하게 되는 것 같습니다. 이렇게 내담자에 대한 그림을 머릿속에 그리도록 도와주는 도구로는 '사례개념도'가 있습니다. 사례개념화 내용들을 그림으로 그려 이해하는 것입니다. 이에 대해서는 사례개념화를 다루는 제3장에서 좀 더 자세히 이야기해 보도록 하겠습니다.

Q 10 접수면접에서 호소문제를 어느 정도로 구체화하고, 어느 정도로 깊이 있게 파악해야 할까요?

'어느 정도의 깊이'라는 것이 좀 추상적이라서 답변도 추상적일 수 있을 것 같긴 합니다만, 접수면접이 '상담 배정을 위한 진단적 면담'이라는 것에 초점을 맞추어 답변드려 보겠습니다. 30~40분 동안 접수면접을 한 후 상담 배정 담당 선생님 앞에서 내담자에 관해 설명해야 한다고 생각해 봅시다. 내담자의 현재 어려움이 무엇인지, 증상이 있는지, 그 어려움이 내담자의 생활이나 기능에 미치는 영향과 범위는 어떠한지, 그 어려움이 발생하게 된 배경이 무엇인지, 내담자가 이에 대해 어느 정도로 대처하고 있는지, 이러한 어려움을 견딜 수 있도록 도와주는 주변의 지지체계나 내담자의 힘이 있는지를 설명할 수 있다면 내담자의 호소문제에 대한 파악이 어느 정도 된 것입니다. 저는 이 정도 깊이로 파악하면 된다고 말씀드리고 싶네요. 한편 내담자의 세세한 감정이나 상황, 내담자의 세세한 생각이나 그 생각의 배경 원인 등을 모두 듣다 보면 접수면접에서 파악해야 하는 내용들을 다 들을 수 없을 것입니다. 이에 시간 내에 내담자의 호소문제 내용, 상태, 맥락, 대처와 조절에 관한 내용을 담기 위하여 깊이 조절이 필요합니다.

다음은 내담자가 시험공부에 집중하지 못한다는 호소문제 이야기를 하던 중에 시험에 대한 가족들의 반응이 어떤지의 질문에 내담자가 답변하고 있는 예시입니다. 이때 접수면접자가 어느 정도의 깊이로 파악하는지를 살펴보겠습니다.

상담자: 현재 준비하고 있는 시험에 대해서 가족들은 어떤 반응을 보이나요?

내담자: 저희 할아버지는 어렸을 때 가족들을 남겨 두고 집을 나갔다고 해요. 그래서 저희 아버지는 이때부터 가족들의 생계를 책임지기 위해 일해야 했어요. 아버지는 일이 중요하시고 돈이 중요해요. 또 아버지는 사랑을 주는 것에 익숙하지 않았던 것 같아요. 저는 그런 아버지로부터 사랑을 충분히 받지 못했어요. 음, 그런데 질문이 뭐였죠?

상담자: 가족들이 ○○씨 시험 준비에 대해 어떻게 생각하시는지 궁금했어요.

내담자: 네, 맞아요. 그래서 아버지는 제가 시험에 붙어서 전문직에서 일해 돈을 많이 벌기를 바라시기도 하고, 한편으로는 시험 준비가 길어져 경제활동이 늦어지는 것에 대해 불만을 보이시기도 해요. 그래서 시험공부를 열심히 하라고 하셨다가 갑자기 시험을 그만두고 취직하라고 하시기도 해요.

상담자: 아버지가 시험에 대해 이중적인 태도를 보이신다는 거네요.

내담자: 어머니랑 누나는 또 다른 인생의 스토리로 제 시험에 대해 관여하고 있어요. 어떤 스토리냐 하면⋯⋯.

상담자: 잠시만요. 다른 가족들의 배경 설명도 중요하지만, 오늘은 시간이 제한되어 있어서 접수면접에서는 어머니나 누나가 시험에 대해 어떤 태도를 갖는지만 들어 보면 좋을 것 같아요.

앞에서 내담자가 자신의 시험에 대한 아버지의 태도, 그리고 이 태도에 대한 배경을 길게 설명하고 있습니다. 처음에는 내담자가 어떤 이야기를 하고 싶어 하는지가 분명하지 않아서 들어 보지만, 두 번째로 어머니와 누나가 자신의 시험에 관한 입장의 배경을 설명하고자 할 때는 상담자가 잠시 제지하고, 파악하고자 하는 부분만 대답하도록 요청하고 있습니다. 이렇게 전체적으로 파악할 내용을 위주로 탐색하며 너무 깊고 세세한 감정이나 배경에 관해 이야기하지 않도록 상담자가 조절해 주고 있습니다. 중간에 이렇게 하기 위해서는 처음에 접수면접에 대한 오리엔테이션이 중요합니다. 즉, 접수면접은 본 상담과는 달리 현재 어려움에 대해 대략적으로 이해하는 자리이며, 이 내용에 기반하여 가장 도움을 잘 줄 수 있는 상담자와 연결하기 위한 자리라는 것을 내담자에게 알려야 합니다. 그래야 내담자도 어느 정도 깊이로 이야기해야 할지 마음의 준비를 할 수 있기 때문입니다. 그리고 상담자가 이야기 깊이 조절을 위한 제지를 할 때도 그 근거가 될 수 있어서 내담자가 좀 더 쉽게 받아들일 수 있을 것입니다.

Q 11 접수면접에서 '생명 존중 서약서'에 내담자 동의를 받는 것이 상담자 혹은 상담 기관을 너무 보호하는 것처럼 느껴지지 않을까요? 근무 외 시간에는 연락을 '생명의 전화'로 하라고 하는 것이 상담자가 책임을 다하지 않는 것처럼 보이진 않을까요?

"안전에 대한 동의나 외부적 도움 조처(예: 생명 존중 서약서 쓰기, 자살 수단 포기 약속, 응급 시 생명의 전화 등 외부 기관에 연락하기)를 취할 때 상담자가 어떤 마음과 태도로 하는 것이 좋을까요?"라는 질문으로 보입니다. 저는 '내담자와 상담자 모두의 보호', 그리고 '내담자와 상담자의 한계 인정'의 관점으로 말씀드리고 싶습니다. 내용을 덧붙여 보겠습니다.

첫째, '내담자와 상담자 모두의 보호'에 대해서 말씀드리겠습니다. 자살이나 자해 충동은 내담자 스스로 제어하기 어려울 수 있습니다. 한편 이 '충동'을 조절하고 싶어 하는 또 다른 '건강한 나'와 상담자가 동맹을 맺고 충동 조절을 해 보기로 약속하는 것이 생명 존중 서약서입니다. 물론 종이에 서명하는 것만으로 이 충동이 조절되긴 어려울 수 있습니다. 그러나 내담자와 상담자(혹은 상담소)와의 관계 속에서 한 이 약속이 내담자 홀로 자신의 충동을 조절하는 것보다 안전할 것입니다. 또한 상담자도 내담자의 이 약속에 의지해 좀 더 자기 본연의 일인 내담자의 마음을 들여다보고 작업하는 일에 집중할 수 있도록 도와서 궁극적으로는 내담자를 도울 수 있습니다. 만약 상담자가 내담자의 자살 가능성 때문에 불안하여 자살 충동에만 몰두하게 된다면 상담자가 내담자를 전반적으로 이해하고 돕는 반응보다는 불안에 기반한 반응을 하게 되어 상담 장면에서 통제감을 느끼기가 어렵습니다. 이에 생명 존중 서약서에 동의하는 행동은 '내담자가 자신을 스스로 보호하도록 노력함으로써 상담자도 상담 과정에 집중하여 내담자를 도울 수 있도록 하자는 하나의 약속입니다.'라는 의미를 부여해 볼 수 있습니다.

둘째, '내담자와 상담자의 한계 인정'의 관점으로 말씀드리겠습니다. 상담자도 시간과 공간의 제약을 받는 한계가 있는 사람이고 내담자도 자신의 충동 조절이 어려운 한계가 있는 사람입니다. 이를 인정한다면 상담자가 내담자를 완벽하게 돌볼 수 없고, 내담자도 자신의 문제를 혼자 완전히 해결할 수 없습니다. 이 한계를 분명히 하고 인정하여 상담자가 내담자에게 완전한 보호를 제공할 수 없음을

57

알아야 합니다. 그래서 그때 상담자가 제공할 수 없는 보호를 내담자는 친구, 가족, 병원 응급실 의사, 24시간 운영하는 '생명의 전화' 상담자들에게 도움을 청해야 합니다. 만일 상담자가 이를 인정하지 않고 모든 것을 혼자서 내담자를 도와야 한다고 생각하게 되면 그 부담감과 그렇게 하지 못할 때의 죄책감으로 인해 내담자에게 부정적 감정이 들게 되고 이에 따라 내담자를 피하고 싶어질 것입니다. 이에 처음부터 상담자가 자신이 도움을 줄 수 있는 범위의 한계를 분명히 하고 도움을 줄 수 없는 부분에 대해서도 분명히 할 때 내담자도 상담자도 기대하는 바가 명백해져서 외부 도움을 받을 수 있게 될 것입니다.

Q12 혼자 상담하는 상담소에서도 접수면접이 굳이 필요할까요?

접수면접이 내담자에 대한 평가를 통해 상담자나 상담 서비스를 연결하기 위한 목적이라고 말씀드렸습니다. 이에 위클래스나 학교 상담자, 개업 상담자의 경우 혼자 상담소를 운영하여 상담자가 한 명밖에 없다면 접수면접이 굳이 필요할까 궁금할 수 있습니다. 저는 상담 세팅에 따라 접수면접의 구조나 목적을 변화하여 맞춤식으로 적용하기를 제안합니다. 저의 경우에 대해 말씀드려 보겠습니다. 저와 같은 개업 상담자의 경우 보통은 첫 상담과 접수면접의 구분이 모호합니다. 그래도 첫 만남에서 본 상담자와 상담을 이어 나갈 것인지에 대해 상담자도 내담자도 판단할 기회가 있으면 좋습니다. 개인 상담을 받는 것보다는 병원 치료 혹은 입원이 필요한 경우 첫 만남에서 상담자가 판단하여 외부에 의뢰할 수도 있습니다. 이에 저는 상담 신청을 할 때 내담자에게 첫 만남에 대한 안내를 접수면접에 기반한 내용으로 다음과 같이 설명해 주고 있습니다. 그러나 이러한 예시는 모든 기관에 일괄적으로 적용되기 어려우므로 상담자가 접수면접과 첫 상담의 차이를 알고, 접수면접의 시간을 상담 과정에서 세팅한다면 어떤 과정으로 활용할지를 생각하고 적용하는 것이 좋습니다.

> "처음 상담하시는 날은 접수면접의 과정으로 진행됩니다. 접수면접에서는 어떤 어려움으로 상담에 오셨는지 듣고 저의 소견을 말씀드립니다. 그리고 앞으로의 상담 과정에 대해 논의하게 됩니다. 혹시 이때 저와의 상담보다 외부 다른 상담자가 더 잘 도와주실 것 같거나 병원 치료가 더 적합하다고 판단될 경우 이에 대한 제 의견을 말씀드릴 것이고, ○○씨도 저와의 만남 후에 상담자와 잘 맞을 것 같은지 느껴 보시면서 앞으로의 상담 지속 여부를 결정하실 수 있습니다."

Q 13 내담자가 상담 신청을 하고 시간이 꽤 지난 후에 접수면접을 진행하게 되었어요. 그런데 내담자가 접수면접에 와서 본인이 상담을 신청한 문제가 다 해결되었다고 하는데 어떻게 해야 하나요?

본인의 문제가 다 해결되었다면 상담소에 연락해서 상담을 취소할 수도 있는데 상담에 왔다는 것은 두 가지 이유가 있을 것 같습니다. 첫째, 상담 취소에 대해 미처 이야기하지 못하거나 취소 가능성을 생각하지 못해서이고, 둘째, 상담을 진행해 봐야 하는지 아니면 상담을 그만둬야 하는지 헷갈리기 때문일 수 있을 것 같습니다. 아마 한 가지 더 추가한다면 상담을 하고 싶은데 상담 주제를 처음 신청했던 주제에서 변경해도 되는지 혹은 어떤 주제로 상담을 받을 수 있는지 명확히 정리가 안 되어 있는 상태일 수 있을 것 같습니다. 이에 원래 신청한 문제가 해결되었다는 내담자와 함께 상담을 신청한 문제가 다 해결되었음에도 상담소에 방문한 이유를 탐색하는 것이 먼저일 것 같습니다. 다음과 같이 질문하면서 시작해 보면 어떨까요?

"우선 시간이 지나면서 힘들었던 문제들이 해결되었다는 점은 다행이라고 생각이 듭니다. 오늘은 이전 어려움이 무엇이었고 어떻게 해결되었는지 정리해 보면 어떨까요? 이를 통해 상담을 더 이상 진행하지 않을 것인지, 아니면 조금 더 정리하고 이해할 부분이 있을지, 아니면 새로운 문제들에 대해 상담해 볼지 등을 결정할 수 있을 것입니다."

Q 14 내담자가 접수면접자에게 "오늘 이후에 적합한 상담자에게 배정된다고 하셨는데, 그냥 지금 선생님께서 상담해 주시면 안 되나요? 새로운 선생님이랑 또 얘기하는 게 힘들 것 같아요."라고 말하면 어떻게 대답해야 할까요?

한편으로 이렇게 묻는 내담자가 이해되기도 합니다. 그러나 이 결정에 대해서는 보통 접수면접자가 결정할 수 없는 부분이기 때문에 확실한 답변을 줄 수 없을 것입니다. 때로는 상담자가 이런 질문이 당황스럽게 느껴질 경우, 약간 방어적으로 결론 내용만 이야기할 수도 있을 것입니다. 예를 들면, '그건 제 권한이 아닙니다.' 혹은 '그건 안 됩니다.' 등과 같이 표현할 수도 있지요. 그런데 이럴 때도 상담자로서 약간의 여유를 갖고 내담자의 마음에 공감하며 대답하는 것이 좋겠습니다. 예를 들면, 다음과 같이 답변해 볼 수 있을 것입니다.

> "접수면접을 하고 또 다른 선생님과 상담하는 것이 좀 부담이 될 수 있을 거 같아요. 그런데 본 상담 기관에서는 내담자와 상담자를 연결할 때 상담자들의 가능한 시간, 상담자들의 전문 영역 등에 기초해서 도움을 가장 많이 줄 수 있는 상담자를 배정해 드리고 있습니다. 그래서 저와 상담이 진행될지 확답을 드리지 못해요. 그렇지만 저와 상담을 원하신다는 의견이 반영될 수 있도록 전달해 두겠습니다."

Q 15 접수면접에서 내담자가 감정이 올라와 많은 눈물을 보여 탐색하기가 조심스러워요. 어떻게 접근해야 할까요?

내담자가 접수면접에서 감정이 너무 격해져서 눈물을 계속 흘린다든지 할 때, 상담자들은 '이렇게 힘든 상태인데 다른 여러 가지를 물어봐도 될까? 힘들지 않을까?' 등을 생각하면서 조심스러울 수 있습니다. 저도 초보 상담자 때 슈퍼바이저에게 이런 우려를 이야기하니까 '우리는 울면서도 얘기할 수 있어요~'라고 해 주셨던 말씀이 인상 깊어 아직도 생각이 납니다. 이 이야기를 좀 더 풀어서 다른 말로 한다면 내담자의 우는 부분에 대해 상담자가 공감하면서 동시에 또 내담자에게 물어야 할 내용들을 물어볼 수 있다는 뜻일 겁니다. 질문을 한다고 해서 내담자의 울음에 대해 공감하지 않는 것은 아닙니다. 내담자가 울 때 상담자는 그 감정을 빨리 멈추게 하려 하지 않고 내담자의 마음이 어떤 상태인지 같이 느껴 볼 수 있을 것입니다. 상담자가 느끼는 감정을 한숨이나 '음…….' 혹은 고개를 끄덕이는 것 등으로 표현해 볼 수도 있지요. 잠시 상담이 중지될 수 있지만 보통 내담자는 상담자가 자신의 감정을 느끼면서 기다려 주는 것에 안심하면서도 스스로 평정을 되찾으려고 노력합니다. 상담자는 다음과 같이 공감 표현과 함께 질문을 하면서 다음의 길을 계속 갈 수 있을 것입니다.

> "이 이야기를 들으면서 저도 마음이 아프네요. 그런데 그때 ○○씨는 그 힘든 상황에서 어떻게 대처하셨나요?"

Q16 접수면접에서 이야기를 시작하거나 이어 나가는 것을 내담자가 너무 불안해할 때는 어떻게 해야 하나요?

불안해하는 내담자에게는 가볍게 공감이나 내담자 감정에 대한 타당화를 하면서 시작하는 것이 좋습니다. 예를 들면, "접수면접이라는 지금의 상황이 좀 생소하고, 낯선 사람에게 자신의 문제를 털어놓는 것이 힘들 수 있어요." 등으로 이야기하거나, 아이스 브레이킹(ice-breaking)이 될 수 있는 가벼운 대화를 나누는 것도 좋습니다. 그런데 때로는 내담자의 불안에 대해 상담자가 어떻게 대처할지에 대한 방법을 몰라서라기보다 내담자가 불안해하는 태도나 눈빛을 보면서 상담자도 그 불안에 전염되어 같이 불안해지게 될 때도 있습니다. 불안은 전염력이 높은 감정인 것 같습니다. 그래서 상담자는 자신의 불안을 방어하기 위해 빨리 이야기를 한다든가, 이야기 내용에만 집중하며 필기에 과도하게 신경을 쓰면서 내담자와 아이컨택을 하지 않는다든가, 혹은 자주 웃는 등의 반응을 보일 수 있습니다. 그러나 보통은 내담자가 불안해하더라도 상담자가 중심을 잡고 편안하게 기다리면 내담자도 이에 영향을 받아 이야기를 시작할 수 있을 것입니다. 이에 불안한 내담자에게 무엇을 어떻게 할 것인가보다는 내담자의 불안에 영향받는 상담자의 불안한 마음을 자각하고 잘 조절하는 것이 중요해 보입니다. 저 같은 경우 내담자의 불안에 영향을 받아 나도 불안해질 때, 숨을 깊게 천천히 쉬어 본다든지, 말을 좀 더 부드럽게 하면서 그 목소리로 나를 진정시킨다든지, 따뜻한 차가 담긴 컵을 잡으며 접촉감을 느껴 보면서 나를 진정시키려고 할 때도 있었습니다.

혹은 내담자의 불안을 가볍게 공감하고 다음과 같이 나의 불안한 감정을 표현하면서 그 감정을 약간 털어 내려고 하기도 합니다.

63

> "처음 만나는 시간은 저를 포함해서 누구에게나 힘들고 긴장이 되는 시간 같아요. 그래도 여기는 안전한 곳이니 천천히 편안하게 생각하면서 말해도 됩니다."

그리고 내담자의 불안이나 두려움의 반응을 상담자 자신의 문제로 갖고 오려고 하거나 서둘러 해결해 주려는 마음 없이 내담자의 불안이라는 상태를 분리해서 바라보려고 하는 것도 도움이 됩니다.

Q 17 접수면접에서 내담자가 구체적으로 답변하지 못할 때
탐색을 어떻게 하면 좋을까요?

초보 상담자들이 많이 난감해하면서 질문하는 것 중 하나는 "내담
자에게 질문을 해도 내담자가 '네.' '아니요.'로만 대답한다든지, '잘
모르겠는데요, 그냥 그래요, 좋았어요, 기분이 안 좋았어요.' 등으로
대답해서 더 나아가지 못하고 뚝뚝 끊기는 것 같아요. 이럴 땐 어떻
게 하는 게 좋을까요?"라고 묻습니다. 내담자들은 자신의 생생한 경
험과 고통스러운 감정을 덜 느끼기 위하여 막연하게 표현하기도 합
니다. 혹은 자신의 상황이나 상태, 감정 등을 인식하고 표현하는 것
이 낯설어서일 수도 있습니다. 어쩌면 처음으로 자신의 감정을 표
현해 본 내담자일 수도 있습니다. 그런데 내담자가 경험한 실제 사
실과 사건, 내담자의 상태를 왜곡 없이 확인해야 내담자에 대한 정
확한 평가가 가능할 것이고, 정확한 평가가 되어야 적합한 상담 서
비스나 상담자가 연결될 수 있을 것입니다. 그래야 이후 상담에서도
내담자의 어려움을 풀어 나가기 위해 내담자의 정확한 정보에 기초
하여 정확한 치료 개입 방향을 잡을 수 있습니다.

이에 상담자는 먼저 개방형 질문을 시도한 후 이에 대해 내담자가
모호하게 대답하는 경우 점점 더 폭을 좁혀 가면서 질문해 볼 수 있
을 것입니다. 마치 역삼각형처럼 말이지요. 예를 들면, 개방형 질문
이후 내담자가 모호하게 답변을 한 경우 상담자는 구체적인 답변을
들어 보기 위해 다음과 같이 노력해 볼 수 있습니다.

상담자: 남자친구가 헤어지자고 하면서 '이게 널 위해서도 좋은 거야.'라고 말했을 때 기
분이 어땠나요?

내담자: 그러겠지~ 했어요.

상담자: 남자친구의 제안이 좋을 수도 있다고 생각하신 거는 같아요. 그런데 ○○씨 마음은 어땠을까요?

내담자: 글쎄요.

상담자: 이러한 상황에서 어떤 사람은 슬프기도 하고, 어떤 사람은 화가 나기도 하고, 어떤 사람은 허무하기도 해요. ○○씨는 어땠을까요?

내담자: 기분이 좋진 않았던 것 같아요.

상담자: 그러면 혹시 여기 감정 단어 리스트 중에서 ○○씨 감정에 가장 가까운 감정이 무엇이었을지 찾아볼래요?

이처럼 상담자는 처음에 기분이 어땠는지 물었고, 그다음에는 내담자 생각을 이해한 바를 돌려주면서 마음을 구분해서 다시 물었습니다. 그래도 내담자의 답변이 모호할 때는 몇 가지 예시를 들면서 좁혀서 물어보았습니다. 내담자가 감정을 표현하기 어려워하자, 감정 단어의 예시를 주면서 찾아보도록 독려하였습니다. 이렇게 모호하게 대답하는 경우 내담자가 구체적으로 대답할 수 있도록 돕는 시간과 노력이 필요합니다. 이에 상담자는 처음부터 '이 내담자는 방어적이야.'라고 하면서 나도 방어적인 마음이 되기보다는 내담자들에 따라 어떤 이는 구체적으로 답변하기가 어려울 수 있으며, 구체적으로 대답하는 연습이 필요하다는 것을 받아들이고, 내담자들과 눈높이를 맞추는 것이 필요합니다.

그런데 때로는 내담자가 구체적으로 표현하는 것을 어려워하기보다는 방어하기 위해 모호하게 표현할 수도 있습니다. 그때는 상담자의 느낌이 좀 다르게 옵니다. 내담자가 대답하기 자체를 어려워하면 스스로 어리둥절해하거나 노력하려 해도 안 되는 것 같은 모습이 아

65

니라 약간의 화가 나거나 냉소적인 느낌, 혹은 수치심이 올라와 자신을 가리고 싶어 하는 마음 등에 대한 느낌이 느껴집니다. 그럴 때는 상담자가 질문한 의도를 설명하면서 이 질문에 대답하는 것 중에 어떤 것이 어려운지, 혹은 질문에 대답할 때 어떤 마음이 일어나는지의 과정에 초점을 돌려 다음과 같이 접근해 볼 수 있을 것입니다.

> "제가 남자친구의 제안에 대해 ○○씨의 감정을 물어보는 것은 ○○씨가 어떤 상태인지 혹은 무엇을 진짜 원하는지 알고 싶어서입니다. 그래야 이후 남자친구와의 관계에서 어떻게 해야 할지의 방향을 찾는 데 도움을 드릴 수 있을 것 같아요. 그런데 이 질문에 관해 이야기하기 어려워하시는 것 같은데 마음이 어떤가요?"

Q18 접수면접에서 내담자가 과도하게 말을 많이 하거나 두서없이 장황하게 이야기를 늘어놓을 때 끊기가 어려워요

접수면접에서 상담자의 질문에 대해 어떤 내담자들은 관련이 없거나 별로 중요하지 않은 이야기를 길게 늘어놓기도 합니다. 예를 들면, 내담자에게 사람들과의 상호작용에서 어떤 점이 힘들었는지 물었는데, 이를 설명하기 위해 상대방은 어떤 배경 속에 처해 있는지 등에 대해 아주 시시콜콜한 이야기를 늘어놓을 수도 있습니다. 내담자는 중요해 보이지 않는 이야기를 왜 이렇게 길게 늘어놓을까요? 어떤 내담자들은 자기 생각이나 감정을 드러내지 않으려고 회피하는 반응을 할 수도 있습니다. 혹은 자신의 감정이나 행동에 대해 타당함을 입증하기 위하여 배경 설명을 길게 늘어놓기도 합니다. 때론 그저 발화의 습관일 수도 있습니다. 이런 이유와는 별개로 상담자는 이런 긴 이야기를 들을 때 내담자에게 별로 중요한 이야기라는 생각이 들지 않거나, 주어진 시간 내에 내담자에게서 들어야 하는 내용을 들을 시간이 얼마 남아 있지 않다고 느껴진다면, 내담자와의 관계가 손상되지 않으면서도 내담자가 요점을 말할 수 있도록 개입을 시도해야만 합니다. 즉, 내담자의 이야기를 끊어야 합니다. 일상 대화에서 타인의 이야기를 끊는 것은 실례가 되지만 접수면접 상황에서는 정해진 시간 내에 내담자를 이해하고 정확한 평가를 하기 위해 내담자의 말을 끊는 것은 내담자를 돕는 일입니다.

그런데 내담자의 자존심이 상하지 않게 어떻게 끊을 수 있을까요? 상담자는 내담자의 이야기를 이해하고 있다는 메시지로 내담자의 이야기를 요약하거나 재진술 등을 통해 전달한 후, 듣고 싶은 부분에 관한 질문을 다시 해 볼 수 있습니다. 또는 지금, 이 순간의 우선순위에 대하여 알려 주거나, 시간의 한계 속에서 접수면접의 목적을 달성하기 위해 양해를 구하는 태도를 보일 수도 있습니다. 예를 들면, 타인과의 상호작용에서 내담자가 어떤 부분이 힘들었는지 물어보았는데, 내담자가 자신의 힘든 부분은 얘기하지 않고 상대방의 배경과 이야기를 장황하게 늘어놓을 때 다음과 같이 개입해 볼 수 있습니다.

67

- "상대방이 ~한 상황에 있다는 부분에 대해 제가 이해했습니다. (요약) 그런데 ○○씨가 상대방과의 상호작용에서 어떤 부분이 힘들었는지 좀 더 듣고 싶네요."
- "상대방의 처한 배경에 대해 제가 잘 들었는데요, 저희가 접수면접의 시간이 많이 남아 있지 않은데 다른 여러 부분에 대해 다뤄야 할 주제들이 있어서요. 제가 다른 질문을 해도 될까요?"

Q 19 접수면접에서 내담자가 침묵을 자주 오래 하는 경우 어렵게 느껴져요. 그냥 기다리면 될까요?

접수면접은 상담 기관에서 처음으로 상담자와 마주하는 시간인데, 낯선 장소와 사람, 낯선 시스템 그리고 낯선 대화법(예: 일상생활에서는 "당신이 ~할 때 이런 마음이었군요."라는 말을 이렇게 50분 동안에 몇 번이나 듣고 있지는 않습니다.)이 내담자를 긴장하게 할 수 있습니다. 그런 곳에서 내담자가 자신의 취약한 상태를 드러내고 이야기하는 것은 분명 쉽지 않은 일입니다. 나를 어떻게 판단할지 몰라서 주저할 수 있습니다. 혹은 아주 느리게 말하는 것은 우울증으로 인한 것일 수도 있습니다. 이러한 여러 이유로 내담자들은 질문에 대한 답을 잘 하지 못하고 침묵 반응을 보일 수 있습니다. 물론 접수면접 이후 상담 과정에서도 내담자들은 침묵을 보일 수 있지요. 초보 상담자들은 내담자가 침묵하면 당혹스럽고 불안한 나머지 면담 시간을 좀 더 주도하려고 하면서 설명을 많이 한다든가, 아직 한 주제가 끝나지 않았는데 침묵 반응을 견디기 어려워 다른 질문으로 화제를 전환하는 행동을 하기도 합니다. 내담자가 침묵할 때 어떻게 대처하는 것이 좋을까요? 우선은 내담자가 반응할 수 있는 시간을 주도록 합니다. 이는 내담자 내면에서 생각하고 주저하는 시간을 허용해 주는 마음으로 기다린다는 메시지를 줄 수 있습니다. 어느 정도 기다렸다고 생각했는데도 내담자가 이야기하지 않으면 상담자는 더 기다려야 할지 혼란스러울 수 있습니다. 그때는 내담자에게 물어볼 수 있습니다.

"지금 ~라는 질문에 대해 생각하고 계시는 것 같아서 제가 좀 기다리고 있었어요. 혹시 시간이 좀 더 필요할까요? 아니면 제가 답변을 하실 수 있도록 질문을 하면서 좀 더 도와드릴까요?"

이러한 질문을 하면 내담자는 자신의 침묵 상태에 대해 존중받는 기분을 느끼면서 자신이 침묵하는 상태에 관해 이야기해 줄 수 있고 무엇을 원하는지 말해 줄 수도 있을 것입니다. 상담자는 지금 생각을 정리하는 중인데 좀 더 시간이 필요하다든가, 지금 답변에 관해 이야기하는 것은 나에게 힘들다든가, 어떻게 얘기해야 할지 모르겠으니 선생님이 좀 더 질문을 해 주시면 좋겠다든가 등의 내담자 반응에 따라 다르게 반응할 수 있습니다.

극단적이지만 이야기하기를 너무 어려워하는 내담자에게는 '예, 아니요'로 반응하는 것을 선호하는지 물어봐야 할 수도 있습니다. 시간이 더 필요하다고 하는 내담자에게는 좀 더 기다려 주면 되고, 답변하기 힘들다고 하면 내담자의 상태에 관해 공감하거나 이 질문에 대한 느낌에 관해 물어볼 수도 있습니다. 또는 민감한 주제에 대해 낯선 곳에서 낯선 사람에게 이야기하는 것은 누구에게나 힘들 수 있다는 점을 타당화해 주면서도, 이 이야기를 하는 것이 앞으로 상담을 진행하고 내담자의 어려움을 해결하는 데 도움이 될 것이라고 격려할 수 있을 것입니다. 그래도 어려워하는 내담자일 경우에는 "이 부분에 대해서는 그럼 본격적으로 상담이 시작된 후에 상담자와 이야기해 보고 싶으신가요?"라고 질문하면서 다른 주제로 넘어갈 수도 있습니다. 이때는 앞으로 상담하게 되는 상담자에게 이 질문에 대해 답하기 어려워했다는 점을 잘 기록해 놓는 것이 도움이 됩니다. 내담자가 좀 더 구체적으로 질문을 해 달라고 할 때 상담자는 질문에서 어떤 점이 말하기 어려운지를 묻거나, 좀 더 구체적인 질문을 해 보면서 내담자를 도울 수 있을 것입니다.

69

Q 20 접수면접에서 내담자가 우울하고 의욕이 없어서 이야기하기 힘들어하는 것처럼 보여요

내담자가 어떻게 대답해야 할지 몰라서가 아니라 우울한 내담자의 경우에는 의욕이 많이 떨어져 있어서 자신의 이야기를 자세히 할수 없는 때도 있습니다. 이러한 내담자와 마주하고 있으면 상담자도 내담자의 우울한 기분에 영향을 받아 희망이 없고, 공허하고, 스스로 내담자를 돕기에 충분하지 않거나 무력한 느낌을 받을 수 있습니다. 그러나 상담자가 불안한 내담자를 마주할 때 자신의 상태를 자각하고 중심을 잡기 위해 노력해야 하는 것처럼, 우울하고 무력한 기분에 대해서도 상담자가 받는 영향을 자각하면서 상담자의 일을 해야 합니다. 우울한 내담자의 경우 대답할 수 있도록 충분히 시간을 주되, 침묵의 시간이 너무 길어지면 이에 대한 수치심이나 무기력을 느낄 수 있습니다. 따라서 상담자는 침묵이 너무 길어질 때 내담자가 대답을 좀 더 쉽게 할 수 있도록 구조화된 구체적인 질문을 해 볼 수 있습니다. 그리고 우울한 내담자들은 비난과 거부에 대해 아주 예민하게 느끼기 때문에 어떤 질문이나 설명이 판단적이거나 비판적인 뉘앙스로 느껴지진 않을지 더욱 주의해야 합니다.

초보 상담자를 위한
초기 상담에 관한 99가지 Q&A

제2장
첫 회 상담

"첫 회 상담에서는 앞으로의 변화를 바라보며 기초를 다집니다."

Q 21 첫 회 상담이 접수면접과 비슷한 것처럼 느껴지는데 첫 회 상담과 접수면접의 차이는 무엇인가요?

첫 회 상담과 접수면접이 내담자의 호소문제를 중심으로 파악한다는 점에서 비슷해 보일 수 있습니다. 그러나 그 목적에서 근본적으로 차이가 나지요. 접수면접은 내담자에게 적합한 상담 서비스와 상담자를 연결하기 위해 내담자의 기본 문제를 파악하고, 객관적으로 평가하기 위한 진단적인 활동입니다. 반면 첫 회 상담은 상담자가 내담자와 앞으로의 상담을 진행하기 위해 작업동맹을 형성하고, 내담자가 겪는 어려움의 핵심을 파악하며, 상담에서의 대략적인 목표를 설정하고, 안정적 상담의 진행을 위해 구조화를 하는 등 앞으로의 변화를 위한 기초를 다지는 목적을 지닙니다. 대체로 접수면접은 정보수집에 집중하게 되므로 질문이 좀 더 많을 수 있고, 좀 더 속도감이 있을 것입니다. 한편, 첫 회 상담은 접수면접에 비해 내담자에게 좀 더 대화의 주도권을 주어 본인의 호소문제를 풀어내도록 합니다. 이후 상담을 내다보고 있기 때문에 비교적 천천히 진행되는 느낌이 있을 수 있겠지요.

Q 22 첫 회 상담은 어떻게 진행해야 하나요?

첫 회 상담의 진행은 내담자의 어려움, 내담자의 특성 등에 따라 조금 다르게 진행될 것입니다. 그렇지만 대략 첫 회 상담을 어떻게 운영하면 되겠다 하는 것을 그려 본다면 다음과 같습니다.

① 우선 첫 회 상담을 시작하기 전에 신청서 내용과 접수면접 내용, 그리고 내담자의 검사 결과 등의 자료들을 보면서 내담자에 대한 그림을 그립니다. 그림을 그리라는 것은 내담자의 호소문제가 어떤 것이고 지금의 어려움에 영향을 준 주변 환경은 무엇이며, 촉발사건이 내담자에게 어떤 의미로 다가왔을지, 내담자는 어떻게 대처하고 있는지, 내담자의 어떤 내적 특성들이 지금의 어려움에 좀 더 부채질하고 있는지 가설을 세워 보는 것입니다. 이러한 그림이 내담자와 만났을 때 내담자의 어려움과 특징들을 탐색하는 데 도움을 줄 것입니다. 그러나 이상하게 들릴 수 있겠지만 저는 완전히 다른 태도를 요구하겠습니다. 내담자에 대한 그림을 그리는 동시에 내담자를 만날 때 이러한 가설과 그림을 다 포기하고 만나야 합니다. 이 가설들이 맞다고 들이밀면서 취조하는 듯한 자세를 취한다면 내담자는 불쾌할 것이고, 자신이 판단받고 있다고 느껴질 수 있을 것입니다. 즉, 그림은 그리되 그 그림이 안 맞을 때 재빨리 던져 버리고 내담자의 이야기를 따라갈 수 있는 융통성이 필요할 것입니다.

② 이제 내담자를 직접 만나는 단계입니다. 다음 예시와 같이 처음에 내담자와 만나 간단한 인사나 아이스 브레이킹을 위한 이야기를 합니다.

"안녕하세요, 저는 앞으로 ○○씨와 상담하게 된 상담자 □□□입니다. 오늘 날씨가 비도 오고 그래서 오시기 좀 불편했을 것 같은데 괜찮으셨는지요?"

이후에 바로 호소문제를 물으면서 본론으로 들어가는 것이 좋습니다. 예를 들어, 다음과 같이 시작하면 됩니다.

- "그럼 바로 상담을 시작하도록 하겠습니다. ○○씨는 어떤 부분 때문에 상담에 오시게 되었나요?"
- "접수면접에서 ○○씨가 ~어려움 때문에 오셨다는 내용을 전달받아 알고 있었는데요, 조금 더 설명해 주시겠어요?"

③ 그리고 나서 상담자는 내담자의 언어, 비언어적인 면들에 관해 관심을 기울이면서 내담자의 호소문제를 듣습니다. 접수면접에서는 내담자의 심각도와 난이도 등을 진단하기 위해 다양한 질문을 하는 것에 비하여, 첫 회 상담에서는 개방형 질문으로 호소문제를 묻고 나서 내담자가 좀 더 자유롭게 이야기하도록 합니다.

호소문제를 들을 때는 무엇이 어느 정도로 고통스러운지, 내담자의 어려움이 언제부터였고, 그 이후 어떤 경과를 보였는지, 상담에 오게 된 직접적인 계기가 있었는지, 이 어려움에 대해 어떻게 대처해 왔고 효과가 있었는지, 주변 사람들은 이 어려움에 대해 어떻게 반응하는지, 스스로는 지금의 어려움의 원인에 대해 어떻게 이해하고 있는지, 지금 처해 있는 스트레스 환경이 있는지 등에 관해 관심을 가지고 듣습니다. 그러나 대체적으로는 내담자가 자유롭게 이야기하도록 하고 이를 따라가면서 듣는 것이 좋습니다. 상담자는 내담자의 이야기를 따라가면서 때때로 이해한 바를 전달하고, 필요시 영역의 범위를 좁혀서 초점 질문을 합니다. 하나의 주제가 충분히 이야기된 것 같으면 그에 대해 요약하면서 정리하고 다른 주제로 넘어갈 수 있습니다.

다음은 호소문제에 대해 들을 때 각 영역에 대해 상담자가 할 수 있는 질문의 예시입니다.

77

호소문제 내용의 구체화

- "폭식한다고 하셨는데, 일주일에 몇 번, 어느 정도 하시는지요? 혹시 폭식 후 구토도 하나요?"
- "요즘 사람들과 거리감이 느껴진다고 하셨는데 특히 누구와 거리감이 느껴지나요?"
- "이 상황에서 ○○씨를 가장 힘들게 하는 부분이 뭔 것 같나요?"

호소문제의 시작, 호소문제의 시작 당시 상황, 경과

- "언제부터 그랬습니까?" (문제나 증상의 발생 시기)
- "그즈음의 이야기를 해 주세요." (문제 원인이 되는 사건과 그 당시 상황)
- "그 후로 어떻게 되었나요?" (문제와 관련된 경과 및 최근 상황)

지금 상담에 오게 된 계기

- "이 어려움이 계속 있어 왔는데, '지금 상담에 가야겠다.' 하고 결심하게 된 계기가 있을까요?"

호소문제를 해결하기 위한 노력(대처)

- "이 어려움에 대해 어떻게 해결하려고 노력해 보셨나요?"

호소문제에 대한 주변 사람들의 반응

- "친구들이나 가족들이랑 내 어려움에 관해 얘기해 봤나요?"
- "가족들은 내 어려움에 대해 어떻게 반응하나요?"

호소문제에 대한 자가 진단

- "스스로는 이 문제가 왜 생겼다고 생각하나요?"

현재 환경적 상황

- "지금 스트레스를 많이 받는 상황인데, 학교에서 학업은 할 만한가요?"
- "지금 여러 가지 부담이 있는데 새롭게 시험을 준비하는 것은 어떤가요?"

④ 어느 정도 내담자의 호소문제가 표현되었고 정리가 되었을 때, 그리고 내담자의 감정도 어느 정도 잦아들었을 때, 이 상담에서 어떤 것을 원하는지 대략적인 목표를 세우게 됩니다. 우선 상담자는 내담자의 주 호소문제를 요약하면서 내담자가 말하고자 하는 내용과 일치하는지 확인합니다. 그리고 이를 기반으로 내담자가 상담에서 원하는 것을 파악하면서 내담자가 해결하고 싶은 실천 가능한 현실적인 목표를 합의합니다. 목표 설정을 위해 상담자는 다음과 같이 물어볼 수 있습니다.

> "이 상담이 끝났을 때 어떻게 되면 좋겠어요?"
>
> "이 문제에 대해 상담에서 어떤 도움을 받고 싶나요?"
>
> "저희가 12회 상담 시간이 주어져 있습니다. 이 상담이 끝날 때, 어떻게 되면 '상담이 만족스러웠다.'라고 느낄까요?"

목표 설정을 한 후에 상담자는 최종적으로 내담자의 호소문제와 그 원인, 그리고 상담에서 원하는 바에 대해서 요약해 주면서 내담자의 생각과 일치하는지 확인합니다. 다음은 이에 대한 예시입니다.

> "○○씨가 오늘 어머니 전화를 받는 것이 힘들다고 상담에 오셨어요. 그런데 이야기하다 보니 지금 대학 생활을 좀 더 즐겁게 하지 못하는 것으로 인해 우울한 상태여서 어머니의 고민을 들어 드리기가 더 힘들어진 부분도 있었어요. 그래서 상담

에서는 ○○씨가 대학에서 즐겁게 적응하기 위해 할 수 있는 부분을 찾아보고 실행하고 싶은 것, 그리고 ○○씨가 어머니의 이야기를 들어 드리는 게 버거울 때 어떻게 대처하면 좋을지 알고 싶은 것이 상담에서 기대하는 것이라고 저는 이해했는데, 맞을까요?"

⑤ 그리고 상담에 대해 구조화할 수 있습니다. 저는 개인적으로 내담자가 막 쏟아 내고 싶은 상태에 있는 상담 초반에 상담 구조화를 하는 것보다 어느 정도 다급한 부분을 풀어내고 나서 좀 여유가 생긴 마지막에 구조화하는 것이 좋은 것 같습니다. 구조화 내용으로는 상담의 과정, 상담에서 내담자와 상담자의 역할, 상담 진행 관련 시간, 상담 외 시간에 상담자와의 연락, 비밀보장 등을 이야기합니다. 단, 내담자들이 비밀보장에 대해서 불안을 느끼는 것 같을 때는 초반에 미리 비밀보장에 관해 설명하는 것도 좋습니다. 다음은 구조화에 대한 짤막한 예시입니다.

"상담은 ○○씨 마음으로 여행하는 것과 같아요. 저는 그 여행에 동행하면서 ○○씨가 스스로 자신의 길을 찾도록 도울 거예요. 그래서 ○○씨가 적극적으로 자신의 마음을 느끼고 표현하시는 것이 도움이 됩니다. 그리고 12회를 진행하게 될 텐데요, 매주 화요일 여기에서 1시부터 50분간 진행합니다. 혹시 시간 등 변경 사항이 있으시면 전날까지 ~로 연락을 주시면 됩니다."

⑥ 마지막으로, 내담자에게 오늘 처음 상담에 대한 경험이 어땠는지 소감을 물으면서 다음 약속을 확인하고 마무리 짓습니다. 내담자가 소감을 이야기하는 시간은 짧지만 상담을 통해 내담자에게 어떤 새로운 이해가 생겼는지 들어 볼 수 있고, 호소문제에 관해 내담자

의 인식 정도를 가늠해 볼 수도 있습니다. 그리고 내담자가 상담에 대한 긍정적 혹은 부정적 기대를 표현할 기회가 되기도 하며, 첫 회 상담 도중에 상담자가 미처 느끼지 못한 내담자의 불안이나 무기력을 표현할 기회가 되기도 합니다. 이를 통해 상담자는 내담자의 상태를 듣고 공감해 줄 수도 있고, 상담에 대한 왜곡된 인식이 있다면 이에 관해 설명을 해 줌으로써 내담자의 참여 동기를 높일 수 있습니다.

앞에서 간략하게 설명한 상담 목표 설정과 상담 구조화와 관련된 내용들은 제4장과 제5장에서 좀 더 세세하게 다루고 있으니 참고하기 바랍니다.

첫 회 상담에서 여러 가지를 파악할 수 있지만 가장 중요한 부분은 내담자의 어려움이 무엇이고 왜 지금 그 어려움이 생겼는지, 이 어려움이 어떻게 발달하여 생겨 왔는지, 이 어려움이 앞으로 어떻게 변화되기를 바라는지에 대한 것입니다. 어떤 초보 상담자는 '접수면접 내용, 상담신청서, 검사 결과 등을 열심히 봐서 첫 회 상담에 질문하고 싶은 리스트들을 만들었습니다. 그런데 "첫 회 상담을 하고 보니 내담자 이야기를 따라가지 못하고 질문만 너무 많이 하게 된 것 같아요."라는 고민을 털어놓은 적이 있습니다. 첫 회 상담 전에 너무 많이 준비한 것이 오히려 도움이 안 되는 상황이 된 것입니다. 첫 회 상담에서 너무 많은 것을 다 하려고 부담을 갖는 것이 도리어 내담자의 어려움을 잘 듣지 못할 수 있습니다. 이렇게 말씀드리면 초보 상담자들은 '상담 전에 준비를 잘하라고 하셨는데, 준비하지 말아야 하나?'라는 느낌이 들 수 있는데 이렇게 말씀드리고 싶어요.

상담 전에 내담자에 대해 그려 보고, 질문해 보고 싶은 것을 생각해 보면서 많이 준비하되, 본 상담에서는 이를 배경으로 가도록 하고 전경에는 내 앞에 있는 내담자의 이야기에 집중해 보세요. 상담자 자신을 믿고 내담자에게 초집중하면 이와 연결된 배경에 있던 질문이 적절한 시기에 쓰윽~ 하고 올라올 것입니다. 물론 이러한 질문이 내담자의 어떤 이야기와 연결되는지에 대한 감각은 한 번에 발달하는 것은 아니고 경험을 통해서 천천히 쌓일 수 있을 것입니다. 그러니 초보 상담자는 상담 전에 내담자 정보를 읽으면서 내담자에 대한 그림을 그려 보는 연습과, 그 정보를 내담자와 만났을 때에는 손에서 놓고 내담자에게만 집중하는 두 가지를 다 연습해 보면 좋겠습니다. 그러면 점점 자연스럽게 두 가지가 연결되어 가는 것을 경험하게 될 것입니다. 자기 자신에게 시간을 주고 연습해 가기를 바랍니다.

Q 23 첫 회 상담에서 접수면접을 다시 하는 기분이 들 때가 있는데, 어떻게 하면 중복을 줄이면서 접수면접 정보에 기반한 내용을 확장하여 좀 더 심도 있게 회기 운영을 할 수 있을까요?

앞에서 언급한 내용과 비슷하지만 우선 저는 상담자가 접수면접, 신청서, 검사 결과들을 꼼꼼하게 숙지하고 들어갈 것을 강조하고 싶네요. 꼼꼼하게 접수면접의 내용들을 숙지하고, 내담자가 어떻게 상담에 오게 되었는지, 지금 무엇이 고통스러운지를 이해하고 내담자에 대한 그림을 그리면서 첫 상담에 들어가라고 얘기하고 싶습니다. 그러면 상담자는 접수면접 내용과 신청서를 보면서 내담자에 대해 의문이 드는 부분, 이해가 잘 안 되는 부분, 현재의 상태에 대해 좀 더 세밀하게 탐색해야 하는 부분에 대해 상기하고 있어 내담자의 이야기를 들으면서 좀 더 깊이 있는 질문을 할 수 있을 것입니다.

그리고 처음 들어가서 상담자는 내담자에게 '난 당신을 처음 만났으니, 처음부터 다 이야기해라.'라는 태도를 보이면 내담자도 기운이 빠질 것입니다. 그러므로 상담자도 처음 이야기를 "내가 접수면접에서 당신의 어려움으로 ~한 부분을 이해했어요."라고 이야기를 시작하면서 "접수면접 이후 이 어려움에 혹시 변화가 있었나요?" 혹은 "이와 관련해서 좀 더 저에게 이야기하고 싶은 부분이 있나요?"라고 이야기를 시작하면 내담자는 '상담자가 내 정보에 대해 소홀하게 취급하지 않고 잘 이해하려고 노력했구나.' 하는 안도와 존중받는 느낌을 받을 수 있을 것입니다. 그러면 자신의 이야기 중 더 전달하고 싶은 부분, 좀 더 보태서 강조하고 싶은 부분을 찾아 이야기해 나갈 것입니다. 그러면 상담자는 이야기를 들으면서 접수면접에서 이야기했던 부분을 첨가하면서 통합적으로 이해하는 것을 전달한다든지, 질문을 하면 자연스럽게 첫 회 상담에 접수면접의 내용들이 녹아들 것이고 좀 더 깊이 있게 회기 운영을 할 수 있을 것입니다.

Q 24 처음 만날 때 인사와 상담자 소개는 어느 정도로 어떻게 하는 것이 좋을까요?

예를 들어, 대학상담소의 인턴 과정의 상담자라면, "안녕하세요, ○○씨와 15회 상담을 진행하게 된 인턴 상담자 □□□입니다."라고 하면 되겠지요? 대학원에서 처음으로 상담 실습을 하게 된 실습 상담자 중 한 분이 "실습 상담자라는 점을 군이 밝혀야 할까요? 그러면 상담자에 대한 신뢰가 떨어져서 상담에 대한 신뢰도 떨어지는 건 아닐까요?"라고 질문한 적이 있습니다. 초보 상담자로서 걱정이 될 수 있는 내용입니다. 그러나 자신의 현재 소속 혹은 경력 등에 대해 밝히는 것은 윤리적이기도 하고, 상담자도 자기 경력이나 자격을 숨기지 않아야 스스로 당당하고 그 당당함이 상담자나 상담에 대한 신뢰를 높일 수 있을 것입니다. '상담의 경력이 적은 게 사실이지만 배운 이론들이나 지식에 근거해서 최선을 다해 진행할 것이고, 상담전문가의 감독과 지도를 받아 안전하게 해 나갈 것이다.'라는 생각으로 당당하면 됩니다.

그런데 난처하게도 어떤 내담자는 실습 상담자라는 이야기를 듣고, 자신은 좀 더 경력이 많은 선생님께 상담받고 싶다고 이야기할 수도 있습니다. 실제 그러한 사례가 있기도 하였습니다. 그때는 실습 상담자라는 점에 기죽지 말고, 내담자의 생각과 마음이 어떤지 들어 보는 것에 집중하기를 바랍니다. 어떤 부분이 염려되는지, 불편한 부분이 어떤 부분인지 물어보세요. 혹시 필요하다면 현실적인 설명을 해 줘도 됩니다. 경력이 있는 슈퍼바이저에게 슈퍼비전을 받으면서 안전하고 전문적으로 진행하게 되는 상황을 이야기해 줄 수도 있습니다. 염려되는 부분이 현실적으로 왜곡된 부분이 있으면 이에 대한 설명을 해 줘도 좋습니다. 그래도 내담자가 경력 상담자를 원한다고 하면 상담을 재신청하도록 안내해 주면 됩니다. 내담자가 상담을 재신청하는 경우 어느 정도 기다려야 하는 현실적 상황을 이야기해 주고 (특히 경력 상담자들은 위기 상담 담당 등 업무들로 인해 사례를 쉽게 받기 어려운 경우가 많아 좀 더 기다려야 하는 상황이 생기기도 하지요.) 변경 신청을 도와줄 수 있습니다. 이는 상담자가 할 만큼 한 것이고 상담자의 몫이 아니므로 거기까지만 안내하면 됩니다. 내가 책임질 부분(상담자에 대한 설명, 내담자의 상황 듣기, 상담자 변경에 대해 내담자가 감내해야 하는 부분 설명 등)은 책임지고, 내가 책임질수 없는 부분(내담자가 그래도 다른 상담자를 원하는 것)은 책임지지 않는 것이 건강한 대처겠지요.

한편 개업상담소 세팅에서는 상담자가 상담자 소개를 할 때 좀 더 자세한 설명을 하는 것이 필요합니다. 예를 들면, 상담소 홈페이지의 상담자 소개란에 상담자 경력, 학력, 자격증 등에 대해 자세히 써 놓는 것이 필요합니다. 개인이 운영하는 개업상담소는 대학상담소나 병원처럼 상담 기관이 상담자에 대해 보증해 주는 세팅이 아닙니다. 내담자가 다양한 개인 개업상담소 중 상담자의 소개를 근거로 상담자를 직접 선택해야 하는 세팅입니다. 그래서 처음 상담소에 온 내담자에게 간단하게 "안녕하세요. ○○씨와 상담을 진행하게 된 상담자 □□□입니다."라고 하면서 상담자에 대한 홈페이지 소개를 읽었는지 묻고, 상담자에 관해 묻고 싶은 부분이 있으면 자유롭게 질문하셔도 된다고 안내해 줍니다. 그리고 첫 대면 상담에서 이 상담자와 상담을 해 나갈 것인지 생각해 보는 기회로 삼아도 된다고 안내하는 것도 내담자가 상담자를 편하게 선택할 수 있도록 도울 수 있습니다.

Q 25 첫 면접에서부터 내담자에 관한 사례개념화를 하라고 들었는데, 어떻게 첫 회 상담에서 내담자의 핵심 역동을 파악하고 사례개념화를 할 수 있을까요?

사실은 첫 면접이 아니라 내담자의 상담신청서를 읽을 때부터 사례개념화는 시작된다고 볼 수 있습니다. 상담신청서와 접수면접의 내용을 토대로 내담자를 처음 만나는 첫 회 상담에서부터 사례개념화가 본격적으로 시작됩니다. 특히 첫 회 상담은 내담자에 관한 사례개념화를 하고 주요 역동을 평가하기에 적절한 시기라 할 수 있습니다. 왜냐하면 이때는 상담자와 내담자의 관계가 강하게 형성되기 이전이라서 전이와 역전이 등 상호 간의 복잡한 감정이 덜 개입되어 있으므로 내담자에 대해 좀 더 객관적으로 관찰할 수 있는 분위기가 형성될 수 있기 때문입니다. 이에 내담자의 정보들을 바탕으로 내담자의 문제를 파악하고 진단하며 문제의 원인에 대한 가설을 세우는 사례개념화를 시작하기에 적절한 시기입니다. 그리고 이렇게 상담 첫 회 혹은 상담 초반에 사례개념화를 해야 이를 토대로 상담의 방향성이 생기고, 상담의 목표를 세우고, 이 목표를 이루기 위한 전략을 수립하며 상담 개입을 할 수 있는 것입니다. 물론 이때 세운 사례개념화는 내담자 문제의 원인에 대한 가설이기 때문에 완벽할 수 없고 계속 수정해야 할 것입니다.

그럼, 앞에서 말씀드렸던 접수면접과 첫 면접에서 상담자가 해야 하는 질문들을 기억해 봅시다. 내담자가 어떤 어려움을 호소하는지, 이 어려움의 계기는 무엇이었는지, 이 어려움이 발생하게 된 당시의 주변 환경은 어떠하였는지, 이전에도 이와 비슷한 어려움이 있었는지, 이 어려움과 관련된 히스토리가 있는지, 이러한 어려움을 내담자는 어떻게 대처하고 있는지, 이 어려움들에 대해 내담자는 어떤 생각, 감정 등을 가졌는지 등에 관한 질문을 통해 내담자의 호소문제에 대한 원인의 가설들을 세워 나가게 될 것입니다.

그런데 이러한 내담자들의 특징들을 하나로 묶을 수 있는 핵심 역동을 어떻게 파악하는지는 상담자의 이론적 근거, 경험, 통찰력 등이 필요한 부분이며 많은 수련이 필요합니다. 초보 상담자로서 내담자의 핵심 역동을 첫 면접 혹은 초기부터 파악해 나가기가 쉽지 않겠지만 이를 위해 어떤 노력을 해 보면 좋을지 말씀드려 보겠습니다. 핵심 역동을 파악할 때 이론마다 다른 측면에 중점을 둘 수 있습니다. 핵심적 신념이나 핵심 감정, 핵심적 대인관계 패턴, 핵심적 대처 행동 패턴, 완전하게 기능하는 자기를 방해하는 주된 요소 등 다양할 것입니다. 이 중에서 저는 하나의 예시로 내담자의 핵심적 감정 패턴을 알기 위해 초보 상담자가 노력해 볼 수 있는 점에 대해 말씀드려 보겠습니다.

Saul(2015)의 경우 내담자의 주된 역동을 파악하기 위해 아동기 감정 양식에 대한 탐색의 중요성을 제안하였는데요. 출생 후 6~7세까지의 주요한 감정 특징을 살펴보기 위해 6~7세까지의 기억이나 인상을 탐색해야 한다고 제안하고 있습니다. 그리고 중요한 인물과의 상호관계를 통한 주요 감정, 최초의 기억 속의 감정, 반복되는 꿈에 드러나는 감정들을 살펴보면서 핵심 감정 양식을 통해 내담자의 핵심적 역동을 살펴보기를 제안하고 있습니다. 이러한 이론적 배경에 근거하여 초보 상담자들도 상담 중에 다음과 같이 노력해 볼 수 있습니다.

내담자의 중심이 되는 핵심 정서 패턴을 알아보기 위해 먼저 내담자가 힘든 순간에 주로 표현되는 주된 감정이 무엇인지 주의를 기울여 들어 보세요. 즉, 현재 호소문제에 대해 내담자가 고통스러워하는 주된 감정이 무엇인지에 대해 주의를 기울여 보세요. 예를 들면, 비슷한 상황이라도 어떤 내담자는 억울함으로, 어떤 내담자는 무력감으로, 어떤 내담자는 외로움으로 반응할 수 있습니다. 그리고 내담자가 대인관계에서 갈등이 있을 때나 인정받지 못할 때 일어나는 주된 감정이 무엇인지 주의를 기울여 보세요. 그리고 이러한 감정이 어렸을 때 어떤 경험들과 관련이 되는지 연결 지어 생각해 봅니다. 어렸을 때 고통스러운 기억이 있다면 이 기억들 속에는 어떤 감정이 있을까 직접 묻거나 느껴 봅니다.

이와 같은 이해와 공감을 통해 내담자에게 고통을 주는 주된 핵심적 감정을 알아볼 수 있습니다. 그리고 이러한 감정이 내담자의 대인관계에는 어떤 영향을 주고 있는지, 상담자와의 관계에도 영향을 주고 있는지, 이 감정들과 관련하여 어떤 생각이나 소망을 갖게 되었는지 등을 연결 지어 생각해 보면서 내담자의 핵심 역동에 대한 개념화를 시도해 볼 수 있을 것입니다. 내담자의 주된 감정을 이해하는 또 다른 방법으로 상담 이후에 작성하는 상담사례보고서에서 내담자의 주된 감정을 찾아보는 것이 있습니다. 작성한 상담사례보고서의 축어록을 다시 한번 읽으면서 내담자가 보고하는 감정 단어나 문장들만 형광펜으로 체크해 보세요. 그리고 그 속에서 어떤 감정이 반복적으로 표현되고 있는지 살펴보면 내담자의 핵심적인 감정이 드러나기도 합니다. 초보 상담자들이 첫 회 상담에서 내담자의 핵심 역동을 바로 파악하기는 어려울 수 있습니다. 이는 많은 경험과 수련이 필요한 부분이니 조급하게 생각하지 말고 천천히 노력해 보길 바랍니다.

Q 26 첫 회 상담을 잘 진행했는지에 대한 평가 기준이 있을까요?

혹시 슈퍼바이저 선생님들이 "상담자 반응이 괜찮았는지에 대한 평가는 내담자의 다음 반응을 보면 알 수 있다!"라고 말씀하시는 것을 들어 봤나요? 이 말처럼 첫 회 상담이 끝난 후 내담자의 소감을 들어 보면서 첫 회 상담이 잘 진행되었는지 평가해 볼 수 있을 것입니다.

첫 회가 끝나고 나서 다음과 같은 내담자의 소감들을 듣게 된다면 그래도 첫 회 상담이 잘 진행되었다는 것을 알 수 있을 것입니다.

- "제가 요즘 느끼는 취직에 대한 불안을 이야기하다 보니까 내가 준비가 충분히 안 되어 있어서 불안하다고 생각했는데, 가족들의 기대도 엄청나게 부담스러웠구나, 그리고 이 기대를 아주 어렸을 때부터 느껴 왔구나라는 생각이 들었어요."
- "사실 가족 얘기는 친구들한테도 표면적으로만 얘기하게 되거든요. 그런데 그동안 어디에서도 이야기하지 못한 부분을 말하니 좀 시원해요."
- "친구들도 제 입장에서 이야기해 주고 맞장구를 쳐 주지만 그뿐이지요. 그런데 오늘은 선생님이랑 얘기하니 전체적으로 제 문제가 좀 정리되는 것 같아요."
- "상담해야 하나 말아야 하나, 내 문제가 그렇게 큰 게 아닌데 상담을 하는 게 나을까? 하면서 왔는데…… 오늘 얘기하고 이 문제를 해결하면 좋을 것 같다는 생각이 들었어요."
- "상담 목표를 세우니 아직 문제가 해결된 건 아니어도 문제가 해결될 거라는 희망이 생기는 것 같아요."

앞의 소감들을 통해 우리는 첫 회 상담에서 내담자들이 어떤 도움을 받았는지 알 수 있습니다. 내담자들은 자신의 문제가 언제 생겼고 어떻게 발달하여 왔는지 설명하면서 문제에 대해서 이전보다 명료해지고 약간이나마 인식의 변화가 있습니다. 그리고 자신의 고통에 대해 처음으로 표현하고 이해받는 경험을 통해 부정적 감정이 일부 해소됩니다. 상담 목표를 설정하는 것은 즉시 문제를 해결해 주지 않더라도 문제해결에 대한 희망을 품게 합니다. 그 외에도 앞의 소감에는 없었지만, 내담자들은 첫 회 상담을 통해 상담에 대한 긴장감이 줄어들고 편안해집니다. 그리고 상담자의 경청, 공감, 탐색과 같은 반응을 경험하며 전문가로서 믿고 이야기할 수 있게 되며, 상담에 대한 오리엔테이션을 통해 상담에 대해 대략적으로나마 이해하게 됩니다.

이러한 첫 회 상담에 대한 내담자의 소감 내용들은 성공적인 첫 회 상담의 지표가 될 수 있을 것입니다.

Q 27 접수면접에서 물어본 문제를 첫 상담에서 또 질문해도 되나요? 반복해서 얘기하는 것을 내담자가 싫어할 것 같아요

상담자가 접수면접지를 꼼꼼히 읽고 상담을 시작한다면 어느 정도 내담자의 어려움에 대해서 알고 들어가게 됩니다. 그런데도 상담자는 앞으로 상담의 방향을 잡기 위해서 내담자의 호소문제를 다시 확인하고 직접 느끼면서 이해해야 하기에 내담자의 호소문제를 다시 들어 볼 필요가 있습니다. 그리고 내담자는 접수면접 이후 어느 정도 시간이 지나면서 감정 상태나 생각 혹은 상황들이 달라졌을 수도 있기에 다시 한번 호소문제를 확인해 봐야 합니다. 한편 내담자는 이미 자신의 호소문제를 다 얘기했는데 똑같이 반복해서 말해야 해서 힘이 빠질 수 있는 것도 사실입니다. 그렇다면 다음과 같이 시작해 보는 것은 어떨까요?

"○○씨 2주 전에 접수면접을 진행하셨죠? 이때 말씀해 주신 내용을 제가 잘 읽어 보았어요. ○○씨가 공무원 시험이 안 된 후에 다시 한번 도전해 봐야 할지, 아니면 다른 진로를 선택해야 할지 고민이 된다고 하신 것 같아요. 맞나요?"

상담자가 첫 상담에서 접수면접에 대한 맥락을 무시하고 "상담을 신청하신 이유가 무엇입니까?"라고 물어보게 되면 '접수면접에서 얘기했는데 또 얘기해야 하네.'라는 느낌이 들 수 있습니다. 그러나 앞에서와 같이 이야기하면 내담자는 자신이 접수면접에서 한 이야기들을 상담자가 이해했고 혹은 이해하려고 노력했다는 것을 알게 되기 때문에 자신이 존중받는다는 느낌을 받을 것입니다. 그래서 자신의 어려움에 대해 좀 더 구체적으로 이야기하고 싶게 될 것입니다.

또한 다음과 같이 접수면접 이후의 상태에 관해 물어보며 시작할수도 있습니다.

> "○○씨 2주 전에 접수면접을 진행하셨죠? 이때 ○○씨가 공무원 시험에 대한
> 갈등을 말씀하셨지요. 그런데 두 주가 지난 후 이러한 생각이나 상황이 좀 변했는
> 지 궁금하네요."

혹은 내담자가 다시 이야기하는 것에 대해 어떤 마음일지 알고 있지만 다시 얘기해야 하는 필요성을 다음처럼 안내해 줄 수도 있을 것입니다.

> "○○씨 2주 전에 접수면접에서 ○○씨가 상담을 신청하게 된 이유에 대해 말
> 씀해 주셨고, 제가 그 내용도 읽어 보았습니다. 그런데 이제 저랑 지속적으로 만나
> 면서 이 어려움에 대해 풀어 나가야 하기에 조금 반복되는 것 같아도 제가 한 번
> 더 직접 듣는다면 도움이 될 것 같습니다. 현재 ○○씨의 어려움에 대해 말씀해 주
> 시겠어요?"

Q 28 접수면접자와 첫 회 상담자가 같을 때는 첫 상담을 어떻게 진행해야 하나요?

상담자가 접수면접을 했던 동일한 내담자가 배정이 된 경우, 첫 상담을 어떻게 해야 하는지 혼란스러울 수 있겠네요. 이미 접수면접에서 호소문제에 대해 들었는데 다시 호소문제를 물어봐야 하는지, 어떻게 시작해야 하는지 혼란스러울 수 있겠어요. 내담자도 접수면접, 상담에서 같은 상담자이면 뭐가 다른지 좀 혼란스러울 수도 있지요. 이런 경우 우선 접수면접과 본격적인 상담이 약간 다를 수 있음을 오리엔테이션하면서 시작해도 좋습니다. 상담자는 다음과 같이 본 상담이 접수면접과 달리 탐색 위주의 빠른 템포로 가진 않을 것이며, 함께 협력하는 좀 더 장기적인 작업이라는 점을 설명해 줄 수 있습니다.

> "접수면접 때는 ○○씨 어려움의 전반에 대해 파악하느라 여러 질문을 했었지요. 이제 본 상담에서는 천천히 ○○씨의 어려움들을 함께 이해하고 풀어 가도록 해 봐요."

그리고 상담자를 두 번째 만나는 것이기 때문에 접수면접 이후에 내담자의 상태나 접수면접을 한 후 내담자가 어떤 생각을 하게 되었는지를 물어볼 수 있을 것입니다. 혹은 내담자의 호소문제가 현재 어떤 상태인지를 물어볼 수 있을 것입니다.

> "지난번 접수면접 때 이야기한 후에 현재는 좀 어떤 상태인가요?"

이 질문을 한 후에는 내담자의 이야기를 따라가면서 듣고 호소문제와 관련해서 좀 더 구체적으로 묻고 싶은 부분에 대해 물어볼 수 있습니다. 그 이후에는 첫 상담에서 해야 할 상담의 목표 세우기, 상담에 대한 구조화 등을 진행하면 될 것입니다.

Q 29 어떤 내담자는 자기 문제의 원인으로 외부 요인을 좀 크게 보고 있는 것 같아요. 어떨 땐 남 탓을 하거나 환경 탓을 하는 것 같기도 해요. 이때 그저 들어만 줘도 될까요?

내담자가 첫 상담에 와서 힘들다고 이야기할 때 상담자가 별로 해 줄 수 있는 부분이 크지 않다고 느껴질 때가 있습니다. 내담자를 괴롭히는 상대방의 폭력적인 언행, 너무 부당한 회사, 갑질하는 상사, 너무 힘들고 비상식적인 환경적 요인들에 대해 쏟아 놓는 이야기를 듣고, 그저 내담자의 심정에 공감하고 힘든 환경에 대해 같이 안타까워해 주는 것밖에 해 줄 게 없는 것처럼 느껴지기도 합니다. 그러면서도 상담자는 '내가 그냥 들어 주기만 하면 될까? 공감만 해도 될까? 내담자가 오늘은 첫날이지만 계속해서 이런 이야기만 늘어놓을 것 같은데? 그럼 난 상담에서 무엇을 해야 하나?' 하는 생각으로 아마 앞에서와 같은 질문을 했을 것이라고 예상해 봅니다.

이 부분에 대해서는 '상담에서 초점을 둬야 하는 표적(target)'에 관해서, 그리고 '첫 상담에서 상담자가 할 수 있는 부분'을 구분하여 이야기해 보겠습니다.

우선 앞으로 상담을 진행하는 데 있어서 방향 설정을 할 때, 내담자를 괴롭히는 타인들이나 외부 환경이 바로 내담자의 문제라고 생각하면 상담자는 내담자처럼 해결할 수 없는 기분으로 무기력에 빠질 수 있습니다. 이에 상담자는 내담자가 외부 환경적 한계나 어떤 타인이 문제라고 이야기하는 것 속에서 내담자의 문제를 해결하기 위한 표적을 찾아 나가야 합니다. 다시 말하면, 상담자의 문제해결 표적은 내담자가 불평하고 있는 대상이나 환경이 아니라 내담자입니다. 이 말은 내담자가 잘못했다거나 내담자의 탓이라는 이야기가 아닙니다. 내담자를 힘들게 하는 타인이나 환경은 분명 존재하겠지요. 그러나 그 속에서 무엇이 내담자를 더 힘들게 하고 있지, 무엇이 내담자의 힘듦이라는 불에 기름을 더 붓고 있는지 하는 부분에 상담자가 주목해야 한다는 뜻입니다. 즉, '내담자의 어떤 인지적 특성이, 내담자의 어떤 대처 행동이, 내담자의 대상에 대한 어떤 지각이, 내담자의 어떤 관계기술 등이 지금의 어려움을 더 어렵게 하거나 지금의 어려움에서 빠져나오지 못하게 할까'를 상담자가 주의 깊게 보고 이를 상담에서 초점을 둬야 하는 표적으로 설정하여 도움을 주는 방향으로 상담을 진행해 나가야 할 것입니다. 예를 들면, 애인에게 폭력적 언행을 당한 내담자의 문제의 표적은 '폭력을 행한 애인'이 아니라 '폭력을 행한 애인과의 관계에서 힘든 상황을 타개하고 있지 못하는 내담자의 어떤 부분'이라고 할 수 있습니다.

Yalom(2005)은 내담자가 자신의 문제에 책임을 지고 자신의 고통을 만들어 나가고 있는 부분에 대해 주목시키고자 내담자에게 다음과 같이 말한다고 합니다.

"당신에게 일어난 나쁜 일의 99%가 다른 누군가의 잘못일지라도, 나는 나머지 1%에 주목하고 싶군요. 그 부분은 당신 책임입니다. 비록 그것이 매우 작은 부분일지라도 우리는 당신의 역할을 봐야 해요. 내가 도울 수 있는 부분이 바로 그 부분이기 때문입니다."

　내담자 자신의 책임이나 역할에 집중한다는 것은 내담자가 힘들어하는 어떤 타인과 무조건 화해하거나 맞추란 이야기가 아닙니다. 상대방과의 관계에서 오는 괴로움에서 벗어나기 위해 자신에 대해 이해하고 문제를 해결할 수 있도록 매듭짓자는 이야기입니다. 그런데 이렇게 내담자 문제의 표적을 내담자를 괴롭히는 환경에 두는 것이 아니라 내담자 자신에게 두는 것은 사실 내담자에게 어렵고 고통스러운 일일 수 있습니다. 이 이야기를 잘못했다가는 내담자가 "그러니까 내가 문제라는 겁니까?" 하면서 화를 내거나 더 우울해질 수 있습니다. 이에 상담자는 내담자의 문제에서 내담자에게 초점을 두어야 한다는 것을 염두에 두되, 내담자의 역량과 상태를 봐 가면서 조심스럽게 접근해야 할 것입니다.

　그렇다면 두 번째 이야기를 해 보겠습니다. 첫 회 상담에서는 이렇게 '남 탓이나 환경 탓만 하는 것 같은 내담자에게 어떻게 개입해야 할 것인가'에 대한 이야기입니다. 우선은 외부 요인을 크게 보고 있는 내담자라 하더라도 내담자는 현재 억울하고 속상하고 상처받은 상태입니다. 그래서 우선 내담자가 경험한 화나고 속상하고 상처받은 마음에 대해 잘 들어 주고 이해해 주기를 바랍니다. 전체적 맥락을 이해하지 못하는 것 같아 약간은 답답할 수 있는 상담자의 마음은 잠깐 옆에 두기를 바랍니다. 전체적 맥락에 대한 이해 접근은 내담자가 자신의 힘듦에 대해 이해를 받아 숨을 좀 돌린 후에, 천천히 접근하자고 마음을 먹으면서 우선 내담자의 아픈 마음과 함께해 주기를 바랍니다. 어느 정도 내담자가 진정되면 전체 맥락을 탐색하면서 내담자가 스스로 고통을 부채질하는 부분이 없는지 파악합니다. 이때 내담자 자신이 고통에 기여한 부분이 분명히 드러나지 않거나 이를 받아들이는 것에 대해 저항이 있는 내담자의 경우에는 '지금 이 어려운 상황에서 내가 해 볼 수 있는 부분이 뭔지 고민해 보자.' 혹은 '이 상담에서 어떻게 대처해 나갈지 같이 생각해 보자.'라고 목표를 설정해 볼 수 있을 것입니다. 만약 이 탐색의 과정에서 내담자 자신이 기여한 부분이 드러나고 내담자가 이를 수용할 준비가 되어 있다면 '자신이 기여한 부분에 대한 원인을 생각해 보고 어떻게 다르게 해야 할지 생각해 보자.'라고 목표를 설정해 볼 수 있을 것입니다. 다음 사례는 외적 요인에만 집중하는 내담자가 점차 자기 내부의 요인에 집중할 수 있도록 상담자가 도와 앞으로 상담에서 다룰 수 있는 부분을 찾아 나가는 예시입니다.

내담자는 첫 회 상담에서 부하직원들이 능력이 없고, 내가 시킨 일을 제대로 해 오지 않아서 자신이 그 일을 다 떠맡고 있어 너무 화나고 힘들다고 하였습니다. 이야기를 들으니 육체적, 정신적 스트레스가 정말 클 것 같았습니다. 이에 대해 상담자는 그러한 힘든 상황을 잘 듣고 이해와 공감을 전달하였습니다. 내담자는 자신의 호소 문제에 대해 이해받는 것에 안도하는 것 같았습니다. 이때 상담자는 내담자가 부하직원들에게 일을 어떻게 지시하는지, 일을 제대로 해 오지 않은 것에 대해서 어떻게 피드백하는지, 부하직원들은 어떤 특성의 사람인지 등을 물었습니다. 그러자 부정적 피드백을 하게 될 때 좋은 상사의 이미지를 잃는다거나 관계를 해칠 것에 대한 두려움으로 인해 일에 대한 피드백을 거의 하지 않고 부하직원들이 제대로 해 오지 않은 일을 자신이 다 하는 것이 드러났습니다. 이 이야기를 듣고 '부하직원들이 능력이 없고 일을 제대로 해 오지 않는 것은 맞지만, 이 일을 혼자 하게 되면 건강도 해치고 스트레스가 쌓이니 부하직원들이 일을 제대로 할 수 있도록 관계나 자신의 이미지를 해치지 않으면서 어떻게 피드백을 할 수 있을지 생각해 보자.'라고 정리하였습니다.

Q 30 상담을 처음 하는 내담자들이 "상담이 효과가 있나요?" 혹은 "선생님, 제가 상담을 받으면 좀 나아질까요?"라는 질문을 하기도 하는데, 어떻게 대답해 주면 될까요?

첫 회 상담이 끝나면서 상담자들은 내담자가 상담에 대해 혹은 변화에 대한 희망을 품기를 바랍니다. 그래서 내담자가 상담하면 자신의 문제가 나아질 것 같은지에 관한 질문을 받게 되면 '나아진다'고 장담하고 싶어집니다. "○○씨의 문제가 별로 심하지 않아서 괜찮을 거예요."라든가 "지금은 절망스러운 상태이지만 물론 변화할 겁니다." 등의 장담을 함으로써 내담자를 격려하고 내담자의 불안을 안심시켜 주고 싶습니다. 그러나 우리는 최선을 다해 내담자의 감정과 욕구, 자신의 상황 등을 스스로 명확히 하여 결정하고 행동할 수 있도록 비춰 주고, 피드백해 주고, 공감해 주면서 스스로 변화할 수 있도록 돕는 사람이지 우리가 내담자를 변화시키는 사람이 아닙니다. 그래서 이런 장담은 사실 책임질 수 없는 말이기도 하고, 때로는 이 책임지지 못할 말을 했기 때문에 어떤 내담자는 상담자를 탓하기도 합니다. 그래서 아마 우리가 할 수 있는 최선의 답은 "○○씨가 현재 ~한 어려움이 해결될지 걱정하는 마음이 드는 것 같아요."라고 내담자의 염려하는 마음을 알아주면서 그 심정이 더 드러날 수 있도록 도울 수 있습니다. 혹은 "당장은 변화를 장담할 수는 없지만 ○○씨와 제가 함께 최선을 다해 나아지기 위해 노력해 봐요." 정도로 이야기하는 것이 좋겠습니다.

Q 31 내담자가 첫 회 상담이 끝나갈 즈음에, "선생님, 저는 왜 이렇게 불안할까요?"라든가 "선생님, 왜 저는 거절을 못할까요?" 등 즉답을 바라는 질문을 하는데 어떻게 대답해 줘야 할까요?

즉답을 바라는 내담자의 질문으로 난감했던 초보 상담자가 저에게 '사람들이 거절 못하는 이유에 대한 혹은 불안해지는 이유에 대한 심리학적 이론을 알려 달라'고 한 적이 있습니다. 아마 상담자는 내담자의 '왜'에 대한 답변을 잘하지 못하다 보니 이에 관해 답변해야겠다고 생각해서 심리적 이론을 공부해서 답변을 해 주면 되겠다고 생각한 것 같습니다. 그런데 이 질문을 한 내담자에게 인간이 불안한 이유에 대한 이론이나 거절하지 못하는 심리적 이론을 알려 준다고 해서 시원해할까요? 많은 내담자가 질문의 형식으로 이야기하지만, 그 마음 기저에는 어떤 감정이나 의도가 있을 때가 있습니다. 이에 질문에만 초점을 맞춰 곧이곧대로 대답하면 내담자의 내면으로 들어가는 기회를 놓치게 됩니다.

우선 적극적 경청을 통해 내담자가 질문을 하게 되는 밑마음이나 의도가 무엇인지 알아보려고 노력하는 것이 좋습니다. 그리고 거기에 맞춰 반응하는 것이 좋습니다. "선생님, 저는 왜 이렇게 불안할까요?"의 질문은 실은 '이성적으로 생각할 때 그렇게까지 불안하지 않아도 될 것 같은데 불안반응이 계속 올라오는 게 답답하다. 내 마음을 알고 싶다. 불안이 감소하면 좋겠다.'의 의미일 수 있습니다. "왜 저는 거절을 못할까요?"의 질문도 비슷하겠죠. '거절 못하는 내가 답답하다. 자동반사적으로 타인의 제안에 예스를 하는 내가 이상하고 이해가 안 된다.'라는 의미였지요. 이렇게 상담자는 내담자의 질문에 대해 '대답해야 하는 질문'으로만 보지 말고 그 말속에 내포된 내담자의 마음 상태를 읽는 것이 중요합니다.

내담자의 마음을 읽고 상담자가 이에 관해 반응해 본다면 "지금 ○○씨는 생활 속에서 거절 못하는 자신이 답답하고 이해가 잘 안 되는 것 같아요. ○○씨가 왜 그러는지 이해해서 거절을 잘해 보고 싶으신 마음이 느껴져요."라고 반응할 수 있을 것입니다. 그리고 내담자가 어떤 상황에서 거절을 잘 못하는지, 상대방의 요구가 있을 때 어떤 마음 상태가 되고 어떤 생각이 흘러가는지, 무엇이 거절하는 데 막고 있는 것 같은지에 대한 탐색을 해 보면서 스스로를 이해할 수 있도록 돕습니다.

만약 첫 회 상담 말미에 이 질문을 했다면 아마 자신의 어려움에 대해 호소를 한 후에 자연스러운 그다음 질문으로는 '왜 거절을 못할까?'와 같은 의문이 떠오른 것일 테지요. 그때는 앞으로의 상담 방향과 작업해야 하는 내용에 대한 오리엔테이션을 할 좋은 기회로 삼으면 됩니다. "오늘 이야기하다 보니 ○○씨의 어려움이 거절 못하는 것과 관련되는 게 느껴지셨나 봐요. 그리고 거절을 왜 못하는지 의아해하시는 것 같네요. 앞으로 상담에서 이 부분을 이야기하면 좋을 것 같아요. 내가 어떤 상황에서 거절을 못하는지, 그때 내 마음과 생각이 어떠한지, 내 마음속의 무엇이 거절 못하게 만드는지를 살펴봅시다."와 같이 이야기해 볼 수 있겠지요.

Q 32 첫 회 상담이 끝나고 나서 종종 "선생님이 보시기에는 제가 한 번 더 공무원 시험에 도전하는 게 낫다고 생각하시나요?"라고 어떤 판단이나 결정해 주기를 바랄 때 난감해요

아마 초보 상담자라도 "공무원 시험의 결정은 제가 해 드릴 수 없네요. 상담하면서 ○○씨의 가치관, 흥미, 마음 등을 살펴보면서 ○○씨가 결정할 수 있도록 제가 도와드릴 수는 있습니다."의 방향으로 대답하리라 생각합니다. 그러나 이때 이런 내담자의 질문이나 요구들에 대해 조금 당황스러울 수 있고 그래서 약간 방어하듯이 원칙적으로 답변하게 될 가능성이 있습니다. 그렇지만 상담자가 조금만 여유가 있다면 이러한 때에도 내담자의 상태에 공감하면서 이야기할 수 있을 겁니다. 앞의 예시 답변 이전에 한마디만 덧붙이면 됩니다. 이 질문을 한 내담자의 마음을 읽어 주는 것이지요.

> "○○씨가 공무원 시험을 해야 하나 말아야 하나 결정하기 위해서 상담을 왔는데 빨리 결정하고 싶고, 답을 빨리 알고 싶은 마음이 질문 속에서도 느껴지네요. 그렇지만 이 결정을 잘하기 위해 이 상담에서 ○○씨의 마음을 천천히 살펴보면서 같이 결정하는 시간이 필요한 것 같아요."

이와 같이 말한다면 조금 더 부드러운 반응이 될 것 같습니다.

Q 33 상담을 처음 하는 내담자들이 첫 회 상담 중에 "선생님이 보시기에 제 문제가 심각해 보이나요?" 혹은 반대로 "선생님이 보시기엔 제 문제가 별로 심각하지 않은데도 상담을 신청하는 것처럼 보이나요?"라고 질문을 하면 진단과 관련된 소견을 그대로 말해 줘야 할까요?

내담자는 현재 생활에서의 어려움으로 인해 심리적 고통을 겪고 있기에 도움을 받기 위해 상담을 신청하였습니다. 그런데 한편 내담자들은 '이 심리적 고통이 객관적으로 심각한 수준인가? 아니면 별로 심각한 수준이 아닌데 상담을 신청했나?'라면서 자기 고통의 경중을 객관적으로 평가해 보고 싶어 합니다. 여기에는 여러 가지 마음이 담겨 있을 것 같습니다. '내 문제가 너무 심각해서 상담에서 도움을 받지 못하면 어쩌지? 혹은 내 어려움이 너무 심각해서 상담자가 골치 아파하는 건 아닐까? 상담자가 내 문제에 대해 진지하게 받아 줄 수 있을까? 너무 사소한 문제라고 비웃는 건 아닐까? 나 혼자 충분히 해결할 수 있는 문제인데 내가 너무 나약한 것은 아닐까?' 등의 두려움이 있을 수 있습니다.

만약 심각성에 대한 상담자의 개입이 필요한 경우라면, 이에 대해 상담자의 제언을 제공하면 됩니다. 예를 들면, 내담자의 어려움이 상담 외의 도움이 필요한 상태라고 상담자가 판단하였다면 심각성과 위급성에 따라 약물 혹은 입원을 권하면 됩니다. 심각성이 낮은 경우에는 상담 기간에 대한 소견을 적절하게 제시하면 됩니다.

그러나 이 질문들이 심각성에 대한 개입이 필요한 질문이 아닌 내담자가 자신의 문제에 대한 평가와 관련된 두려움에 가깝다면, 이 두려움에 대한 감정을 일차적으로 다루면서 답변하면 됩니다. 예를

101

들면, 객관적으로 아주 심각한 상태는 아니지만, 자신의 문제가 심각한 건 아닌지 겁내 하는 내담자에게는 "○○씨의 어려움의 정도는 객관적 심리검사 지표에서는 ~하게 보입니다. 검사상으로는 임상적으로 심각한 정도라고 보이진 않습니다. 학업이나 생활에서 기능들도 잘하고 계신 것 같고요. 그렇지만 그와 별개로 주관적으로 고통스럽다고 느낄 수 있습니다."라고 이야기하면서 심각한 상태가 아님을 확인해 주면서도 고통스러워하는 마음에 대한 타당화를 해 줄 수 있습니다. 자신의 어려움이 심각해서 상담자가 힘들어하는 건 아닐지 걱정하는 내담자의 경우에는, "○○씨의 어려움은 ~이고 검사의 결과에서도 ~ 한 부분이 좀 어려울 수 있다고 나타났습니다. ○○씨도 어려움에 대해서 주관적으로 고통을 많이 받고 계신 것 같아 저도 얘기를 들으면서 마음이 안타까웠어요. 이 어려움에 대해 함께 길을 모색해 봅시다." 등과 같이 주관적 고통에 대해 공감하고 함께해 나가자는 메시지를 전달하는 것이 도움이 될 것입니다. 한편 자신의 문제가 심각하지 않은데 상담에 온 것은 아닌지 걱정하는 내담자에게는, "누구나 자신의 어려움이 가장 시급하고 중대합니다. 그래서 그 경중을 따지는 건 별로 중요한 것 같지 않습니다. 저도 상담받으시는 분의 어려움에 대해 경중을 따지기보다는 제 앞에서 지금 상담받는 분의 어려움이 이 순간 가장 중요하다고 생각하면서 임하지요." 등으로 반응하면서 심각하지 않아도 스스로 힘들면 상담을 할 수 있다는 메시지를 전해 볼 수 있습니다.

Q 34 어떤 내담자들이 첫 회 상담에서 "선생님은 종교가 있으신가요?" 혹은 "선생님은 결혼하셨나요?"처럼 상담 내용과 관련되지 않은 부분에 관해 물어볼 때는 어떻게 해야 하나요?

때로는 내담자가 상담자 사생활에 대해 구체적인 질문을 하기도 합니다. 종교, 결혼 여부, 자녀 유무, 정치 성향, 성적 취향에 대한 편견 등에 관해 물어보기도 합니다. 이러한 부분에 대해 내담자가 궁금해하는 것 자체는 내담자의 중요한 관심과 내적 측면을 반영하기 때문에, 이에 대해 탐색해 볼 필요가 있습니다. 그러나 첫 회 상담에서는 아직 내담자와 단단한 동맹관계가 형성되어 있지 않기 때문에 이 질문들에 대해 깊게 탐색하는 작업을 하진 않습니다. 따라서 첫 회 상담에서는 내담자의 깊은 내면을 탐색하기보다 동맹관계를 형성하는 방향에 초점을 맞춰 이 질문에 대답한다고 생각하면 좋을 것 같습니다. 즉, 내담자는 이 질문을 통해 상담자를 믿고 앞으로 상담을 할 수 있는지, 안전한지, 자신의 상태를 상담자가 이해할 수 있는지 등에 대해 알고 싶어 하기에 상담자는 치료 동맹을 염두에 두면서 대답하면 좋습니다.

상담자는 상담 초반에 이러한 질문들에 대해 간략히 대답해 주되, 어떤 점에서 이 질문들이 내담자에게 중요한지 물어볼 수 있습니다. 이를 통해 내담자가 진짜 궁금한 부분에 초점을 맞춰 대답해 줄 수 있습니다. 특히 내담자가 상담에 대해 불안한 부분을 드러내고 이에 관해 이야기를 나눠 볼 기회가 됩니다. 예를 들어, 상담자가 내담자와 다른 종교가 있어도 혹은 종교가 없어도 자신의 종교를 이해하고 존중해 줄 수 있는지 알고 싶을 수 있고, 또는 아이에 대한 어머니로서의 고충을 상담자가 이해해 줄 수 있는지에 대한 불안을 다뤄 볼

103

수 있습니다. 이러한 불안이 드러나면 내담자의 감정과 욕구에 대해 이해하고 수용하는 반응이 상담자와 내담자의 관계 형성에 도움이 될 것입니다. 예를 들면, "저는 종교는 없습니다. 그런데 제가 종교가 있는지 어떤 점 때문에 궁금하셨는지 궁금해요."라고 묻고 대답을 들은 후에, "종교가 달라서 ○○씨를 잘 이해하지 못할까 봐 좀 걱정이 되셨군요." 등으로 내담자의 불안감을 수용하고 "제가 종교는 다르지만 ○○씨의 이야기를 들으면서 최대한 이해하려고 노력할게요. 잘 모르는 것은 물어보겠습니다. 그리고 혹시 제가 오해하는 부분이 있는 것 같으면 말씀해 주시기 바랍니다."와 같이 내담자의 상담에서 이해받지 못할 것에 대한 불안감을 다룰 기회로 삼을 수 있을 것입니다. 물론 상담자는 내담자의 이러한 질문들이 앞으로 상담자와 내담자와의 관계에 어떤 영향을 미칠지를 염두에 두고 있다가 다음에 상담 관계가 진척되면서 이러한 이슈들을 좀 더 깊이 다뤄 볼 수도 있을 것입니다.

때로는 질문의 수준이 너무 상담자의 사생활에 초점이 맞춰진 경우도 있을 수 있습니다. 자녀가 몇 명인지, 부부 관계가 괜찮은지, 성생활은 어떤지 등을 물어볼 수도 있습니다. 이런 경우에는 내담자가 질문을 했다고 해도 이에 대해 대답해 주기보다는 내담자가 궁금해하는 이유를 잘 탐색하면서 상담자의 사생활을 노출하지 않는 것이 좋습니다. 상담자가 이런 질문들에 대해 솔직하게 이야기하는 것이 내담자에게 도움이 되지 않을 수 있기 때문입니다. 사실 내담자는 상담자의 사생활이 궁금하기보다는 자신의 이야기를 시작하기가 어려워 상담자에게 질문의 형식으로 이야기를 시작하는 것일 수 있습니다. 그리고 상담자가 자신의 사생활을 이야기하게 되면 상담자가 전문가의 위치가 아닌 일반인의 위치가 되는 듯한 느낌을 줄 수 있으며 이는 내담자에게 부담이 될 수 있습니다. 즉, 내담자가 질문은 했으나 무의식적으로는 듣고 싶어 하지 않는다는 이야기입니다. 이에 상담자 사생활 질문에 대해 한계를 짓는 행동은 전문가로서 역할을 유지한다는 것을 보여 줌으로써 내담자를 안심시키는 행동이라 할 수 있습니다.

예를 들면, 상담자에 대한 너무 사적인 질문에 대해서, "제 부부 생활에 대한 이야기가 궁금하시군요. 그런데 내담자분에게 집중하는 상담 시간에 너무 저의 사적인 얘기를 하게 되면 제가 상담자로서 역할을 해내는 데 집중이 잘 안 되더라구요. 혹시 제 부부 생활이 궁금하신 ○○씨 마음에 집중을 해 봐도 될까요?"와 같이 반응해 볼 수 있을 것입니다.

Q 35 막상 상담을 신청하고 시작을 한 내담자가 상담을 주저하는 것 같아요. 예를 들면, "어차피 얘기해도 해결될 문제가 아니다."라고 이야기하면서 침묵하거나 자신의 어려움을 말하고자 하는 동기가 낮은 내담자를 어떤 식으로 도와야 할까요?

이는 상담의 필요성을 거부하는 태도처럼 보이는데요. 비록 자발적으로 상담에 왔더라도 비자발적 태도로 보입니다. 이렇게 비자발적 태도를 보이거나 실제로 비자발적으로 상담에 오게 된 경우 상담을 진행하기는 어렵습니다. 변화하고자 하는 소망이 없는데 억지로 끌고 가기는 어렵지요. 이럴 때는 내담자의 마음을 돌리기 어렵다는 한계를 상담자가 우선 인정하고, 할 수 있는 부분에 대해 최선을 다해 볼 수밖에 없을 것 같습니다. 먼저 이렇게 내담자가 상담을 거부하거나 비협조적일 때 상담자 자신을 거부하는 것처럼 느끼지 않는 것이 중요합니다. 이는 상담자 자신의 실패로 갖고 가지 않는 것이 필요합니다. 그래야 내담자의 마음에 집중할 수 있으며 비자발적 태도를 보이는 내담자의 거부적 행동이나 마음을 이해하려고 노력할 수 있습니다.

한편 내담자가 비자발적일 때 상담자는 상담의 과정이 잘 안 풀리는 것 같아 초조해지면서 내담자의 문제를 대신 해결해 주려 하거나 과도하게 친절하거나 권위적으로 대하기 쉽습니다. 그러나 이러한 태도는 임시방편적인 것으로 내담자에게 도움이 되지는 않습니다. 이러한 임시방편으로 개입하는 대신 상담자는 내담자의 비자발성으로 인한 긴장감을 버티면서 내담자의 비자발성을 수용하고 이해하고자 노력하는 태도가 필요합니다.

예를 들면, 앞에서 얘기한 내담자의 반응에 대해 다음과 같이 말해 보면서 비자발적인 태도에 대한 공감과 더불어 내담자와 함께하고자 하는 의지를 전해 볼 수 있을 것입니다.

> "어차피 얘기해도 해결될 문제 같지 않아 상담에서 얘기하는 게 헛수고처럼 느껴지나 보네요. 그러면 별로 얘기하고 싶지도 않을 것 같아요. 그렇지만 너무 빨리 단정 짓지는 않으면 좋겠네요. 저도 도움을 드린다고 단정 짓지는 못하지만, 최선을 다해 도움을 드리고 싶고 할 수 있는 만큼 같이해 보면 좋겠어요."

Q36 첫 회 상담에 오는 내담자의 마음을 잘 알고 조율하라고 하는데, 내담자의 어떤 마음 상태를 조율해야 하나요?

내담자는 처음 상담에 왔을 때 자신의 상태가 나아질 수 있다는 희망을 품고 오지만 동시에 나아질지에 대한 두려움과 불안, 의심, 때로는 분노 등 복합적이고 취약한 상태에 있습니다. 처음 경험하게 되는 낯선 상담자, 상담 공간, 상담 과정이나 대화 과정 등에 대해 당황함과 두려움, 의심 등을 갖는 것은 당연합니다. 이러한 내담자의 상태에 대해 Pipes와 Davenport(1999)가 언급한 초기 상담에서 내담자들이 갖는 다음과 같은 두려움들을 소개하고자 합니다. 내담자들이 상담에 대한 두려움에 좀 더 주의를 기울이면 내담자들이 첫 회 상담에서 보이는 행동의 의미를 더 잘 이해할 수 있고, 내담자 이슈와 어떻게 관련이 되는지도 생각해 볼 수 있을 것입니다. 내담자들의 두려움에 대해서도 좀 더 준비할 수 있어 상담자가 이를 더 잘 다룰 수 있을 것입니다.

첫째, 내담자들은 '내가 어떻게 다루어질까?'에 대한 두려움을 느낄 수 있습니다. 이에 대한 구체적인 내용으로는 '내가 존중받지 못하는 것은 아닐까? 상담자가 나에게 진실하게 대할까? 내 문제에 대해서 상담자도 심각하고 중요하게 여길까? 치료자가 내 가치를 이해하고 공유할 수 있을까? 상담자가 나의 문화적 배경과 다를 때도 내 어려움에 대해 이해할 수 있을까? 상담자가 나를 도울 만큼 능력이 있을까? 상담자가 내가 원치 않는데도 뭔가를 말하도록 압력을 가하는 건 아닐까? 혹시 상담자가 자신에게 의존하게 만든 후 이 관계를 상실하게 되어 내가 더 취약해지면 어쩌지? 상담자에게 압도되면 어떡하지? 상담의 내용이 비밀보장이 잘될까? 상담자한테 혼나거나 착취당하지는 않을까?' 등과 같은 생각들을 한다고 합니다.

둘째, '내가 어떻게 보일까?'에 대한 두려움입니다. 이에 대한 구체적인 내용으로는 '나를 나쁜 사람으로 보지 않을까? 상담받는 것에 대해 다른 사람들이나 친구들이 날 이상하게 보지 않을까? 상담자가 실제 내 모습보다 내가 더 정신적으로 문제가 있다고 생각하는 건 아닐까? 혹시 내가 말하고 싶지 않은 면까지 상담자가 찾아내지는 않을까? 내가 바보처럼 보이거나 약해 보이지 않을까?'와 같은 생각들을 한다고 합니다.

셋째, 앞의 두 가지 외에도 내담자들은 '이 상담이 효과가 있을까?'에 대한 두려움이 있을 수 있습니다. 이에 대한 구체적인 내용으로는 '내가 알고 싶지 않은 나에 대한 것들을 알게 되지 않을까? 상담 중에 혹은 상담 후에 내 감정을 조절하지 못하면 어쩌지? 상담받아도 더 이상 희망이 없으면 어쩌지? 상담으로 인해서 기존의 내 관계가 더 안 좋아지면 어쩌지?'와 같은 생각들을 한다고 합니다.

이러한 내용들을 염두에 두면서 내담자를 만나는 것이 도움이 될 것입니다. 좀 더 내담자의 상태를 느끼기 위해 '내가 처음 상담받으러 간다고 하면 기분이 어떨까?'를 상상해 보거나 상담을 받아 본 경험이 있다면 내가 처음 상담받으러 갔을 때 어떤 기분이었는지를 떠올려 보면서 내담자가 처음 상담에 올 때의 마음에 공감해 봅니다. 이러한 마음을 떠올리는 것도 내담자의 상태를 조율하는 데 도움이 될 것입니다. 내담자의 아픔이나 방어적 행동 밑에 숨겨진 두려움을 느끼려고 하면서 상담자들은 내담자들의 내적 장애물에 대한 감각을 키워 갈 필요가 있겠습니다.

초보 상담자를 위한
초기 상담에 관한 99가지 Q&A

제3장
사례개념화

"내담자의 중요한 정보들을 하나로 꿰어야
전문적 도움을 줄 수 있습니다."

Q 37 사례개념화가 무엇이고, 왜 해야 하나요?

우선 개념화가 무엇인지 생각해 보겠습니다. 개념화란 사전적 정의에 의하면, '구체적이고 복잡한 정보, 사건, 현상 따위가 추상화되고 보편적이고 일반적인 지식으로 됨 또는 그렇게 만듦.'이라고 되어 있습니다. 그러므로 '사례개념화란 내담자가 이야기할 때 포함된 여러 사건과 정보 그리고 내담자의 특성들 속에서 상담자가 내담자의 문제 원인에 대해 통합하고 종합하여 보편적인 지식으로 만드는 것.'이라고 할 수 있겠습니다. 이러한 과정은 상담자가 단순히 주관적인 인상만으로 하는 과정이 아니라 상담 이론과 경험에 근거하여 내담자 문제의 원인을 가설적으로 설명하는 것입니다. 타인의 고민 이야기를 '듣는다'고 할 때, 일반인과 상담전문가의 차이는 바로 이 사례개념화를 하면서 혹은 이를 바탕으로 한 상태에서 듣느냐 아니냐에 있지 않을까 싶습니다. 예를 들어, 우리는 친구가 "취직 준비하는 게 너무 힘들어."라고 고민 상담을 할 때, "힘내 친구야, 넌 할 수 있어!"와 같이 응원해 주기 혹은 "취직이 힘든 이 사회가 문제지. 정말 화난다!"라면서 같이 화내 주기, "너무 힘들어하지 마. 너뿐만 아니라 모두 다 힘든 과정일 거야."라면서 지지해 주기 등을 해 줄 수 있습니다.

반면, 상담전문가는 취직하는 게 어떤 부분이 어떻게 힘든지에 대해 탐색하여 내담자가 취직에 대해 힘든 고유한 원인을 알아내고, 내담자 어려움의 핵심을 하나로 개념화, 즉 사례개념화를 하면서 듣습니다. 예를 들면, 상담자는 '내담자가 취직 준비 중에 힘들다는 것은 불안하다는 것이다. 불안의 원인으로는 부모님의 기대와 형제와의 비교로 자신에 대해 기대하는 기준이 높고, 현재 자기 능력은 그

113

만큼 되지 않은 것 같다는 괴리감 때문이다. 이 불안에 대한 내담자의 대처가 주로 회피 행동이다 보니 취직 준비 행동을 하지 않아 불안이 더 증폭되는 경향이 있다.' 등과 같이 내담자의 고민을 들으면서 고민의 핵심 원인을 찾고 사례개념화를 하는 것입니다.

그렇다면 이 사례개념화가 왜 중요하고, 왜 해야 할까요? 사례개념화를 하면 어떤 도움이 될까요?

첫째, 이렇게 내담자 문제의 핵심적 특성을 찾게 되면 내담자의 표면 주제가 조금씩 달라져도 내담자의 문제를 하나의 주제와 패턴으로 볼 수 있어서 내담자의 핵심 문제를 잘 다룰 수 있습니다. 예를 들면, 앞에서 제시한 취직이 힘든 내담자의 경우 어떤 날은 취직한 친구들에 대한 부러움, 어떤 날은 부모와 대화가 잘 안 되는 것, 어떤 날은 형제와의 갈등, 어떤 날은 우울해서 침대에만 있었다는 것과 같은 이야기를 할 때, 상담자는 이 이야기들을 모두 다른 이야기로 보지 않고 내담자의 마음속에 있는 '자신에 대한 높은 기대와 이에 다다르지 못하는 괴리감으로 인한 불안'으로 이해하면서 듣습니다. 이렇게 내담자의 이야기들을 일관성 있게 들으면서 내담자의 핵심을 알 수 있습니다. 내담자의 핵심적 특성에 대해서는 이론에 따라 핵심 신념, 핵심 행동 패턴, 핵심 감정 등으로 다양하게 표현하고 있습니다. 예를 들어, 이동식(2008)은 내담자의 핵심 감정에 관해 이야기하였는데요, 내담자의 일거수일투족에 내담자의 밑바닥 감정이 있으며, 이 감정이 내담자를 항시 지배한다고 표현하기도 하였습니다.

둘째, 사례개념화를 하면 이 사례개념화에 기반하여 상담의 목표를 세우고 이 목표를 이루기 위한 전략을 수립하는 데 도움이 됩니다. 앞에서의 같은 사례로 이야기를 이어 보겠습니다. 만약 사례개념화가 되지 않은 채 내담자의 이야기를 듣기만 한다면 상담자는 어느 날은 취직 준비 행동을 하기 위한 계획 세우기, 어느 날은 너무 힘들다고 하니까 휴식을 취해 보기를 제안, 어느 날은 내담자가 우울하다고 하니까 지지해 주기 등의 개입을 하면서, 내가 상담을 잘하고 있나 혼란스럽고 그때그때 필요해 보이는 것만 하게 되어 상담 개입들에 대해 일관성이 없으며 확신을 갖지 못하게 될 것입니다. 그러나 내담자의 핵심 원인이 '부모 형제의 기대치로 인해 자신에 대한 기대가 높고 자신에 대해 괴리감을 느낌으로써 불안하고 지연 행동을 하는 것'이라고 사례개념화를 했다면 상담 개입에 대한 초점을 하나로 모을 수 있고, 근거와 의도가 있는 개입을 할 수 있습니다. 자신에 대한 기대치가 높은 부분을 인식하기, 기대치가 높은 이유를 인식하기, 기대치가 높아진 이유에 대한 정서들을 표현하고 공감하면서 감정 풀어내기, 자신에게 적절한 기대 세우기, 자신이 원하는 기대를 가족들의 기대와 분리하기, 가족들의 기대에 대해 부담감을 표현해 보기, 불안과 이러한 기대를 연결 지어 생각해 보기, 현재 지연 행동의 원인인 불안 감정 이해하기, 지연 행동 외에 불안을 조절하는 방법 생각해 보기 등으로 상담자는 내담자 문제의 핵심 원인에 맞게 상담전략을 짤 수 있습니다. 그리고 이는 효과적인 상담 진행을 가능하게 하겠지요.

마지막으로, 사례개념화를 정확히 하는 것은 내담자를 깊이 있게 공감하는 데 도움이 됩니다. 내담자의 어려움에 대해 핵심적인 부분을 상담자가 알고 반영해 준다면 내담자는 자신이 진짜 이해받았다는 느낌을 받을 수 있습니다. 친구에게 "취직 준비하는 게 너무 힘들어."라고 이야기했을 때, 일반인들은 피상적으로 "그래, 취직 준비하는 거 힘들지? 힘든 일이지만 힘내라." 정도로만 얘기할 수밖에 없습니다. 그러나 상담전문가는 힘든 이유에 대해 자세한 탐색을 통해 그 힘든 핵심 이유를 찾아, "당신이 힘든 이유는 이러저러해서이군요."라고 이해한 바를 전달하게 되면(물론 내담자가 받아들일 수 있는 만큼 타이밍에 맞게) 내담자는 자신을 진짜 알아준다는 느낌을 받게 되고, 이러한 공감받는 느낌은 상담자를 신뢰하는 마음이 생기게 하며 상담에 대한 희망을 품게 합니다.

Q 38 상담 초기에 내담자에 대한 개념화를 신속하고 정확하게 하기 위해서는 내담자 이야기 속에서 어떤 내용(요소)들을 주의 깊게 봐야 하나요?

접수면접이나 첫 회 상담에서 내담자에게 "어떤 어려움으로 상담을 신청하게 되었나요?"라고 질문을 하면 내담자는 자신이 겪고 있는 증상이나 문제 등에 대하여 이야기를 풀어 갈 것입니다. 이때 상담자는 내담자의 말을 경청하면서 다음의 내용들을 찾아보려고 할 것입니다. 내담자의 어려움이 무엇인가, 그 어려움이 언제 어떻게 발생하였는가, 어려움의 원인이 되는 환경적인 요인들과 내담자의 특정 패턴들이 어려움에 미치는 영향은 무엇인가, 이러한 어려움을 이겨 낼 수 있는 내담자의 잠재적 힘은 무엇인가, 혹은 이 어려움을 이겨 내는 데 걸림돌이 되는 내담자의 취약점은 무엇인가, 그리고 현재 어려움에 기여하는 어렸을 때의 발달적 특성들이 있는가, 모든 내담자의 이야기를 들어봤을 때 내담자의 문제를 핵심적으로 꿸 수 있는 주요 특징이 무엇인가 등입니다. 상담자는 이 내용들을 파악하기 위해 내담자의 이야기를 들으면서 이와 관련된 질문을 하게 됩니다.

이렇게 내담자에 대해 종합적인 이해를 하기 위해 파악할 내용들이 바로 사례개념화의 구성요소라고 할 수 있습니다. 이 요소들을 상담자가 머릿속에 잘 넣고 초기 상담에 임한다면 탐색해야 할 내용들을 잘 탐색할 수 있고, 내담자에 관한 사례개념화도 좀 더 신속하고 정확하게 할 수 있겠지요. 사례개념화를 소개하고 있는 여러 저서에서는 사례개념화의 구성요소들을 다양하게 제시하고 있습니다. 상담자의 이론적 배경에 따라, 내담자 문제에 기여하는 여러 요인 중 상담자가 강조하고 싶은 영역에 따라 다양해질 수밖에 없습니다. 여기에서는 여러 사례개념화의 요소를 소개하기보다는 초보 상담자들에게 내담자 이해의 기본이 될 수 있는 사례개념화 구성요소를 한국상담심리학회(2020)의 '개인 상담 사례 슈퍼비전 보고서' 기본 양식에 근거하여 제시해 보겠습니다. 그리고 난 후 필자가 상담 현장에서 주로 사용하는 사례개념화 구성요소를 제안해 보겠습니다.

우선 한국상담심리학회에서 내담자에 관한 사례개념화를 할 때, 다음의 내용들을 포함할 것을 제안하고 있습니다.

- 상담 경위
- 주 호소문제
- 내담자 주 호소문제에 대한 근원 요인
- 내담자의 주 호소문제와 내담자의 욕구
- 내담자의 주 호소문제를 유지하고 있는 원인
- 내담자의 주 호소문제에 대한 대처 및 대처의 효과성
- 상담 방향성

이러한 제안과 비슷하지만 제가 상담 현장에서 사용하는 사례

개념화 구성요소는 다음과 같습니다. 〈표 3-1〉은 이윤주(2001), McWilliams(2005), Levenson(2008)의 사례개념화 구성요소 내용들을 바탕으로 제가 재구성한 내용들입니다.

〈표 3-1〉 **사례개념화 구성요소**

사례개념화 구성요소		내용
주 호소문제		• 주관적 호소문제와 증상(신체, 행동, 심리, 관계 등) • 호소문제 및 증상과 관련된 객관적 척도(심리검사 결과 및 현재 일과 관계에서의 기능 상태, 제3자의 관찰 보고)
외적 요인		• 촉발 사건(문제 발생 시기, 사건, 에피소드, 정황) • 현재 어려움에 영향 줄 수 있는 환경 요인(거주환경, 건강 상태, 재정, 직업, 시험, 취직 준비, 새로운 변화-예: 군대, 지인의 죽음, 이사, 퇴직, 이혼, 결혼 등)
내적 요인	self	• 정체성, 자기상, 자존감 유지 전략, 자부심 영역, 자아효능감
	인지 특성	• 인과 원인에 대한 내담자의 판단 특성, 특징적인 사고 패턴
	정서 특성	• 정서통합능력, 정서조절능력, 정서표현양식, 방어적 감정, 주된 고유감정
	행동 특성	• 문제 발생 후 대처 행동 특성 • 특징적인 행동 패턴
	대인관계 특성	• 현재의 중요 타인과의 특성 • 과거 양육자와의 관계 특성 • 상담자(현재, 과거 상담자)와의 관계 특성
근원 요인		호소문제를 촉발시킨 요인과 짝이 맞는 과거 내담자의 취약성이나 발달(가정환경, 가족역사, 양육자와의 관계, 외상사건 등)
종합적 이해 – 핵심 특성		상담자의 이론에 근거하여 내담자의 문제를 종합할 수 있는 핵심 특성(예: 핵심감정, 핵심신념, 혹은 핵심적 진단 등)
보호 요인과 위험 요인	보호 요인	• 상담을 진행할 때 상담 목표 달성에 도움이 되는 내담자 강점, 상황, 대처방식, 매력 등 (예: 성공경험, 지지 경험, 지지적 대인관계 망, 스트레스에 대한 인내력, 정서 표현 능력 등)

〈계속〉

	위험 요인	• 상담을 진행할 때 상담 목표 달성에 장애물이 될 수 있는 내담자의 취약점, 상황, 대처방식 등 (예: 증상 정도, 문제해결 기술 결핍, 행동화, 한정된 상담 시간, 통찰력 결여 등)
상담 목표 및 전략	합의 목표	• 내담자와 주 호소문제 기반으로 합의한 목표
	임상 목표	• 상담자가 사례개념화에 토대를 두어 상담 목표 수립
	상담전략	• 사례개념화를 토대로 상담 목표를 달성하기 위한 구체적 상담 개입 계획

Q 39 사례개념화를 할 때 내담자의 말투, 행동 등에 대해서도 잘 살펴보라고 하는데 어떻게 사례개념화에 활용할 수 있을까요? 내담자가 상담자에게 주는 느낌과 의미를 어떻게 파악할 수 있을까요?

 내담자들의 행동이나 외모, 태도 등을 통해 많은 정보를 얻을 수 있고 이 정보들은 진단적 근거가 되기도 합니다. 예를 들면, 비정상적으로 마른 체형은 식이장애와 관련될 수 있고, 너무 밝고 화려한 색상의 의복은 조증이나 히스테리적 성격을 떠올려 볼 수 있습니다. 시선이 바닥에 너무 고정된 내담자는 우울증과 관련될 수 있습니다. 단어 사용이나 문법 사용 능력으로 교육적 배경이나 가족 배경을 추론할 수도 있습니다.
 그리고 상담자를 대하는 태도와 이에 따라 상담자가 받는 느낌은 내담자가 사회적 상황에서 타인에게 어떤 느낌을 주는지, 내담자의 관계나 사회적 평가에 어떤 영향을 주고 있는지를 추론해 볼 수 있고, 앞으로 상담자와의 관계에서 어려움을 줄 수 있는 부분도 예상해 볼 수 있습니다. 통제적인지, 과도하게 굽신거리는지, 유혹하려

하는지, 상대에게 관심을 두지 않고 거리를 두는지, 적대적인지, 우호적인지, 비밀스러운지, 너무 개방을 빨리하면서 가까이 다가오는지, 너무 답을 빨리 달라고 하는지, 상담자에게 전혀 의지하지 않으려 하는지 등의 태도들이 상담자에게 어떤 느낌을 불러일으키고 있나요? 이러한 느낌은 내담자가 타인과의 관계에서도 비슷하게 반복될 소지가 있습니다. 이에 내담자의 태도가 타인과의 관계에 주는 영향을 생각해 보고 내담자의 호소문제와도 연결해서 생각해 볼 수 있습니다.

예를 들면, 속한 공동체에서 소외감을 느끼는 것이 호소문제인 내담자가 있었습니다. 그런데 이 내담자가 상담자에게 주는 느낌은 거리를 두고, 의지하려 하지 않으며, 상대에게 관심이 없다는 듯한 느낌을 주었습니다. 내담자는 공동체 내에서도 먼저 다가가고 친밀감을 표현하는 것을 어려워할 것이라고 짐작했습니다. 이러한 태도로 인해 상대방들도 내담자에게 다가오는 것이 편하게 느껴지지 않았을 것으로 예상되었습니다. 이렇게 상담자에 대한 내담자의 태도를 통해 내담자의 호소문제의 원인을 추론해 볼 수 있을 것입니다. 그리고 이러한 태도로 인해 상담 관계 형성에도 어려움이 있을 수 있으므로 상담자가 주의 깊게 봐야 할 것입니다.

구체적으로 내담자의 행동 중 어떤 영역들을 눈여겨봐야 하는지는 제1장의 '02. 접수면접, 구체적으로 어떻게 진행해야 하나요?'의 내용 중, '7) 외모 및 행동 관찰, 이에 대한 면접자 느낌(p. 36)'에 대한 부분을 참고하기 바랍니다.

Q 40 사례개념화의 내용(요소)들을 계속 외워도 머릿속에 딱 들어가지 않는 느낌이에요. 이를 위해 초보 상담자로서 노력할 방법이 있을까요?

사례개념화 구성요소들을 리스트로 갖고 있으면 하나하나 외워야 할 것 같고, 상담 중에 리스트들을 떠올리면서 해야 할 것 같아 상담에도 집중이 안 될 수 있습니다. 이에 대한 대안으로 이윤주(2016)는 효율적으로 상담 사례개념화를 활용하기 위한 '사례개념도'를 제안하고 있습니다. 사례개념화 구성요소들을 단지 병렬적으로 나열하여 제시하면 상담자들이 이를 종합적으로 이해하는 데에 한계가 있을 수 있다고 합니다.

한편 사례개념도를 사용하게 되면 상담자의 인지구조를 활성화해 이해와 기억을 촉진할 수 있으며, 좀 더 종합적 이해를 하는 데에 도움이 되는 메타 인지적 학습 도구가 될 것이라고 제안하고 있습니다. 이윤주(2016)가 제시한 상담 사례개념도를 기반으로 제가 앞에서 제시한 사례개념화 구성요소들을 포함하여 사례개념도를 다음 [그림 3-1]처럼 제시해 보았습니다. 이는 이윤주(2016)의 논문에서 제시된 상담 사례개념도와는 조금 차이가 있습니다. 예를 들면, 이윤주(2016)는 인과관계 및 상호작용하는 요인들에 대해 화살표를 자세히 그리고 있는데, 저는 사례개념화 내용들을 입체적으로 기억하기 위한 개념도로 그려 보는 데 국한하여 이야기하고 싶어서 기본적인 화살표만 그려 보았습니다. 즉, 호소문제에 영향을 주는 요인들로만 국한하여 제시하였습니다. 혹시 이윤주(2016)가 제안한 사례개념도에 대해서 또는 화살표의 의미와 방향성에 대해서 좀 더 이해하고 싶으신 분은 이윤주(2016)의 논문, 「효율적인 상담사례개념화를

121

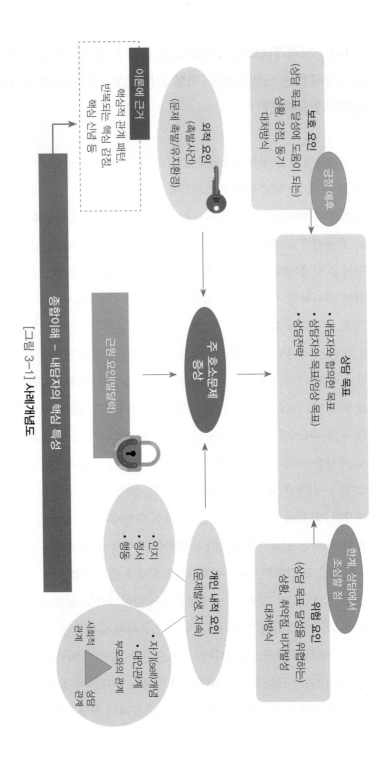

[그림 3-1] 사례개념도

위한 상담사례개념도의 활용」을 참고하기 바랍니다.

사례개념화 구성요소 내용을 외우는 것이 아닌, 이해하여 자연스럽게 기억할 수 있도록 앞에서 제시한 사례개념도에 대한 설명을 조금 덧붙여 보겠습니다.

상담자가 가장 주목해야 하는 것은 내담자가 상담받으러 온 이유, 주 호소문제일 것입니다. 그래서 이를 가장 가운데에 놓았습니다. 앞의 그림에서 크게 세 행으로 구분하고 있는데 우리가 직관적으로 생각한다면 맨 아래 행은 과거, 중간 행은 현재, 위의 행은 미래로 생각해 볼 수 있을 것입니다.

현재에 해당하는 중간 행에서 가장 중앙에는 주 호소문제, 왼편에는 주 호소문제를 촉발한 사건이나 유지 환경에 해당하는 외적 요인을, 오른편에는 주 호소문제를 발생 혹은 유지하는 개인 내적 요인을 두었습니다. 우리가 보통 글을 읽거나 쓸 때 왼편에서 시작하여 오른편으로 가는 것이 익숙한데, 내담자의 어려움에 영향을 준 촉발 사건이나 외적 환경에 시선을 먼저 두기 시작하고 점차 내적인 요인에 대해 숙고한다는 점을 생각해 보았을 때 외적 요인을 왼편에, 내적 요인을 오른편에 두는 것이 자연스러운 것 같습니다. 그리고 왼편의 주 호소문제에 영향을 준 내담자의 최근 촉발 사건은 과거이지만 최근 과거이기도 하고 현재에도 영향을 주고 있는 환경이기에 현재에 해당하는 중간 행에 위치하게 하였습니다. 오른편의 개인 내적 요인에는 우리가 심리학에서 인간의 특성을 생각할 때 항상 기본으로 생각하는 인지, 정서, 행동의 내용과 더불어 나에 대한 자기(self) 개념과 타인과의 관계 부분인 대인관계의 내용을 포함합니다. 특히 반복되는 대인관계를 이해하기 위하여 현재 내담자가 관계 맺는 사회적 관계 패턴, 과거의 중요한 타인(부모님 등)과의 관계 패턴, 상

123

담자와의 관계 패턴이 어떻게 반복되고 있는지를 상담자가 계속해서 탐색하고 이해하기 위해 정신 역동적 과정에 대한 Malan(1979)과 Menninger(1958) 모델에서 제시한 통찰의 삼각형을 그려 넣었습니다(Butler & Binder, 1987).

주 호소문제와 내담자의 내적 요인에 영향을 주는 내담자의 양육환경, 가족역사, 외상 등과 같은 발달력에 해당하는 근원적인 요인은 조금 먼 과거에 해당하기에 아래 행에 배치합니다. 외적 요인에는 열쇠, 근원 요인에는 자물쇠를 표시해 두었는데요, 이는 '최근의 어떤 사건(열쇠)이 내담자가 이미 갖고 있는 근원적인 취약성(자물쇠)을 자극하여(그 열쇠가 그 자물쇠와 맞아) 지금의 증상을 일으켰는가(자물쇠를 열었는가)?'라는 의문을 상담자가 생각해 보기를 바라서입니다. 이는 현재의 유발인자와 짝이 맞는 내담자의 근원적인 취약성이 무엇인지 관심을 두는 스트레스 취약성 모델에서 착안하였습니다.

그리고 가장 아래에는 내담자의 현재, 과거의 모습을 하나로 꿸 수 있는 내담자의 핵심적인 특성을 기술할 수 있도록 하였습니다. 내담자의 핵심 특성은 상담자의 이론에 근거하여 핵심 신념이 될 수도 있고, 핵심 감정 등이 될 수도 있습니다. 가장 기반이라는 의미로 가장 아래에 배치합니다.

가장 위에 있는 행은 미래에 해당하는데요, 현재와 과거를 통해 내담자를 이해했다면 내담자의 변화를 위해 미래로 나아가야 한다는 의미로 상담 목표와 전략을 기술합니다. 상담 목표를 세울 때는 같은 호소문제라 하더라도 내담자가 가진 보호 요인과 위험 요인을 감안하여 상담 목표와 전략을 세워야 하므로, 보호 요인과 위험 요인은 상담 목표와 같은 위의 행에 배치합니다.

이렇게 사례개념화 구성요소의 배치를 그림으로 이해하면 상담자들이 내담자에 관한 사례개념화를 할 때 구성요소들을 직관적으로 이해하고 기억하는 데 도움이 될 수 있으며, 내담자에 대한 핵심적 특성을 도출하여 상담의 목표를 설정할 수 있도록 도울 수 있을 것입니다.

Q 41 **사례개념화, 사례개념도에 대한 예시를 들어 주세요**

그럼 사례의 내용을 말씀드린 후 이 내용을 토대로 사례개념도를 그려 보고, 마지막으로 보고서에 제출하는 형식으로 사례개념의 내용을 서술해 보도록 하겠습니다.

우선 사례의 내용입니다. 이 사례는 가상의 사례임을 미리 밝힙니다.

125

> 내담자는 만 24세 남성으로 대학교 4학년을 재학 중이다. 지방에 있는 원가족과 떨어져 자취 중이며, 형제는 2남 중 둘째인데 형은 무뚝뚝하고 내담자는 딸 같은 아들이었다고 한다. 3개월 전 본가에 운전하며 내려가는 중이었는데 갑자기 어지럽고 숨이 잘 쉬어지지 않았으며, 심장이 너무 빨리 뛰어 이상하다는 느낌이 들었다고 한다. 그때 며칠 전에 본 '과로사로 죽은 사람'에 대한 뉴스가 생각났으며, '혹시 나도?'라는 생각이 들자 심장이 더 크게 쿵쿵 뛰었고, 숨이 가빠지자 숨쉬기가 점점 더 어려워져서 정말 죽을 수도 있겠다는 생각이 들었다. 다행히 갓길에 차를 세워 좀 쉬고 나니 괜찮아졌다. 너무 무서워서 바로 병원에 가서 심전도 등 여러 검사를 하였으나 정상이었기에 신경정신과에 의뢰되었고, 공황장애 진단을 받아 약물치료와 심리치료를 병행하라는 처방이 내려졌다. 그 이후에도 지하철 계단을

오를 때, 학교 동아리 방에 앉아 있을 때 등 몇 번 더 증상이 지속되자 상담을 시작하게 되었다. 그러나 내담자는 심장질환일 수도 있을 것 같은데 이를 병원에서 못밝힌 건 아닌지 생각했고 병원의 진단을 다 믿지 못해 불안해했다.

내담자에게 최근 상태를 물어보니 최근에 취직 준비, 동아리 활동, 아르바이트 등 일이 너무 많아 신체적으로도 지친 상태라고 하였다. 특히 이번 학기에 동아리 회장을 할 사람이 없어 내담자가 지난해에 이어 연임을 하게 되었는데, 학교 동아리 회장으로서 행사 준비 중 좀 큰 실수를 해서 행사를 망친 일이 있었다. 그때 이후로 사람들이 수군거리고 뭐라고 하는 것 같았고, 자신도 그러한 실수를 저지른 것이 바보 같고 능력 없는 것 같아서 심하게 자책하였다. 또 이런 실수를 할까 봐 그 이후 다른 행사에서는 계속 확인하면서 일하고, 동아리원들이 요구하는 것을 모두 들어주려고 하여 동아리 일들을 끝내는 데 시간이 많이 소요되곤 했다. 이 실수를 만회하기 위해 더 열심히 일해서 성과를 내야 하는데, 지금의 증상 때문에 일에 집중이 안 되고 증상만 없으면 괜찮을 것 같다고 하였다. 한편 곧 졸업이기에 취직에 대한 압박도 있어 준비를 게을리할 수 없었고, 집에서 용돈받는 것이 미안해서 두 개의 아르바이트를 하여 체력적으로 지친 상태라고 하였다. 특히 취직을 빨리 해야 한다는 마음에 부담이 많이 되었다고 한다.

또한 내담자는 집에서 딸 같은 아들이어서 어머니는 내담자가 집에 자주 내려오기를 바라시고, 아버지랑 다투고 난 후에는 아버지에 대한 불평을 내담자에게 쏟아 내고 있어 더 지친다고 했다. 그렇지만 집에 내려가지 않으면 어머니가 실망할 것 같은 죄책감이 들고, 어머니에 대한 불안한 마음이 들어서 꾹 참고 집에 가고 있다고 말하였다. 내담자는 학교에서 4시간 거리에 있는 본가를 1~2주에 한 번 내려가고 있었다. 어머니에 대한 불안한 마음이 뭔지 묻자 어렸을 때의 이야기를 해 주었다. 내담자의 아버지(65)는 사업을 하셨는데 계속 실패하셨고, 어머니가 이에 대해 능력 없다고 화를 많이 내셔서 자주 다투셨다고 하였다. 어머니(63)는 아버지의 경제적 무능함을 메꾸려고 식당일, 마트일, 이삿짐 포장 등 많은 일을

하셨는데, 일을 하면서 자녀들을 키우는 것이 힘드셨던 것 같고 일을 마치고 집에

오셔서는 힘들어서 항상 누워 계신 모습만 떠오른다고 하였다. 아버지랑 싸울 때

어머니가 "난 곧 죽을 거다."라는 말씀을 하신 기억이 있는데, 이에 대한 공포가 남

아 있어서 어머니에 대한 불안한 마음이 드는 것 같다고 하였다.

앞의 사례에 대한 개념도를 다음과 같이 그려 보았습니다.

보호 요인

- 성실함
- 심장에 문제가 없음(검사결과에 의거)
- 능력(취직 준비, 아르바이트 구하고 유지, 동아리 회장 등)이 있음

외적 요인

- 동아리 행사에서의 실수
- 취직 준비에 대한 압박
- 아르바이트 2개, 취직 준비, 동아리 행사로 체력적으로 지친 상태
- 부모 갈등에 계속 포함되며(어머니의 호소) 어머니의 요구로 본가에 자주 가는 상황

상담 목표

[합의 목표] 공황 증상 완화

[임상 목표] 신체적 증상들에 대해 왜곡된 해석을 현실적 해석으로 대체하고, 평소의 스트레스 상황들에 대해 그저 참고 맞추는 대처 대신 효과적으로 대처를 하며 신체, 심리적 고갈을 방지하여 공황 증상을 감소 및 예방한다.

[상담전략]

- 공황 증상에 대해 심리적 문제에 대한 인식을 갖도록 교육
- 신체 증상 고통에 대한 공감
- 인지적 왜곡 감소(공황 증상에 대한 파국적 사고 감소/동아리 일에 대한 과도한 자기 귀인 및 자책 감소)
- 긴장 이완 훈련을 통해 신체 이완에 도움
- 스트레스 대처(부모와의 적절한 경계 설정, 자기표현, 과도하게 일을 하지 않도록 우선순위 정하기, 적절한 휴식 취하기)

주 호소문제, 증상

갑자기 심장이 뛰고 어지럽고 호흡이 가빠지는 공황 증상

근원 요인(발달력)

- 부모 갈등이 있을 때 어머니가 죽을까 봐 공포
- 아버지의 무능력에 대한 어머니의 비난과 불만에 지속적으로 노출

위험 요인

- 신체적으로 지친 상태이지만 휴식을 취하지 않음
- 공황 증상에 대해 신체적 원인으로만 귀인하고 있으며, 의사의 제언에도 불구하고 심리적 원인에 대해 내성해 보고자 하는 동기가 높지 않음

개인 내적 요인

[인지]

- 신체적 증상을 심장질환과 관련되어 있고 죽을 것이라고 생각
- 증상만 없으면 일들을 잘 해낼 수 있다고 생각함
- 자신의 실수에 대해 다른 사람들이 욕하거나 실망할 것이라는 예상(동아리, 어머니의 요구)

[정서]

공포, 불안, 압박감, 부담감, 죄책감, 걱정

[행동]

- 동아리 행사 실수 후 대처 행동으로 강박적으로 일을 함
- 어머니 방문에 대한 요구와 아버지에 대한 푸념 이야기가 힘들어도 참음

[자기(self)개념]

- '실수한 나는 바보 같다. 능력이 없다'고 생각하며 완벽함을 기대

[대인관계]

- 부모와 관계: 어머니를 걱정하는 한편 요구를 들어드리지 않으면 죄책감과 불안이 올라와 어머니가 원하는 요구를 참고 들어줌
- 사회적 관계: 실수를 하면 사람들이 비난할 것 같아 힘들어도 참고 조직의 요구에 최대한 맞춰 줌
- 상담 관계: (비언어적 특징) 상담자에게 많이 맞추는 모습

종합이해 – 내담자의 핵심 특성

과도한 스트레스에 대해 꾹 참기만 하여 심리, 신체적 고갈 상태이며, 힘든 것들을 참고 할 때 나타나는 신체적 증상들에 대한 왜곡된 해석이 증상을 심화시킴

[그림 3-2] **사례개념도 예시**

사례개념도를 그리면서 내담자에 대한 이해가 되었다면 상담 보고서의 '내담자 문제 이해' 영역에, 개념도에 있는 구성요소들을 포함한 내용들을 기술하면 될 것입니다.

- 내담자의 호소문제 (주 호소문제)
- 상담소에 오게 된 경위 혹은 호소문제를 촉발하게 된 사건 (외적 요인)
- 호소문제를 발생 및 유지하는 데 관련된 내담자의 외적 환경 (외적 요인)
- 호소문제와 관련된 내담자의 특징 (개인 내적 요인)
- 호소문제와 관련된 내담자의 발달력, 양육환경 등 (근원 요인)
- 내담자의 핵심 특성 (종합 이해)
- 내담자의 위험 요인과 보호 요인
- 앞으로의 상담 방향

그럼 상담 보고서에 앞의 내담자 사례개념도를 토대로 한 '내담자 이해' 기술 예시를 제시해 보겠습니다.

내담자는 갑자기 심장이 뛰고 어지럽고 호흡이 가빠지는 증상이 생겨서 병원에 갔으나 신체적 문제는 없고 공황 증상인 것 같다고 하여 상담을 권유받아 상담을 시작하게 되었다.

현재 내담자는 동아리 활동, 취직 준비, 아르바이트, 부모의 방문 요구, 부모 갈등에 노출 등으로 인해 신체적, 심리적으로 고갈된 상태였다. 이러한 상태에서 최근 동아리 회장으로서 실수한 일과 졸업이 얼마 남지 않았다는 생각으로 인하여 압박감과 불안감이 증폭된 상태였다. 이렇게 기본적으로 지치고 불안한 상태가 지속되는 가운데 신체적인 압박이 더해지는 상태(예: 오랫동안 운전을 해서 답답함을 느낄 때, 계단을 오를 때 숨이 가쁘거나 심장이 크게 뜀)가 되면, 신체 반응에 관해 '죽을 것 같다.'라는 사고와 연합시켜 공포심이 증가하였으며, 신체적 이완이 되지 않아 공황 증상으로 이어진 것으로 보인다.

내담자의 고갈된 상태와 불안과 압박감이 증폭된 데에는 내담자의 여러 개인 내적 특성이 보인다. 자신의 실수에 대해 타인이 탓할 것이라는 신념, 실수를 만회하기 위해 자신을 돌보지 않으면서 강박적으로 일하는 대처 행동, 적절한 휴식을 취하지 않는 행동, 자신에 대한 완벽성을 기대, 타인의 요구에 대해 대부분 참고 맞춰 주는 등의 특성들이 보인다.

이러한 내적 요인은 내담자의 발달력과 관련지어 이해해 볼 수 있을 것이다. 내담자의 어머니는 남편의 무능력에 대한 비난을 내담자에게 지속해서 해 왔기 때문에 내담자는 어머니의 말들을 내재화했을 가능성이 크다. 그래서 자신의 실수 행동에 대해서도 너그럽지 못하고 무능력한 모습을 보이지 않기 위해 항상 안간힘을 쓰게 되었을 것이다. 또한 애착 대상인 어머니에게 어렸을 때 들었던 말, "난 곧 죽을 거다."로 인해 어머니의 죽음에 대한 공포로 어머니의 요구를 거절하기가 어렵고 참고 맞추는 행동으로 이어졌으며, 다른 관계에서도 비슷한 모습을 보이는 것 같다.

내담자의 성실한 모습과 실제 현실에서는 능력 있게 여러 기능을 하고 있다는 점이 장점이며 상담의 성실한 참여도 예상된다. 그러나 상담에서도 너무 애쓰고 맞추려는 모습이 보일 수도 있다. 한편 실제로 심장에 문제가 없음을 확인했음에도 불구하고 공황 증상을 심리적 문제로 완전히 받아들이지 않고 있어 상담 과정에서 어려움이 될 수도 있는 부분을 염두에 두어야 할 것이다.

요약하면 내담자는 신체적 고갈, 불안감과 압박감이 높은 스트레스 상황에 처해 있는데, 이를 효과적으로 대처하지 못하고 꾹 참고 해내려고만 하고 있다. 이렇게 신체적 압박이 더해지는 상황에서 호흡의 답답함과 같은 증상이 생겼을 때, '죽을 것 같다'는 생각이 이어지며 신체 증상이 활성화되는 경향을 보인다. 이에 본 상담에서는 신체 증상들에 대해 왜곡된 해석을 현실적 해석으로 대체하여 공황 증상을 조절하도록 하고, 평소의 스트레스 상황들에 대해 자신을 채찍질하며 참고 맞추는 대처 외에 좀 더 효과적인 대처를 하여 심리적 · 신체적 고갈을 방지 및 예방하도록 돕고자 한다.

Q 42 사례개념화한 내용을 내담자와 공유해야 하나요? 사례개념화 내용을 내담자와 공유하면 내담자가 판단받고 있다는 느낌에 라포 형성에 방해되지 않을까요?

사례개념화 내용을 내담자와 공유하는 것은 첫 회 상담, 검사해석 상담에서, 그 외에도 내담자에게 해석을 제공하는 순간이나 해석적 공감을 해야 하는 등 여러 시점에서 필요합니다. 우선 첫 회부터 상담자는 사례개념화 내용을 내담자와 공유할 수 있습니다. 우리가 몸이 아파 병원에 갔을 때 의사에게 내 병이 무엇이고 그 정도가 어떠한지, 어떤 치료를 할 것인지에 대해 듣고 싶어 합니다. 이를 통해 환자는 안심할 수 있고 의사를 믿고 치료에 협조하게 됩니다. 상담도 마찬가지입니다. 상담자가 문제를 어떻게 보고 있는지에 대해 내담자들은 듣고 싶어 하고, 이 문제에 대해 앞으로 상담이 어떻게 이루어질 것인지에 대해 듣고 합의하면서 내담자는 상담에 적극적으로 참여하게 될 것입니다.

그러나 첫 회 상담에서 사례개념의 내용을 내담자와 공유할 때, 마치 슈퍼비전을 위한 사례보고서 수준으로 보고하는 식으로 해서는 안 되겠지요? 내담자가 이해하고 받아들일 수 있는 수준으로 공유해야 할 것입니다. 전문용어가 아닌 내담자의 일반적 언어로 표현하고, 간단명료하게 전달하되 단정적이지 않고 상담자의 의견에 대해 내담자에게 묻고 합의하는 형식으로 전달하는 것이 좋습니다. 첫 회 상담이 끝날 때 사례개념화 내용을 공유하는 것이 적절합니다. 내담자의 호소문제와 어려움의 원인에 대해 상담자가 이해한 바를 전달하고, 앞으로 나아갈 방향을 제안합니다. 그리고 이러한 이해와 제안에 대해 내담자의 의견을 구하지요. 때로는 이에 덧붙여 내담자의 어려움을 극복하는 데 도움이 되는 내담자의 강점이나 보호 요인을 강조합니다. 예시를 한 번 들어 볼까요?

> "○○씨가 오늘 진로 결정과 관련된 불안 때문에 상담에 오셨다고 하셨어요. 제가 이해한 바로는 ○○씨가 그동안 부모님의 기대에 크게 벗어나지 않게 살아오시다가 처음으로 부모님의 기대에 반하는 결정을 해야 하는 상황이 혼란스럽고 불안하신 것 같아요. 이때 내가 진짜 원하는 것이 뭔지 모르겠다는 것과, 부모님께 내 의견을 표현하기가 어려운 것이 불안함을 더 증폭시키는 것 같아요. 상담에서 진로에 대해 내가 진짜 원하는 바가 무엇인지 살펴보고 결정하며, 부모님께 내 의견을 잘 표현하는 것을 연습해 보면 ○○씨의 진로에 대한 불안을 감소하는 데에 도움이 될 것 같아요. 물론 지금은 ○○씨가 불안하고 혼란스러운 상황이지만 스스로 확신이 필요하다고 생각하고 상담을 신청하신 것이 적극적인 해결의 시작으로 느껴집니다. 제 얘기가 어떻게 들리나요?"

앞에서와 같이 첫 회 상담에서 내담자의 어려움과 그 원인에 대해 들은 바를 대략 정리하고 앞으로의 방향을 제시하는 것이 사례개념화를 공유하는 것이라고 할 수 있겠습니다. 이 내용 안에는 호소문제, 촉발 원인, 내적 요인, 발달적 요인, 상담 목표, 보호 요인 등의 내용이 포함되어 있으며 내담자가 이야기한 것을 토대로 합니다. 그리고 전문적 용어가 아닌 쉬운 용어로 표현하고 있으면서 내담자의 의견을 묻고 일방적이지 않은 태도를 보입니다.

한편 많은 상담소에서는 상담 전에 필수적으로 MMPI(미네소타 다면적 인성검사)[1]와 SCT(문장완성검사)[2]를 실시하고 있는데요. 이에 대한 해석 상담을 초기 상담에서 하게 됩니다. 보통 저는 상담 첫 회에 호소문제 파악과 상담 목표를 설정하고 나서 2회 상담에서는 검사해석을 간단하게 해 줄 예정이라고 안내해 줍니다. 그리고 검사해석을 하면서 내담자의 현재 상태를 이야기해 주고, 1회에서 이야기한 내용과 SCT 내용을 포함해서 내담자의 문제의 원인과 그리고 앞으로 노력해야 할 방향에 대해서 제안하기도 합니다. 이 또한 내담자의 문제에 관한 사례개념화를 공유할 수 있는 좋은 시기라고 생각됩니다. 이렇게 객관적 지표를 통해 자신의 문제에 관해 이야기를 나누면 내담자가 좀 더 받아들이기 쉽고, 자신의 문제를 객관화하면서 이야기할 기회가 되는 것 같습니다. 예를 들면 다음과 같습니다.

133

"MMPI 검사에서 보면 내 의견이나 욕구들을 이야기하는 것을 많이 어려워하는

---

1) MMPI(미네소타 다면적 인성검사): MMPI는 1940년대 미국 미네소타대학의 Hathaway와 McKinley(1940)에 의하여 만들어진 검사로서 개발 초기에는 정신병리를 감별하기 위한 도구로 사용되었으나, 최근에는 상담 및 임상 장면에서 내담자들의 성격, 정서적 측면을 살펴보기 위해 널리 사용되고 있는 영향력 있는 심리평가 도구이다. 현재 국내에서는 개정된 MMPI-2 검사를 주로 사용하는데, 자기 보고식 검사로서 총 567문항으로 구성되어 있다.
2) SCT(문장완성검사): SCT는 단어연상 검사에서 발전한 투사적 검사로서 내담자 내면의 감정, 태도, 적응 수준에 관한 정보를 얻을 수 있는 상담 현장에서 널리 활용되고 있는 심리검사이다(Weiner & Kuehnle, 1998). Sacks(1950)의 성인용 문장완성검사는 가족, 성, 자기개념, 대인관계라는 네 가지 하위영역의 총 50문항으로 구성되어 있다.

것으로 나타났습니다. 그리고 SCT 검사에서도 자기표현이 어렵다는 이야기들이 공통되게 나타났고, 그 밑에는 내가 원하는 게 무엇인지 모르겠다는 이야기들이 많이 나왔네요. 그리고 내 감정이나 욕구들에 대한 반응 표현이 안 되다 보니 자신의 감정이나 욕구의 좌절이 생길 때 신체적으로 아픈 것으로 표현될 수 있을 것 같습니다. 어떤가요?

　그리고 이렇게 내 욕구를 잘 모르겠고 나의 욕구를 표현하는 게 어려운 특성이 첫날 이야기한 현재 진로를 선택하고 부모님께 내 입장을 이야기하는 것이 어렵다는 부분과 맞닿아 있네요. 앞으로 상담에서는 내가 원하는 것을 많이 생각해 보고, 이에 대해 어떻게 표현하면 좋을지 이야기해 보면 좋을 것 같아요. ○○씨는 어떻게 생각하나요?"

　1회 때 내담자의 이야기를 바탕으로 한 사례개념화와 검사 결과가 크게 다르지 않을 것입니다. 그러나 객관적 지표로 한 번 더 자신의 어려움이 무엇인지, 그 정도가 어느 정도인지를 확인하면서 어려움의 원인(자신을 표현하고 주장하는 것이 어려움)과 이로 인한 영향(신체화 증상)까지 연결 지어서 생각해 볼 수 있는 기회가 됩니다. 이렇게 심리검사 해석을 통한 사례개념화를 통해 내담자가 좀 더 자신의 어려움에 대해 털어놓고, 받아들이고, 앞으로의 상담에서 노력해야 할 방향을 잡을 수 있게 됩니다.

　그리고 상담 중반 이후에 내담자가 자기 내면에 대한 깊은 이해와 통찰을 할 수 있도록 돕는 해석적 개입을 하게 됩니다. 이때 해석은 내담자가 자신의 문제를 새로운 각도에서 이해하도록 경험과 행동의 의미를 설명하는 것인데, 이 또한 내담자에 관한 사례개념화 내용의 일부를 공유하는 것일 수 있습니다. 해석할 때 상담자는 내담자가 이야기하는 것들 사이에 연결을 만들고, 내담자의 행동이 현재

나 과거 특정한 인물과의 상호작용과 어떻게 관련이 되는지 추측한 바를 공유하고, 내담자의 행동, 사고, 감정에서 패턴이나 주제들을 연결하며, 행동의 원인에 대한 설명이나 연관성 여부를 잠정적인 가설의 형태로 기술합니다. 이러한 해석의 내용들을 보면 사례개념화의 내용을 공유하는 것과 같습니다. 예를 들면 다음과 같습니다.

> "지금 제가 ○○씨의 존재를 잊은 거 같고, 별로 소중하지 않은 것 같다고 말씀하셨는데, 그렇게 느끼시면 슬프고 고통스러울 거 같아요. 그런데 이런 내용의 느낌이 다른 관계에서도 많이 반복되는 것 같다는 생각이 드네요. 혹시 어머니가 항상 바빠서 ○○씨의 존재가 눈에 들어오지 않았다고 말씀하신 그 느낌과 비슷할까요?"

앞의 예시에서 보면 상담자는 내담자의 현재 행동이나 감정을 반복된 패턴 및 주제들과 연결하면서, 혹은 과거의 특정 인물과의 상호작용과 연결하면서 해석을 하고 있습니다. 이러한 해석은 상담자가 그동안 내담자를 보면서 사례개념화를 잘해 놔야지 개입할 수 있는 부분이며, 이를 내담자가 받아들일 수 있는 타이밍에 공유한 것이라고 할 수 있습니다.

이처럼 다양한 시점에 다양한 수준으로 사례개념화를 내담자와 공유하게 되는데, 이 사례개념화를 공유할 때 너무 이른 시점에 너무 깊은 내용을 공유하면 내담자가 받아들이지 못하거나 판단받는 것처럼 느낄 수 있습니다. 그래서 질문자가 사례개념화를 공유하는 것이 라포 형성에 방해되지 않을까 염려한 것도 이해가 됩니다. 이에 지금 상담자와 내담자와의 관계 정도와 상담의 과정에서 어디쯤 와 있는지, 내담자가 받아들일 수 있는 역량과 여유가 있는지 등에 대해 통합적으로 생각하여 사례개념화 내용을 공유하는 것이 필요합니다.

Q 43 사례개념화를 할 때 내담자의 보호 요인과 위험 요인도 탐색하라고 하는데, 어떤 내용들을 탐색하면 좋을까요?

이 질문에 대해서는 보호 요인과 위험 요인의 예시를 들어 보는 게 도움이 될 것 같습니다. 내담자의 보호 요인을 살펴볼 때는 상담을 진행할 때 상담 목표 달성에 도움이 되는 내담자의 강점이나 여러 특성 혹은 상담자가 내담자에게 호감을 느끼고 있는 요인을 떠올리는 것도 좋습니다. 내담자의 성공 경험, 내담자가 지지받았던 경험들, 현재 내담자의 지지적인 대인관계 망, 스트레스에 대한 인내력, 스트레스 대처 능력, 내담자가 문제들에 대처하는 효과적인 전략들, 내담자의 의사소통 능력 혹은 정서 표현 능력, 상담 약속을 잘 지키는 행동, 높은 변화 동기, 내담자의 호감을 주는 외모, 진정성 있는 태도, 심미적인 태도, 높은 지능 수준, 의지력, 주변 사람에 대한 애착과 책임감, 생활상의 높은 기능 수준 등이 이에 해당할 수 있을 것입니다.

한편 위험 요인은 상담을 진행할 때 상담 목표 달성에 장애가 될 수 있는 내담자의 취약점과 약점 등을 떠올려 보면 됩니다. 내담자의 심한 증상 정도, 오래된 증상의 기간, 대인관계 기술 혹은 문제해결 기술의 결핍, 현재 지지적인 대인관계 망의 결핍, 상담에 대한 동기 결여, 행동화, 통찰력의 결여, 한정된 상담 기간, 물질 남용, 경제적 어려움, 낮은 지능 수준, 전체 생활영역에서의 정신적 어려움이 침투되어 있는 경우, 타인과 의미 있는 관계를 맺어 본 경험의 결여, 감정의 회피, 낮은 의사소통 능력, 불안이나 좌절에 대한 낮은 감내력, 비융통성, 자살 위험성, 반사회성, 이전 상담 경험의 실패 등이 이에 해당할 수 있을 것입니다.

Q 44 상담에서 내담자에 관한 사례개념화를 할 때 보호 요인과 위험 요인을 탐색하라고 했는데 이들을 상담에서 어떻게 활용할 수 있을까요?

상담자는 사례개념화를 토대로 상담 목표를 수립합니다. 그러나 내담자가 비슷한 문제를 갖고 있더라도 내담자의 보호 요인과 위험 요인 제반 상황을 검토하면서 상담의 목표나 전략을 수립해야 합니다. 사례 예시를 통해 설명해 보겠습니다.

A와 B 내담자의 경우 모두 부모와의 관계에서 어려움이 있는 내담자입니다. 그런데 A의 경우 자신의 할 일을 어느 정도 잘하고 있고 사회적 기능도 좋으며, 언어능력이나 지능이 꽤 높은 사람입니다. 통찰력도 어느 정도 높은 수준을 보입니다. 반면 B의 경우 통찰력도 낮고 불안에 대한 감내력이 떨어지고 자살 위험성도 있는 내담자라고 해 봅시다. 이때 상담자는 상담전략을 수립할 때, A의 경우에는 부모에 대한 내담자의 감정을 자각하게 하고, 때로는 부모에 대한 감정이 상담자에 대한 감정과 비슷하다는 전이 감정을 통찰하게 하면서도 자신이 부모에 대해 어떤 감정을 왜 갖게 되었는지 통찰하도록 돕고, 이를 통해 부모와의 관계를 개선하도록 도우려고 할 수 있을 것입니다. 그리고 부모와 어떻게 의사소통하는 것이 좋을지

137

생각해 보도록 촉진할 것입니다. 그러나 B의 경우 이러한 전략이 잘 적용되지 않을 것 같습니다. 통찰력도 낮고 깊은 자각이 자책감이나 불안을 일으켜서 자살 위기를 증폭시킬 수 있을 것으로 판단되기 때문입니다. 이에 상담자는 부모와 상담하면서 내담자와 어떻게 의사소통해야 할지에 대해 충고하여 내담자의 증상을 감소하는 데 초점을 두는 전략을 사용할 수 있습니다. 이를테면 부모 상담에서 내담자를 자극하는 말과 행동을 알려 주고, 하지 말라고 권고할 수도 있을 것입니다.

이렇듯 내담자의 내면적 이해보다 주변 환경의 변화를 돕는 상담 전략을 계획할 수도 있습니다. 이렇게 비슷한 호소문제를 갖고 있더라도 내담자의 보호 요인과 위험 요인을 탐색하고 판단하여 상담 전략을 다르게 사용할 수 있기에, 저는 상담자들이 사례개념화를 할 때 내담자의 보호 요인과 위험 요인을 고려하길 권합니다.

Q 45 내담자가 처음에 호소한 문제를 토대로 한 사례개념화 내용을 계속 고수해야 할까요?

사례개념화는 내담자의 호소문제의 원인에 대해 좀 더 효과적이고 핵심적으로 이해하기 위해 설정한 가정, 즉 가설에 해당합니다. 현실과 진실은 내 앞에 마주하고 있는 내담자입니다. 그러므로 사례개념화를 한 번 세웠다고 이를 진리처럼 여기며 이에 맞추려는 태도는, 내담자를 이해하기 위한 효과적 도구로써 사례개념화를 사용하는 것이 아니라 거꾸로 내담자를 그 도구에 끼워 맞추어 내담자를 판단하게 되는 꼴이라서 독이 될 수 있습니다. 사례개념화의 내용에 내담자를 끼워 맞추려는 태도가 상담에 어떤 영향을 미치는지 한 예시를 보여 드리겠습니다.

> 상담자: ○○씨는 부모님이 경제적으로 풍요롭지 않아서 경제적 풍요를 위해 빨리 취직하려 하고 있고 그래서 불안한 것 같아요.
>
> 내담자: 잘 모르겠어요.
>
> 상담자: 아마 이 말에 저항하는 마음이 올라오는 것 같군요.
>
> 내담자: (침묵) 근데 선생님, 저 어제 한숨도 자지 못해 너무 피곤한데 오늘 좀 빨리 끝내도 될까요?

앞의 사례에서는 상담자가 내담자에 관한 사례개념화 내용을 내담자에게 강요하고 있는데, 이에 내담자는 상담자에게 자신을 이해받는 느낌보다는 부담스러워서 대화를 회피하고 싶어 하는 모습으로 나타났습니다. 상담자가 사례개념화를 한 내용을 내담자가 받아들이도록 하는 게 아니라 협력하여 사례개념화를 확장해 나가는 과정이라고 생각하면 좋을 것 같습니다. 같은 주제에 대해 협력적으로 사례개념화를 공유해 나가고 있는 상담자의 태도를 살펴볼게요.

> 상담자: ○○씨가 취직에 대한 불안이 부모님의 경제적 어려움과 관련이 있지 않을까 생각되었는데, 혹시 경제적으로 풍요롭지 않은 부모님의 모습을 보면서 ○○씨는 어떤 마음이 있었나요?
>
> 내담자: 음……. 사실 부모님이 경제적으로 풍요롭지 않은 것 자체는 괜찮았어요. 좀 불편하지만 뭐 그게 저에게 고통을 주진 않았어요. 그런데 그 경제적인 문제로 인해서 두 분이 싸우는 것을 보는 것이 어렸을 땐 너무 불안하고 무서웠어요. 실제로 칼부림까지 있었지요. 그래서 취직을 꼭 해야 한다는 생각과 못하면 어떡하지의 불

안한 마음은 어쩌면 경제적 문제 자체보다 경제적 문제가 생겨서 관계에 갈등이 생길까 봐 두려워서인 것 같아요.

상담자: 아, ○○씨에겐 취직하여 경제적 안정을 이루는 것이 곧 가족의 평화네요.

이 상담자는 처음에 '부모님의 경제적 어려움으로 인해 취직에 대한 불안이 높은 것이다.'라고 사례개념화했지만, 이 부분에 대해 혼자 단정 짓지 않고 사례개념화한 내용은 가설이라는 태도를 지닌 채 내담자와 이 내용들을 나누고 맞는지 물어보는 태도를 보였습니다. 이에 따라 좀 더 내담자에 대한 이해가 풍부해졌습니다. 단순히 '경제적 어려움으로 인한 취직에 대한 불안'으로만 이해하는 것이 아니라 '경제적 어려움으로 인한 부모님의 갈등에 관한 불안함이 취직에 대한 불안으로 이어짐'으로 확장되어 사례개념화가 가능해졌습니다.

따라서 상담자는 사례개념화가 하나의 가설에 불과하다는 것을 항상 상기하고 있어야 합니다. 그리고 사례개념화한 것과 다른 내용이나 새로운 정보들을 만나게 될 때, 상담자는 자신이 세워 놨던 사례개념화를 수정하고 보완하는 데 주저함이 없어야 할 것입니다. 더 극단적으로는 이전의 사례개념화를 폐기해야 할 수도 있습니다.

이전의 사례개념화를 폐기했던 한 예를 들어 보겠습니다.

한 내담자는 집에서 골칫거리로 취급당하는 내담자였습니다. 학생 때는 '왜 공부를 열심히 안 하냐, 친척들한테 인사를 왜 안 하냐, 왜 말을 똑바로 안 하냐, 넌 왜 이렇게 눈치가 없냐?' 등의 피드백을 받았습니다. 성인이 되어서는 '왜 일자리를 알아보지 않느냐, 왜 이렇게 넌 답답하냐, 넌 애가 아닌데 왜 이렇게 애 같이 구냐, 넌 왜 사람 말을 안 듣냐?'의 피드백을 많이 받아 화도 나고 우울한 상태였습니다. 처음에는 '내성적인 성향이 강하고 사회적 기술이 많이 떨어지는 내담자로서 이러한 피드백들로 인해 분노와 우울함이 높은 상태'라고 사례개념화를 하고 상담을 진행하였습니다. 그런데 뭔가 소통할수록 답답하고 내담자가 어눌하게 느껴졌습니다. 그래서 종합 심리검사를 의뢰해 보니 지능이 경계선 지능(IQ 71~79)으로 판정되었습니다. 이후 가족들에게 내담자의 지능 상태와 그동안의 행동이 내담자가 노력하지 않아서라든가 의도적으로 반항하는 것 혹은 성격적인 문제가 아니고 지능으로 인한 한계임을 알려 드렸습니다. 이러한 특성을 안 이후에는 가족들이 내담자를 더 이상 구박하거나 비난하지 않고, 어떤 것을 모른다고 조급해하지 않고 천천히 알려 주려고 하였습니다. 이를 통해 내담자는 우울감이나 분노도 점차 해소되었고 자신의 환경에서 할 수 있는 것들을 하나씩 노력해 볼 의욕도 생기게 되었습니다.

앞의 예시는 내담자에 대해 정확한 진단을 하지 못해 사례개념화가 완전하지 않았고 나중에 심리검사를 통해 수정 혹은 기존의 사례개념화를 폐기하는 경우였습니다. 또는 내담자가 자신의 어려움이나 비밀을 드러내지 않아 정보의 생략으로 인해 사례개념화가 불완전할 수도 있습니다. 이에 상담자는 불완전하지만, 내담자에 관한 사례개념화를 가설로 수립하고 계속 검증해야 합니다. 즉, 사례개념화는 내담자와의 계속된 상호작용과 내담자에 대한 업데이트된 정보들을 통해 전체 치료 기간에 걸쳐서 수정하고 보완해야 할 것이지, 한 번 세운 사례개념화를 계속 고수하려 해서는 안 됩니다.

141

Q 46 사례개념화를 하다 보면 내담자에 대해 객관적이고 이성적인 틀로 접근하게 되는데요. 이에 몰두하다 보면 내담자를 공감하기보다는 분석적인 태도로 대할 때가 있어요. 어떻게 해야 할까요?

맞아요. 어떤 말을 하는지 알겠어요. 우선 상담자에게 필요한 두 종류의 뇌에 대해 말씀드려 볼게요. 상담자에게는 두 종류의 뇌가 필요한 것 같아요.

첫째로 내담자의 주관적 세계를 이해하고 그 세계로 들어가 내담자가 느끼는 것을 상담자도 느끼는 뇌가 필요해요. 아니 뇌보다는 심장이라고 표현하는 게 더 나을까요? 이 심장을 통해 상담자는 내담자의 마음에 자신의 마음을 포개어 공감하게 되고 내담자의 처지를 이해하고 느끼게 됩니다. 이를 통해 라포도 형성되지요.

둘째로 상담자에게 필요한 뇌는 객관적 세계에서 내담자를 이해하는 뇌입니다. 우리가 사례개념화를 할 때는 바로 이러한 뇌를 사용하게 됩니다. 이를 통해 주관적 세계에 빠져서 스스로 잘 보지 못하고 있는 내담자의 맹점을 상담자가 보고 객관화하여 치료적 개입에 활용하지요. 내담자의 효과적이지 않은 반복된 대처 반응들로 인한 부정적인 영향, 내담자 자신에게 득이 되지 않는 대인관계 패턴들, 내담자의 어려움에 기름을 붓고 부채질하고 있는 내담자의 내적 신념 등을 찾아서 내담자에게 보여 주고 논의하면서 변화를 꾀하지요.

상담자는 이 두 가지 뇌를 동시에 사용하거나 전환이 빨라야 하는데, 사례개념화 내용에 몰두하다 보면 내담자에 대한 이해를 하고 이성적으로 생각하는 둘째 뇌를 가동하면서 내담자의 주관적 세계를 공감하는 첫째 뇌를 덜 사용하게 되는 경우가 있습니다. 초보 상담자일수록 두 종류의 뇌를 멀티로 사용하거나 전환을 빠르게 하지 못할 수 있습니다.

그래서 이 두 가지 뇌를 같이 사용하기 위하여 사례개념화의 본래 목적을 강조하고 싶고, 어떤 태도와 마음가짐으로 사례개념화를 하면 좋을지를 말씀드리고 싶습니다. 사례개념화의 본래 목적은 내담자라는 '사람'을 이해하기 위한 도구입니다. 내담자의 현 증상이나 역기능적인 행동들에 관해 빨리 판단해 버리거나 규정짓는 우를 범하지 않기 위해 내담자를 다각도로 이해하면서 내담자의 증상이나 문제행동을 보일 수밖에 없는 상태를 이해하기 위해 사례개념화를 하는 것입니다. 이때 내담자를 이해한다는 것은, 내담자의 '문제'만을 이해한다는 의미가 아니라 내담자라는 '사람'을 이해한다는 의미가 포함됩니다. 이를 잊지 않기 위해 사례개념화를 할 때, '이러한 내담자의 배경과 원인으로 인해 지금 내담자는 어떤 심정이고 어떤 고통을 받고 있는가?'라는 질문을 함께 떠올리기를 제안합니다. 이 질문을 놓치지 않고 있다면 내담자의 '문제'뿐 아니라 '사람'에도 집중할 수 있을 것이며, 내담자와 함께 앉아 있을 때도 첫째 뇌와 둘째 뇌를 동시에 사용하는 데 도움이 될 것입니다.

Q 47 '사례개념화를 잘하기 위해서는 상담자가 자신의 이론 체계의 정립이 필요하다.'라는 것은 어떤 의미인가요?

상담 이론은 인간에 대해, 인간의 고통에 대해, 인간의 변화에 대해, 그리고 인간의 존재 방식에 대한 철학으로서 내담자를 이해하는 중요한 틀이 됩니다. 그리고 내담자의 변화를 도울 때도 상담 이론에 의해 구체적으로 어떤 개입을 해야 할지가 규명됩니다(Ronnestad & Skovholt, 1993). 사례개념화는 단순한 정보의 요약과는 달리 객관적 사실에 근거하여 내담자의 보이지 않는 핵심적인 문제를 추론하는 것인데, 상담자들이 인간을 이해하는 자신만의 관점과 이론 체계가 잘 세워져 있다면 내담자의 핵심 문제에 대한 추론을 좀 더 잘할 수 있을 것입니다. 상담 이론에 근거하여 내담자의 문제를 이해하게 되면 좀 더 일관되고 심도 있는 내담자 이해의 실마리를 얻을 수 있습니다. 이에 상담자들은 인간을 이해하는 고유한 자신만의 이론 체계를 갖는 것이 필요합니다.

그런데 초보 상담자들은 상담에 대한 훈련, 경험 등이 짧기에 내담자에 대한 자신만의 고유한 관점이나 이론 체계를 세우기가 아직은 어렵습니다. 그래서 기존 상담 이론들의 도움을 받는 것이 필요합니다. 기존의 상담 이론들은 내담자를 볼 때 어떤 관점을 갖고 보느냐에 따라 다양하게 존재합니다. 예를 들면, 행동주의적 이론 접근에서는 내담자의 원인을 볼 때 현재의 호소문제와 이에 영향을 주는 직접적인 요인들에 초점을 맞추며 과거를 중요시하지 않습니다. 반면 정신 역동적 이론 접근에서는 현재 호소문제의 근원적 원인으로서 무의식적 심리적 갈등(예: 어렸을 때 충족되지 못한 욕구나 불안, 방어 행동 등)에 초점을 맞춥니다. 물론 이 관점들 중 어떤 관점이 맞고 어떤 관점이 틀리다는 것은 아닙니다.

초보 상담자들은 이렇게 다양한 상담 이론 가운데 나의 철학과 삶의 태도가 한 상담 이론과 완벽히 일치하지 않을 수 있지만 자신의 가치관, 태도, 신념을 비추어 보면서 가장 자신과 가깝다고 생각하는 상담 이론을 택하고, 이에 근거하여 내담자에 관한 사례개념화를 시도해 볼 수 있을 것입니다. 그리고 상담자들은 점차 상담 경험과 상담 이론을 내면에 통합하여 결국에는 '나만의 고유한 상담 이론 체계'를 정립될 수 있을 것입니다.

Q 48 상담자가 사례개념화를 잘하려면 이론을 정립해야 한다고 하셨는데, 이론을 정립하기 위하여 초보 상담자는 어떻게 노력해야 할까요?

상담수련생들이 자신의 전문적 정체성을 발달하는 과업 중 중요한 부분이 상담 이론을 습득하고 이해하며, 나아가 이 이론들을 통합하여 상담에 적용하는 것이라 할 수 있는데(CACREP, 2016), 초보 상담자들은 자신의 성격과 가장 가깝다고 생각하는 주 상담 이론을 선택하고 습득하는 것부터 시작할 수 있을 것입니다.

한 상담 이론을 선택하도록 하는 이유는 초보 상담자들은 상담 경험이 충분하지 않아서 이론들을 체계화하고 통합하는 것이 아직 어렵기 때문입니다. 초보 상담자들이 한 이론을 따르는 것이 다음과 같은 이유로 자신감을 좀 더 가질 수 있습니다(Ronnestad & Skovholt, 2003).

첫째, 주 상담 이론이 상담 실습에서 틀을 제공하여 초보 상담자들이 좀 더 안정적으로 상담을 할 수 있을 것입니다(Cooper & McLeod, 2012). 둘째, 기초적인 지식을 상담의 실제에 적용할 수 있기에 수련생들에게 좀 더 전문적인 유능감을 느끼게 해 줍니다(Cashwell & Dooley, 2001). 셋째, 초보 상담자들이 내담자에게 어떻게 개입해야 하는지 혼란과 불안을 줄여 줄 수 있습니다(Blow & Sprenkle, 2001). 넷째, 치료 동맹이 깨지는 것을 방지해 줍니다(Freeman et al., 2007).

그렇다면 초보 상담자로서 어떻게 주 상담 이론을 선택하고 공부할 수 있을까요? Watson과 Super(2020)가 대학원생들이 어떻게 상담 이론을 선택하는지를 조사하였는데, 개인 내적 수준과 전문적 수준, 두 수준에서 이루어진다고 합니다.

개인 내적 수준에서는 자신이 내담자라고 가정하면서 '내가 내담자라면 그 상담 이론이 나에게 도움을 줄 수 있을까?'에 대한 믿음에 따라, 혹은 상담 이론과 개인적 가치를 연결하는 작업을 하면서, 혹은 이론에 대한 감정적 반응에 따라 주 상담 이론을 선택한다고 합니다. 이때 자신의 중요 가치와 성격특성이 이론에 대한 지각에 영향을 미치기도 하는데요. 실제로 Szalita(1985)는 상담자들이 상담 이론을 선택하는 데 있어서 가장 중요한 부분으로 '개인의 철학과 가치'를 제안하였습니다. 또 한편으로는 상담 이론에 대한 지식이 많을수록 그 이론을 선택하게 될 가능성이 커지기도 한답니다.

전문적 수준에서는 '자신이 내담자라면'이라는 내담자 관점에서 벗어나 '자신이 상담을 하게 된다면'이라는 상담자 관점에서 상담 이론을 선택하는 것이라고 합니다. 이는 이 상담 이론에 대한 내 지식과 잠재적 능력으로 상담을 효과적으로 할 수 있는지에 대한 관점으로 상담 이론을 평가하는 과정인데, 다시 말하면 상담을 하면서 내가 이 이론을 적용하는 것이 편안할까를 염두에 두는 것입니다. 또한 이 수준에서는 이 이론이 어떤 상담 세팅과 어떤 사람들에게 적용할 수 있는지를 고려하면서 주 이론을 선택하기도 합니다. 예를 들면, '나는 상담교사가 될 예정인데 학교 상담에서는 어떤 상담 이론을 선택하는 것이 효과적일까?' 하면서 자신의 주 상담 이론을 선택할 수 있겠죠.

이러한 상담 이론의 선택에 대한 고민은 계속되는 과정입니다. 이에 여러분이 상담초보자로서 상담 이론을 접할 때, '이 상담 이론의 이점은 무엇일까? 나의 내적 가치와 경험들에 비추어 볼 때 내가 동의하는가? 공감이 가는가? 나랑 맞는가? 이 이론이나 기법을 갖고 나는 편안히 상담할 수 있을까? 어떤 상담 세팅에서 어떤 내담자에게 이 이론이 좀 더 알맞을까?' 등의 고민을 해 보면서 상담 이론을 공부하게 되면 좀 더 내 성격과 가치와 비슷한 상담 이론을 선택해 나갈 수 있을 것입니다.

그렇다면 초보 상담자가 절충적 접근을 취하는 것은 어떨까요? 이에 대해 답변을 드리기 전에 상담 접근인 상담 이론이 무엇인가에 관한 본질적인 이야기를 먼저 해 보겠습니다. '상담 이론은 상담을 어떻게 하는가' 하는 기법 이전에 '인간을 이해하고 인간의 고통 원인을 이해하여 이를 기반으로 심리적 변화를 꾀하는 철학'이라고 말할 수 있을 것입니다. 상담자는 이러한 인간에 대한 철학을 공부하고, 그 철학에 근거하여 내담자를 바라보고 내담자와 만나면서 내담자를 돕습니다. 한편 초보 상담자는 아직 인간 이해에 대한 철학이 완벽히 정립되지 않은 상태인데, 여러 상담 이론을 통합하고 절충하기가 쉽지 않습니다. 따라서 초보 상담자가 절충적 접근을 취하게 되면 상담 이론의 철학보다 기법들 위주로 공부하고 사용하는 데 몰두하기 쉽습니다. 즉, 상담의 핵심적 가치를 습득하지 못한 채 실행에만 중점을 두게 될 가능성이 큽니다.

따라서 초보 상담자는 여러 상담 기법을 시도하고 내담자의 변화에 너무 빨리 초점을 두는 것보다는 내 앞에 있는 사람을 이해하려고 노력하는 자세가 필요합니다. 나에게 가장 끌리고 가장 공감이 가는 상담 이론의 관점으로 내담자를 비추어 보면서 좀 더 정교하게 이해하려고 노력하고 만나려는 과정이 우선되어야 할 것입니다. 이

147

에 Vasco 등(1993)은 상담자를 훈련하는 데 있어서 철학적 문제들에 좀 더 주의를 기울일 필요가 있다고 제안했습니다. 비슷한 맥락으로 O'Donohue(1989)는 임상 심리학자들의 전통적인 '과학자-실무자' 모델에 대해 대안적으로 '형이상학자(철학자)-과학자-실무자' 모델을 추천한 바 있지요.

상담자들이 다양한 임상적 경험을 거치게 되고 다양한 내담자를 만나다 보면 자신이 선택한 주 상담 이론으로 설명되지 않거나 도움이 되지 않다고 느낄 때가 오기도 합니다. 이럴 때 상담자들은 새로운 해결책을 시도하면서 절충적 태도를 보이게 되는데, 이때는 절충주의가 혼란을 극복하는 건강한 방법일 수 있습니다(Vasco & Dryden, 1994). 그렇지만 초보 상담자들이 아직 여러 상담 이론의 개념과 기법에 대한 체계적이고 논리적인 근거를 설명하지 못하고 개인적인 통합이 이루어지지 않은 상태에서 절충주의 접근을 사용하는 것은 미숙한 절충주의가 될 수 있어 효과적인 상담을 진행하기 어려울 것입니다. 즉, 초보 상담자들은 우선 자신에게 맞는 상담 이론을 선택하여 이를 꾸준히 수련해 나가는 것이 필요하고, 차후에 자신이 받아들인 상담 이론에 혼란이 올 때 통합 과정으로서 절충주의로 가게 될 것입니다.

초보 상담자를 위한
초기 상담에 관한 99가지 Q&A

제4장
상담 목표

"상담자와 내담자가 같은 상담 목표를 향해 함께 걸어갑니다."

Q 49 상담 보고서에 상담 목표를 제시할 때 '내담자와 합의한 상담 목표' '상담자 목표(임상 목표)' '상담전략'을 제시해야 한다고 하는데, 이 셋이 어떻게 다른가요?

우선 내담자와 합의한 상담 목표는 내담자와 주 호소문제를 기반으로 같이 합의하여 수립하는 목표입니다. 내담자가 호소문제와 관련하여 해결하고 싶고, 상담을 진행하는 동안 실천해 볼 수 있는 구체적이고 현실적인 목표를 합의하여 세우게 되지요. 이 합의 목표를 기술할 때는 되도록 내담자가 표현한 내담자의 언어로 기록하는 것이 좋습니다. 한편 상담자 목표 혹은 임상 목표는 상담자가 구성한 사례개념화에 토대를 두고 상담자가 방향성을 갖고 상담 개입을 하기 위해서 상담 목표를 수립하는 것입니다. 즉, 상담자가 전문적 견해를 갖고 내담자 문제의 원인을 찾아 이를 기반으로 내담자 문제를 해결하기 위해 치료의 초점을 수립하기 위한 것입니다. 이 상담자 목표는 명시적으로 내담자와 합의하지는 않습니다. 그러나 내담자의 어려움에 대해 상담자가 이해한 바를 내담자가 이해할 수 있는 수준으로 전달하면서, 상담자의 목표를 제언의 형식으로 내담자에게 전달할 수 있습니다. 이는 내담자와 사례개념화에 관한 내용도 명시적으로는 공유하지 않으나, 내담자가 받아들일 수 있는 수준으로 전달할 수 있다고 말한 것과 비슷한 내용입니다. 제3장 '42. 사례개념화한 내용을 내담자와 공유해야 하나요?' 내용을 참고하면 도움이 될 것입니다.

합의된 상담 목표와 상담자 목표(임상 목표)에 대한 예를 제시해 보겠습니다. 내담자가 '진로에 대한 불안감이 감소되고 진로 결정을 잘하고 싶다.'라고 표현했다면, 이를 상담 목표로 합의할 수 있겠습니다. 한편 이 사례에서 상담자는 내담자의 호소문제를 들으면서 '내담자가 그동안 부모님의 기대에만 부응하면서 살아서 자신의 가치관을 정립하지 못했고 자신의 욕구를 자각하고 표현하지 못하여 현재 진로 결정에서도 불안하고 혼란을 느끼고 있다.'라고 사례개념화를 하였습니다. 이에 이 사례개념화 내용을 바탕으로 상담자 목표(임상 목표)를 '내담자의 욕구, 가치관에 대해 인식하고 정립함으로써 부모로부터 심리적 독립을 도와 진로를 결정하도록 한다.'와 같이 설정해 볼 수 있겠습니다. 그럼 제3장에서 사례개념화 내용을 내담자와 공유하는 내용에 대한 예시를 다시 제시해 보겠습니다. 이를 통해 상담자 목표의 내용과 이를 내담자에게 전달하는 방법을 살펴볼 수 있을 것입니다.

> "○○씨가 오늘 진로 결정과 관련된 불안 때문에 상담에 왔다고 하셨어요. 제가 이해한 바로는 ○○씨가 그동안 부모님의 기대에 크게 벗어나지 않게 살아오시다가 처음으로 부모님의 기대에 반하는 결정을 해야 하는 상황이 혼란스럽고 불안하신 것 같아요. 이때 내가 진짜 원하는 것이 무엇인지 모르겠다는 것과 부모님께 내 의견을 표현하기가 어려운 것이 불안함을 더 증폭시키는 것 같아요. 상담에서 진로에 대해 내가 진짜 원하는 바가 무엇인지 살펴보고 결정하며, 부모님께 내 의견을 잘 표현하는 것을 연습해 보면 ○○씨의 진로에 대한 불안을 감소하는 데에 도움이 될 것 같아요. 물론 지금은 ○○씨가 불안하고 혼란스러운 상황이지만 내가 확신이 필요하다고 생각하고 상담을 신청하신 것이 적극적인 해결의 시작이라고 느껴집니다. 제 얘기가 어떻게 들리나요?"

이제 합의된 목표와 상담자 목표(임상 목표)가 좀 더 분명해졌을까요? 그렇다면 마지막으로 상담전략에 대해 말씀드려 볼게요. 상담

전략이란 상담자의 목표(임상 목표)를 달성하기 위한 상담 개입에 대한 좀 더 구체적인 계획으로, 상담자 목표의 하위 개념이라고 할 수 있겠습니다. 역시 상담전략도 사례개념화 내용을 토대로 수립합니다. 상담전략은 상담자 목표에 초점을 두되 내담자와 상담의 제반 상황(상담 기간, 내담자의 적응 수준, 내담자의 심리특징, 내담자의 변화 동기, 내담자의 환경적 여건, 상담자의 이론적 입장, 상담자의 숙련도 등)을 종합적으로 검토하여 수립합니다.

Q 50 상담자가 내담자와 목표를 꼭 합의해야 하나요?

내담자와 함께 상담 목표를 합의하는 것은 여러 면에서 상담에 도움을 줍니다. 그래서 상담자가 호소문제만 듣고 나서 그냥 넘어가지 말고, 꼭 목표를 합의하여 때에 따라 이에 대해 내담자가 인식할 수 있도록 다시 공유하는 것도 필요합니다. 상담 목표에 대해 상담자와 내담자가 합의하는 것은 다음과 같은 이유로 도움이 됩니다.

첫째, 상담이 앞으로 어떤 방향으로 나아가야 하는지 알 수 있습니다. 상담 도중에 상담자가 '지금 우리가 어디에 와 있을까? 상담이 잘 진행이 되고 있는걸까?' 등이 혼란스러울 때에는 첫 회 상담 내용을 다시 펼쳐 보라고 권합니다. 내담자가 호소했던 어려움이 무엇이었고 어떻게 상담 목표를 합의하였는지를 살펴봄으로써 상담의 방향을 점검할 수 있습니다.

둘째, 상담 목표를 합의한다고 내담자의 문제가 바로 해결되지는 않겠지요. 하지만 내담자와 함께 상담 목표를 정하는 것만으로도 내담자들은 문제를 해결할 수 있다는 가능성을 느낄 수 있기에 내담자가

155

안심하고 희망을 느낄 수 있습니다. 그래서 상담 목표를 정하고 나서 내담자에게 소감을 물어보면 종종 "문제가 해결되진 않았지만 앞으로 어떻게 하면 될지 정리되어서 안심돼요."라고 이야기하곤 합니다.

셋째, 함께 해결할 문제를 통해 작업동맹이 형성됩니다. 작업동맹이란 상담자가 일방적으로 내담자를 변화시키는 것이 아니라 내담자의 건강한 측면(자신의 심리적 문제를 해결하고 싶어 하는 측면)과 상담자의 전문적 측면이 함께 손을 잡고 '내담자의 어려움, 내담자의 문제'를 함께 해결해 나가기 위한 동맹을 맺는다는 의미입니다. 상담의 목표를 합의하는 것은 이 동맹을 단단히 맺는 데 도움이 됩니다. '우리는 이 문제를 해결하기 위해 만났고, 함께 해결해 나가자.'라는 메시지가 전해지게 됩니다. 이렇게 상담 목표를 내담자와 합의하게 되면 상담자는 상담을 진행할 때 내담자가 원하는 방향으로 가고 있는지 확인하게 됨으로써 독단적 진행을 하지 않게 됩니다. 그리고 내담자가 수동적이거나 협조적이지 않을 때 상담자가 내담자에게 상담 목표를 상기시키면서 상담 목표와 관련된 활동을 하도록 격려할 수 있습니다. 즉, 상담 과정 중 그 방향이나 과정의 어려움이 생길 때 함께 바로잡기를 할 수 있는 근거가 된다는 것이지요.

넷째, 합의된 상담 목표는 상담을 종결할 시기를 정하는 근거가 될 수 있습니다. 다시 말해, 합의된 상담 목표는 상담 효과를 평가하는 도구가 될 수 있습니다.

Q 51 첫 회에 '내담자와 합의한 상담 목표'는 언제, 어떤 식으로 세워야 하나요?

내담자와 목표를 합의하기 위해서는 우선 내담자가 어려움을 겪고 있는 호소문제에 대해 잘 들으면서 탐색하는 것이 먼저입니다. 보통 내담자들은 힘들고 혼란스러운 상태로 첫 상담에 오기 때문에 자신이 뭐가 고통스러운지, 무엇 때문에 고통스러운지 잘 정리해서 표현하지 못할 수 있습니다. 그래서 상담자는 내담자의 이야기를 잘 듣고, 공감하고, 요약하면서 내담자가 지금 무엇이, 어떻게, 왜 고통스러운지에 대해 정리할 수 있도록 도와줘야 합니다. 자신의 고통이 구체화되고 무엇이 고통스러운지 정리가 잘되면 첫 회 상담의 후반부에 자연스럽게 이 상담에서의 목표가 드러납니다(사실 우리가 목표를 세운다고 이야기하고 있지만, 경험적으로 볼 때 상담에서 내담자의 이야기를 잘 듣고 이해하고 내담자의 감정들을 만나게 되면 자연스럽게 문제와 목표가 드러나고 해결책이 드러나는 기분이 들기에 '드러난다'는 표현을 사용해 보았습니다).

첫 회 상담 후반에 목표가 드러나게 하기 위해서는 내담자의 호소문제를 잘 들어야 한다고 하였는데, 이 또한 추상적으로 들릴 것 같습니다. 조금 더 초점을 어떻게 맞춰야 하는지 설명해 보겠습니다.

무엇보다도 내담자의 문제를 파악할 때 이 내용들이 무엇인지 구체적으로 잘 이해해야 합니다. 예를 들어, 내담자가 상담에서 "저는 자존감이 낮은 게 문제예요."라고 이야기한다고 생각해 봅시다. 자존감이라는 말은 내담자도 상담자도 많이 쓰는 용어입니다. 그러나 그 내용들은 아주 개별적 의미를 지닙니다. 그 개별적인 내용들을 구체화해서 상담 목표를 설정해야 합니다. 내담자가 '자존감이 낮다.'라고 이야기하는 것이 어떤 의미인지, 무엇이 고통스러운지, 왜 그렇게 느끼게 되었는지 탐색을 해 봅니다.

> "자존감이 낮은 게 문제라고 하셨는데, 요즘 자존감이 낮아지게 된 일이 있었나요?"
>
> "어떨 때 자존감이 특히 더 낮아지나요?"

이와 같이 물어보면서 내담자의 자존감이 낮은 것에 대한 문제 안에 있는 내담자의 고통이 무엇인지를 들어 봅니다. 내담자의 이야기를 들으면서 상담자는 '내담자의 고통이 이런 거구나.'라고 느껴야 합니다. 만일 '자존감이 낮다'의 내용이 최근 취직 준비 중 잘할 수 있을지에 대해 불안한 것, 그래서 회피행동을 하는 것, 그런 회피행동이 더 자신을 자책하게 되면서 위축되는 것 등이 드러나게 되었다면, 상담의 목표는 '자존감을 증진한다.'가 아닌, '취직 준비 시 자책을 덜하고 불안 조절을 하여 취직 준비를 한다.'로 자연스럽게 드러나게 될 것입니다.

Q 52 상담자 목표(임상 목표)는 어떻게 잘 세울 수 있을까요?

상담자 목표(임상 목표)는 상담자가 구성한 사례개념화에 토대를 두어 상담 목표를 수립하는 것입니다. 이에 상담자가 판단한 내담자 문제의 원인에 기반하여 이를 해결하기 위한 치료적 초점을 수립하는 것이 상담자 목표(임상 목표)라고 할 수 있습니다. 상담자 목표를 수립하는 구체적인 방안에 대해 Gehart(2019)가 제안한 목표 작성하기 방법을 소개해 보겠습니다. 그는 상담 목표를 작성할 때 두 가지 영역을 기술하라고 제안합니다. 첫째 영역은 내담자의 증상이나 현재의 호소문제의 변화에 관한 내용입니다. 둘째 영역은 이 증상이나 호소문제를 변화시키기 위해 상담자가 사례개념화한 내용에 근거하여 무엇이 변화해야 하는가에 대한 영역입니다. 이에 대한 예를 들어 보겠습니다.

한 내담자는 무감각하고 우울한 상태가 호소문제이자 증상이었습니다. 인지행동 기반 상담을 하는 상담자는 이 내담자에 대해 '내담자의 무감각과 우울함은 자신의 욕구 기반이 아닌 타인이 기대한 행동을 하는 것 때문이다.'라고 판단하였습니다. 그리고 이렇게 행동하게 된 원인은 '타인의 기대에 부합하지 않으면 큰일이 날 것 같다는 재앙적 사고'가 기반한 것 때문이라고 판단하였습니다. 그래서 앞의 두 가지 영역인 ① 호소문제와 ② 호소문제의 원인을 포함하여 상담자 목표를 다음과 같이 설정하였습니다.

① 내담자의 무감각함과 우울함을 감소시킨다.
② '타인의 기대에 부합하지 않으면 안 된다.'라는 사고를 검토하여 타인 기대에 근거한 행동이 아닌 자기 욕구에 기반한 행동을 할 수 있도록 한다.

이 예시에서 보면 상담자 목표(임상 목표)는 내담자의 문제의 원인을 어떻게 보느냐가 중요하다는 것을 알 수 있을 것입니다. 즉, 상담자의 이론 배경에 따라 내담자의 문제 원인을 다르게 볼 수 있기에 상담자의 이론 배경에 따라 상담자 목표가 달라집니다.

이번에는 앞에서 제시한 같은 호소문제를 보이는 내담자에 대해 정신역동적 이론 배경의 상담자 목표가 어떻게 다를 수 있는지 살펴 보겠습니다. 정신역동 기반 상담자는 무감각하고 우울한 상태의 내담자 문제 원인을 '현재의 여러 스트레스 상황에 대해 자신의 욕구에 기반하여 행동하지 못하고 있는 이유는 자신은 이기적이라는 내사된 죄책감 때문이다.'라고 판단하였습니다. 이에 상담자는 앞에서 제시한 것처럼 두 가지 영역을 포함하여 상담자 목표를 다음과 같이 설정하였습니다(① 내담자의 무감각함과 우울함을 감소시킨다. ② 내사된 죄책감에 대해 통찰하여 자신의 욕구에 기반하여 행동할 수 있도록 한다].

상담자의 다양한 이론적 배경에 기반한 사례개념화의 내용과 상담자 목표(임상 목표)의 예시를 다음 표에 제시하였습니다.

〈표 4-1〉 상담 이론에 기반한 내담자 문제 원인과 상담자 목표 예시

	인간중심	정신역동	게슈탈트	인지행동	해결중심
내담자 문제 원인	사회적으로 부과된 해야만 하는 것에 몰두하여 진짜 나의 욕구 기반 활동을 하지 않는 경향성	'나는 이기적이다.'라는 내사된 죄책감으로 자신의 욕구 기반의 행동을 하지 못함	타인과 자신이 융합된 상태로 인해 타인의 감정을 그대로 받아들여 타인이 원하는 것을 행동하는 경향성	타인의 기대에 부합하지 않으면 큰일이 일어날 것 같은 사고로 타인이 원하는 행동을 함	즐거운 사회적 참여 및 상호작용이 없는 행동
상담자 목표 (임상 목표)	우울감 감소를 위해 사회적으로 부과된 행동과 실제 나의 욕구의 불일치를 낮춰 자기 실현성을 발휘하게 함	우울감 감소를 위해 내사된 죄책감을 통찰하여 자신의 욕구에 기반한 행동을 선택할 수 있게 함	우울감 감소를 위해 타인의 감정과 자신만의 감정을 구별하고 분리하여 자신의 감정에 접촉하여 행동하는 능력 증진하기	우울감 감소를 위하여 '타인의 기대에 부합하지 않으면 큰일이 일어날 것이다.'라는 재앙적 사고 감소하기	우울감 감소를 위해 취미활동에서 사회적인 상호작용과 참여 증가시키기

Q 53 상담전략은 어떻게 잘 세울 수 있을까요?

상담 개입의 전략을 세우기 위해서는 상담 목표를 세우고 이에 기반한 구체적인 전략을 세우는 것이기 때문에 우선 이론에 대한 깊이 있는 공부를 하는 것이 도움이 될 것입니다. 내담자의 어려움에 대한 원인을 보는 시각이 정신분석, 인지치료, 게슈탈트, 해결중심치료 등에 따라 조금씩 다를 것이고, 이 시각에 따라 상담 접근과 기법이 달라지기 때문이지요. 단지 '이 증상에 따라 이 기법을 사용한다'와 같은 자판기식 학습보다는, 인간의 존재, 인간의 고통, 그 고통의 원인을 이해하는 시각과 철학을 갖고 이를 근거로 한 개입을 이해하며 개입 전략을 수립해야 할 것입니다. 이러한 상담 이론을 숙지한 것을 토대로 상담전략을 짜는 방법에 대해 말씀드려 보겠습니다.

우선 상담전략은 상담 목표를 달성하기 위한 구체적인 방법과 과정에 해당하므로 '상담 목표를 달성하기 위해 무엇을, 어떻게 할 것인가'의 내용이 포함되어야 합니다. 예를 들면, 상담자 목표를 "내담자의 시험 불안을 낮추고 학업성취도를 높이기 위해 학업과 관련된 불안을 관리하고 학습 기술을 연마한다."라고 설정했다고 합시다. 내담자가 불안 관리 능력을 증진하고 학습 기술을 연마하기 위해 구체적으로 어떻게 개입할 것인지를 설정하는 것이 상담전략입니다. 다음과 같이 상담전략을 구성해 볼 수 있습니다.

(1) 우선 내담자의 학업 능력과 수행에 대한 실제 상태, 신념, 느낌 등에 대해 명료화하고 싶습니다. 현재의 학업 상태 전반을 살펴보기 위함입니다.

(2) 내담자가 학업 행동을 효과적으로 수행하기 위해 학업에 대한

기대를 합리적으로 하고 있는지 보고 이에 대해 현실적인 기대를 할 수 있도록 도울 것입니다. 현실적인 기대를 함으로써 불안도 조절될 것이라고 기대합니다.

(3) 시간 관리를 잘할 수 있도록 도울 것입니다. 이는 학습 기술의 기본이자 시작이라고 할 수 있습니다.

(4) 시험 불안의 악영향을 주는 인지 특성이 있는지 원인을 파악해 볼 것입니다. 만약 시험 불안에 영향을 주는 인지가 있다면 이에 대해 합리적인 생각을 할 수 있도록 도울 것입니다.

(5) 시험 불안의 신체적 불안 증상과 관련하여 불안 감소 훈련을 교육하고 연습할 것입니다.

앞의 예시는 인지행동 기반의 상담자가 불안 조절과 학습 기술을 연마하기 위한 상담전략의 예시입니다.

그리고 조금 더 나아가 '이러한 전략에 대해 구체적으로 어떤 활동을 할 것인가'에 해당하는 상담 기술(기법)이 있을 수 있습니다. 예를 들면 다음과 같은 기법이 가능할 수 있습니다.

(1) 학업 전반 상태 명료화

① 현재, 과거의 학업성적을 검토한다.

② 학업 능력에 대한 신념을 만들어 낸 중요 요소들(부모, 교사 피드백, 기대치)을 확인한다.

③ 현재 학업 능력과 수행에 대한 신념에 의한 느낌(죄책감, 부끄러움, 의심, 갈등, 자부심 등)을 확인한다.

(2) 학업에 대한 기대 검토 및 현실적 기대 수립

① 현재 학업에 대한 기대 수준을 검토한다.

② 다음 학습 단계에서 필요한 합리적이고 성취할 수 있는 기대를 검토하고 수립한다.

③ 장기 목표-단기 목표를 세워 보고 이때도 실현할 수 있는 목표를 설정하도록 한다.

④ 기대(목표) 달성 시 행동 강화를 위한 긍정적 강화를 어떻게 줄 수 있을지 계획한다.

(3) 시간 관리

① 일주일간 시간 관리 일지를 써 본다.

② 시간 관리 일지에 대한 느낌을 공유한다.

③ 시간 관리 일지를 검토하며 도움이 된 계획이나 활동이 무엇이 있는지, 도움이 되지 않는 계획이나 활동이 무엇이 있었는지 확인한다.

163

④ 도움이 되지 않는 계획과 활동을 하지 않기 위한 방안을 검토한다.

(4) 시험 불안과 관련한 인지 특성 접근

① 자동적 사고에 대한 교육을 시행한다.

② 시험 불안과 관련된 자동적 사고와 타당성을 검토한다.

③ 다양한 질문을 통해 자동적 사고의 왜곡된 내용을 깨닫게 한다.

④ 시험 불안과 관련된 합리적 사고를 한다.

(5) 신체적 불안 증상과 관련된 시험 불안 감소 훈련

① 시험 스트레스 시 즉각적인 불안 감소를 위한 수축-이완 기법
  을 교육한다.

② 시험 불안이 낮은 상태에서부터 높은 상태로 단계적으로 떠올
  려 보면서 수축-이완 기법을 연습한다.

한편 이런 상담전략을 계획할 때 앞서 사례개념화에서 설명했듯
이 내담자의 보호 요인과 위험 요인 등 내담자의 제반 상황을 검토
하면서 전략을 수립해야 합니다. Dewald(2010)는 내담자의 상태에
따라 상담의 전략이 달라져야 한다고 제안하고 있습니다. 내담자가
지금 이상의 심리적 증상을 일으키지 않도록 하기 위한, 혹은 지금
의 위기를 넘기도록 도와주는, 혹은 표면적 증상만 감소시키고 기능
개선을 돕기 위한 지지적 전략이 필요할 때도 있고, 내담자가 현재
자기가 인식하고 있던 것 이상으로 의식할 수 있도록 돕는 통찰적
전략이 필요할 때도 있다고 합니다. 그래서 내담자에게 어떤 전략이
필요한지 판단해야 한다고 제안합니다. 내담자를 판단하는 준거를
알고 있으면 우리 상담자도 전략을 수립하는 데 도움을 받을 수 있
기에 Dewald(2010)가 제안하는 근거 몇 가지를 참고로 살펴보겠습
니다. 참고로 Dewald는 정신분석적 기반으로 치료하는 정신 치료
가입니다.

내담자의 상태를 판단하기 위해 내담자의 장애 특징, 일반적 기
능, 자아-초자아-이드의 특징을 살펴봐야 한다고 합니다.

■ **내담자의 증상이나 장애의 특성을 살펴봐야 합니다.**

증상이 급성일 때, 외적 압박이 클 때, 정신병 에피소드가 자꾸 일

어나는 상태일 때, 증상의 이차 이득으로 인해 변화가 어려울 때와 같은 내담자의 증상 특징들은 통찰치료가 어렵고 지지적인 전략이 좀 더 적절하다고 제안하고 있습니다.

■ 내담자의 일반적 기능도 살펴봅니다.

내담자가 성공 경험이 많고 장기 목표를 향해서 상담 작업을 할 수 있는 능력이 보이며, 증상이 있어도 기능을 유지하는 역량이 있는 경우에는 통찰적 전략이 적합할 수 있습니다. 반대로 여태까지 무능하거나 실패를 거듭했으며 장기 목표를 향해 꾸준히 동기를 가지고 계속 노력하기 어렵고, 장애가 전체 생활 영역에 침투해 있어 기능 역량이 심히 손상된 경우, 지지적 전략이 적합할 수 있다고 제안하고 있습니다.

165

■ 내담자의 자아, 초자아, 이드의 기능들도 살펴볼 수 있습니다.

① 자아의 기능에서는 대상을 신뢰할 수 있는 능력이 있어 다른 사람과 뜻깊은 관계를 맺을 수 있는 능력이 있는 경우, 상담에 대한 동기가 높은 경우, 정신적 경험을 자각하고 표현할 수 있는 능력이 있는 경우, 정서 접근이 가능한 경우, 언어로 표현할 수 있는 능력이 높은 경우, 통찰력이 있는 경우, 지능이 높은 경우, 불안과 좌절에 대한 인내력이 있는 경우, 자기 내부와 외부를 변화하려는 균형 있는 시각이 있는 경우, 자아 이질적인 경우에는 통찰적 치료가 적합할 수 있다고 합니다.

② 초자아 기능에서는 경직성과 비융통성이 너무 높은 경우, 초자아가 너무 강해 자책 성향으로 인해 자살 위험성이 있는 경우, 초자아가 전혀 발달되지 않아 반사회적 행동 경향성이 있

는 경우에는 통찰치료가 어려울 수 있습니다.

③ 이드의 기능에서는 갈등이나 심리적 장애가 어느 발달 단계에서 일어났는지, 내담자의 고착 지점이 어디인지를 살펴봐야 합니다. 이러한 내담자의 특징에 따라 이미 의식하고 있는 요소만 다루는 지지적 치료 전략을 사용할 것인지, 인식하고 있던 것 이상을 다루는 통찰적 전략을 사용할 것인지 달라질 수 있다고 합니다.

예를 들어 보겠습니다. 정서적 안정을 찾는 것이 중요하여 휴학할 수 있도록 돕는 것이 필요한 내담자가 있다고 해 봅시다. 그런데 내담자가 부모님께 휴학 이야기를 꺼내지 못하고 있습니다. 만약 내담자가 어느 정도 기능이 되고, 통찰력도 있으며, 언어로 표현할 수 있는 능력도 있는 경우, 상담자가 통찰치료 전략을 사용하는 것이 필요하다고 판단하였다면 내담자에게 어떤 마음으로 부모님에게 휴학 이야기를 못 꺼내는지 탐색하고, 두려움의 원인을 인식하도록 도와 부모님에게 이야기를 꺼내도록 돕는 것을 치료적 전략으로 세울 수 있겠습니다. 그러나 현재 자살 충동 조절이 어려운 위기에 있으며, 아주 혼란스럽고 정서 접근도 어려우며 일상의 기능도 많이 붕괴되어 있는 내담자의 경우, 상담자는 지지 치료 전략이 필요하다고 판단할 수 있습니다. 이 경우 상담자는 부모님에게 현재 내담자의 상태와 휴학의 필요성에 관해 직접 설명하고 설득하여 즉시 휴학할 수 있게 하는 전략을 사용할 수도 있습니다. 이렇게 내담자의 보호 요인과 위험 요인 등 내담자의 제반 상황을 검토하면서 같은 호소문제에 대해서도 다른 상담전략을 사용할 수 있지요.

그런데 상담전략을 계획할 때 상담자 자신의 역량 안에서 계획을 수립해야 한다는 점을 강조하고 싶군요. 상담자가 '게슈탈트의 빈 의자 기법을 사용해서 내담자의 부모와의 갈등을 표면화하고 대화를 할 수 있도록 돕는다.'라고 상담전략과 기법을 계획할 수 있을 것입니다. 그러나 상담자가 이에 대한 교육과 수련을 받지 않은 상태에서 상담전략을 계획한다면 그 효과도 미미할 뿐더러 상담자의 윤리를 준수하지 않는 행동이 되겠습니다. 이에 상담자는 자신의 능력, 특성, 교육, 경력 등을 고려해서 가능한 상담전략을 수립해야 합니다.

마지막으로, 상담 목표와 상담 개입을 계획하는 데 구체적인 도움이 되는 책을 소개해 드리려고 합니다. Jongsam, Helkowski 그리고 Stout(2012)의 『대학생을 위한 상담플래너』는 대학생들이 주로 호소하는 문제들에 대하여 호소문제별로 문제를 정의하고, 상담 목표를 설정한 후 상담전략과 개입 기술들에 대한 예시를 보여 주는 책입니다. 다양한 예시를 통해 상담전략을 계획하는 데 도움받을 수 있으니 참고하기 바랍니다.

Q 54 내담자와 합의한 상담 목표, 상담자 목표, 상담전략에 대한 예시를 들어 주세요

그럼 이에 대한 예시를 제시해 보겠습니다. 앞에서 사례개념도, 사례개념화에 대한 예시를 제시했었는데요. 이와 연계하여 같은 사례에 대해 상담 목표와 상담전략을 세운 예시를 제시해 보겠습니다. 제3장 '41. 사례개념화, 사례개념도에 대한 예시를 들어 주실 수 있나요?'의 사례 예시를 읽은 후에, 같은 사례를 기반으로 한 상담 목표

와 전략에 대한 다음 예시를 보면 더 도움이 될 것 같습니다.

- **호소문제**: 갑자기 심장이 뛰고 어지럽고 호흡이 가빠지는 공황 증상으로 힘들다.
- **내담자와 합의 목표**: 공황 증상을 완화하기 위한 방법들을 탐색하고 시도한다.
- **상담자의 사례개념화 내용**: 내담자는 신체적 고갈, 불안감과 압박감이 높은 스트레스 상황에 있는데, 이를 효과적으로 대처하지 못하고 있다. 이러한 상태에서 신체적 증상이 생겼을 때 '죽을 것 같다.'라는 생각과 연합하여 공황 증상이 활성화되는 경향을 보인다.
- **상담자 목표(임상 목표)**: 신체 증상들에 대해 왜곡된 해석을 현실적 해석으로 대체하여 공황 증상을 조절하도록 하고, 평소의 스트레스 상황들에 대해 자신을 채찍질하며 참고 맞추는 대처 외에 좀 더 효과적인 대처를 하여 심리적·신체적 고갈을 방지 및 예방한다.
- **개입(전략)**:
  - 라포 형성
  - 공황 증상에 대해 심리적 문제에 대한 인식을 갖도록 교육
  - 신체적 증상에 대한 인지적 왜곡 해석을 현실적 해석으로 대체
  - 신체 이완
  - 신체적 고갈, 불안 및 압박감과 관련된 스트레스 활성화 요인 탐색
  - 스트레스 대처 방안 논의 및 실행
- **개입(전략)에 대한 구체적 활동(상담 기술)**:
  - 신체 증상과 고통에 대해 공감하면서 라포 형성
  - 공황 증상에 대한 의학적 장애 판단을 위해 좀 더 정밀 신체검사를 한 후, 신체적 문제가 없음을 확인. 이후 스트레스와 증상과의 연관성을 알고 심리적 문제에 대한 인식을 갖도록 교육, 공황 증상에 대한 심리교육(파국적 사고가 어떻게 증상을 활성화하는지 교육함) 실시

〈계속〉

- 공황 증상에 대한 파국적 사고 감소(증상이 일어났을 때 '이것은 증상 이고 죽음과는 관련이 없으며 시간이 지나면 괜찮아질 것이다.' 등의 'self-talk'를 연습하여 증상의 활성화를 차단할 수 있도록 함).
- 긴장 이완 훈련하기(호흡법 배우기)
- 스트레스 활성화시키는 요인 탐색(예: 과도한 자기 귀인 및 자책의 성향이 스트레스를 증가시키고, 증상을 일으키고 있음을 알기, 타인에 대한 죄책감으로 적절한 거절 어려움)
- 스트레스 대처 방안 논의(자책 성향 감소, 자기에 대한 자비심 내기, 부모와의 적절한 경계 설정 행동, 거절 등 자기주장 훈련, 과도하게 일하지 않도록 우선순위 정하기, 적절한 휴식 취하기)

Q 55 내담자가 여러 문제를 이야기하는데 이럴 땐 여러 개의 목표를 세워야 하나요?

내담자가 여러 문제를 내놓을 때 우선은 그 이야기들을 잘 듣습니다. 한 가지 어려움에 관해서만 이야기한 내담자들에게도 지금 이야기 외에 다른 어려움은 없는지 묻고 여러 영역의 어려움들에 대해 충분히 들어 봅니다. 이때 상담자는 내담자의 여러 문제가 어떻게 연결되어 있는지를 생각하면서 전체적인 맥락을 파악하려고 노력합니다. 그리고 이 여러 문제를 포함할 수 있는 통합적이고 핵심적인 목표를 설정하는 것이 좋습니다.

예를 들어, 내담자에게 호소문제를 물어보니 다음과 같이 말했습니다.

"저는 자존감이 낮은 게 제 문제예요. 그리고 진로도 결정하지 못한 것 같고, 부모님이랑 대화도 안 통해서 답답해요. 상담을 통해서 자존감을 높이고 싶어요."

여러 문제가 파편화되어 있는 것 같습니다. 이럴 때 상담자는 상담 목표를 '첫째, 자존감을 증진하기. 둘째, 진로 설정하기. 셋째, 부모님과 소통 증진하기.'라고 바로 여러 개로 설정하는 것보다는 이 어려움들에 대해 좀 더 잘 듣고, 이 어려움들이 서로 어떻게 연결되어 있는지 생각해 볼 수 있도록 도와줘야 합니다. 다음은 내담자의 앞의 세 가지 문제를 좀 더 듣고 나서 상담자가 이해한 바를 돌려준 예시입니다.

"현재 진로를 결정하지 못한 상태에서 매우 불안하시고 그래서 자책을 많이 하시는 것 같아 자존감이 낮아져 있는 상태네요. 그리고 스스로 진로에 대해 확신이 서지 않으니, 부모님께도 ○○씨의 입장을 표현하기가 어렵고 부모님이 ○○씨에게 이것저것 해 보라 하시고 간섭하시는 데 더 휘둘리게 되네요. 어떤 것 같아요?"

이렇게 내담자의 어려움들에 대해 연결을 지어 주게 되면 내담자의 현재 어려움을 좀 더 명확히 이해하여 혼란함이 줄어들게 되고 방향성이 생기게 됩니다. 그러면 자연스럽게 상담의 목표를 설정할 수 있습니다.

앞의 내담자는 다음과 같이 말하면서 상담의 목표를 정해 나갔습니다.

"그런 것 같아요. 제가 진짜 하고 싶은 것을 찾는 게 제일 시급한 것 같아요. 그래야 저도 확신 있게 부모님 의견에 덜 흔들리고 이야기할 수 있을 것 같아요."

이러한 과정을 통하여 내담자와 합의한 상담 목표를 '진로 탐색을 통해 진로를 결정한다.'라는 것으로 설정했습니다. 이러한 목표가 달성되면 자연스럽게 자존감도 증진되고 부모님께도 자신의 진로에 대해 확신 있게 이야기할 수 있게 되어 소통도 좀 더 원활하게 될 수 있을 것입니다.

이때 추가로 상담자의 사례개념화 내용에 기반한 상담자 목표(임상 목표)를 공유할 수 있습니다. 만일 상담자가 이 내담자에 대해 '내담자는 그동안 자신의 욕구, 흥미, 적성 등에 근거한 진로를 선택하지 않고 외부의 기대에만 부응하는 방식으로 선택을 해 왔다. 외부기대에 부응하지 못하면 불안하고 자책하는 경향이 있어 자신의 욕구나 특성들에 근거한 탐색을 방해하고 있다.'로 사례개념화하였다고 합시다. 이에 근거하여 상담자는 '자기 지지적인 태도를 토대로 외부적 기대가 아닌 자신의 특성들에 근거한 진로 탐색을 할 수 있게 하여 진로 결정을 하도록 돕는다.'로 상담자 목표(임상 목표)를 설정할 수 있을 거예요. 그래서 내담자와 목표를 합의하는 과정에서 상담자는 이와 같은 상담자 목표를 녹여내어 다음과 같이 표현할 수 있습니다.

> "자, 그럼, 이 상담에서 내가 진짜 하고 싶은 것을 같이 찾아봅시다. 그게 우리 상담 목표가 될 수 있겠네요. 그런데 그 과정에서 ○○씨는 자책을 많이 하는 것 같아요. 그래서 불안해져서 자신을 믿고 탐색하기가 어려워 보여요. 이 상담에서는 ○○씨가 자기를 비난하기보다는 자신에게 시간도 주고 자신을 믿고 지지하면서 그 길을 가 보면 좋겠어요. 이 부분이 어려울 땐 저랑 같이 얘기해 봐요."

이와 같은 언급은 내담자에게 상담의 과정에서 필요한 작업을 예상하게 하고 마음의 준비를 시킬 수 있습니다.

한편 내담자가 내놓은 여러 문제가 실제로 하나로 통합될 수 있는 문제가 아닐 수도 있습니다. 물론 내담자의 핵심 감정의 측면에서 호소문제 원인의 깊은 뿌리는 같을 수 있지만 내담자의 당장의 의식 수준에서는 개별적으로 발생하고 있는 주제일 수 있습니다. 예를 들면, 내담자가 현재 힘든 부분이 부모님의 갈등으로 인한 불안 문제, 진로 결정 문제, 이성 친구와의 갈등 문제가 있다고 합시다. 이렇게 주제들이 통합되기 어려운 개별적인 주제일 경우에는 내담자가 현재 상황에서 변화의 시급함을 느끼는 것이 무엇인지 탐색하여 우선순위를 정해 보고 상담을 진행해 나갈 수도 있습니다. 이렇게 우선순위를 정함으로써 한 주제에 먼저 집중하여 상담의 과정이 덜 혼란스럽게 진행될 수 있습니다. 예를 들어, 우선순위 탐색을 통해 가족과의 갈등은 오래된 문제로 당장 해결할 수 없다는 것을 깨닫고 진로 탐색을 통한 진로 선택과, 진로 선택과 관련된 두려움을 먼저 다루고 싶을 수 있습니다. 그리고 애인과의 갈등 부분 중 애인에게 자기표현을 할 때 잘 안 되는 마음에 대한 인식과 자기표현 연습하기를 두 번째 목표로 설정할 수 있습니다.

Q56 단기 상담 세팅에서 단기로 달성할 수 있는 목표를 세우는 것에 대한 도움을 받고 싶어요

단기 상담에서의 목표 설정도 일반적인 목표 설정의 기본 원칙들과는 크게 다르지 않을 듯합니다. 즉, 내담자의 호소문제를 듣고 변화를 원하는 지점에 대해 목표를 합의할 때, '~을 하고 싶지 않아요.'라는 부정적인 목표보다 '~을 원해요.'의 긍정적 목표 형태가 좋습니다. 그리고 추상적이기보다 구체적으로 묘사될 수 있으면 좋습니다. 또한 변화를 구체적으로 평가할 수 있는 측정 가능한 것이어야 합니다. 그리고 상담 기간 내에 실질적 문제해결을 달성할 수 있는 현실적인 목표를 설정하는 것이 좋습니다.

한편 단기 상담에서는 좀 더 실천할 수 있고 도달할 수 있는 아주 구체적인 행동 목표를 세우는 것이 중요합니다. 그리고 최종 목표를 향해서 밟아 가는 단계를 좀 더 구체적으로 시각화하는 것이 좋습니다. 그래야 내담자들이 짧은 상담 내에서 작은 변화를 인식할 수 있을 것입니다. 예를 들면, 내담자가 '내 할 일을 열심히 하고 싶다.'라는 목표를 세웠을 때, "○○씨가 무엇을 하고 있을 때 할 일을 열심히 하는 걸까요?" 혹은 "다른 사람이 ○○씨가 어떤 행동을 할 때 자기 할 일을 열심히 하고 있다는 것을 알 수 있을까요?" 등의 질문을 할 수 있을 것입니다. 그리고 "이 행동을 하기 위해 어떤 구체적인 행동을 시작할 수 있을까요?"라고 질문함으로써 목표를 향해 나아갈 수 있는 단계를 시각화하고, 바로 실천으로 이어질 수 있도록 도울 것입니다.

이렇게 말씀드리면 단기 상담에서는 좀 더 문제해결에 초점을 맞춘다는 인상을 받을 수 있습니다. 그러나 문제해결이나 변화 행동에 초점을 맞추는 것이 내담자에 대한 탐색을 소홀히 해도 된다는 이야기는 아닙니다. 상담자가 내담자의 호소문제와 내담자의 전반적인 특성들을 탐색하면서 내담자의 핵심적인 패턴, 감정 등을 알고, 현재의 어려움에서 반복적으로 나타나고 있는 것을 살펴봐야 합니다. 그러나 단기 상담에서는 내담자의 성격이나 패턴 자체의 변화를 꾀하고 다루는 것이 아니라, 현재의 어려움(특정 대인관계, 촉발 사건이

173

되는 갈등 사항)에서 내담자의 핵심적 패턴과 감정이 어떤 영향을 미치는지를 알고 현재의 어려움을 다루는 것입니다.

예를 들어, 이성 친구의 가스라이팅과 같은 비난으로 인해 우울해지고 자책감이 들어 자살 사고까지 갖게 된 내담자의 경우를 생각해 봅시다. 이 내담자는 가족과의 관계에서 뿌리 깊은 죄책감으로 인해 (내담자에 대한 부모의 비난 행동과 언어로 인하여 죄책감이 내면화된 상태) 자신의 욕구를 무시하고 가족에게 맞춰 주면서 살아왔고, 이에 따라 좌절감과 분노 감정을 계속 느끼고 있었습니다. 상담자는 이 내담자가 현재 자신에게 학대적인 이성 관계를 정리하지 못하는 이유가 가족과의 관계 패턴, 특히 부모에 대한 죄책감이 다른 대상 관계(이성 관계)에 영향을 미치고 반복된다는 것을 이해할 수 있었습니다.

이렇게 내담자의 전반적인 특성 탐색을 통해 내담자의 현재 호소 문제인 이성 관계에서 느끼는 감정과 행동을 좀 더 잘 이해할 수 있을 것입니다. 그러나 단기 상담에서 목표를 설정할 때는 이 뿌리 깊은 죄책감과 가족에 대한 갈등 패턴까지 변화시키려고 목표를 설정하기보다는 현재 문제에 좀 더 초점을 두고 내담자의 고통과 원하는 바를 명료화하여 목표를 설정할 수 있을 것입니다. 앞의 내담자의 경우 단기 상담에서 '이성 친구와의 관계에서 헤어지고 싶은 마음이 있으나 헤어지는 것을 결단하지 못하는 자신의 마음을 이해한 후 이성 친구와의 관계 정리하기'로 목표를 설정할 수도 있을 것입니다. 그리고 이를 위해 현재 할 수 있는 구체적인 행동으로 '헤어지고 싶은 이유와 헤어지지 못하는 이유를 적어 본다.' '헤어지고 싶은 이유를 믿을 만한 친구에게 터놓고 이야기한 후 친구들의 이야기를 들어 본다.' '헤어지자고 이야기할 때 하고 싶은 말을 적어 본다.' 등과 같이 상담 목표를 실현할 수 있는 단계를 설정하여 실행해 볼 수 있습니다.

Q 57 상담 목표와 전략을 수립할 때 내담자의 근원 요인(성격 형성 원인, 핵심 감정, 무의식적 갈등 등)을 다루는 목표와 전략을 세워야 하는지, 증상 감소에 중점을 둔 목표와 전략을 세워야 하는지 모르겠어요

이 질문에 대해서 지지치료와 통찰치료를 설명하는 것이 좋을 것 같습니다. 모든 상담에서 동일한 접근을 할 수 있는 것이 아니라 어떨 때는 내담자의 증상 감소를 위한 접근이 필요하고, 어떨 때는 과거의 원인과 연결 지으면서 근원 요인을 다루는 접근이 필요할 수 있기 때문입니다.

상담의 목표나 접근은 다음의 특성들에 따라 달라집니다. 내담자가 본인의 어려움에 대하여 깊이 있게 통찰하고자 하는 의지와 시간이 있는지, 내담자의 자아강도(ego-strength)가 강한지 혹은 약한지, 현재 위기 상황인지, 현재의 증상이 급성으로 나타난 것인지 혹은 어느 정도 안정상태를 유지하고 있는지, 외적 요인의 비중이 큰지, 내적 심리적 요인이 큰지, 현재 기능 정도가 어떠한지, 외부환경과 지지체계가 어느 정도 있는지 아니면 너무 빈약한지 등에 따라 달라질 수 있습니다.

자아강도가 약한 경우, 위기 상황 속에 있는 경우, 증상이 급성으로 붕괴하는 양상인 경우, 외적 요인이 큰 경우, 현재 기능이 많이 떨어져 있는 경우, 지지체계가 너무 빈약한 경우, 통찰 능력이 제한되어 있고 상담 시간도 제한된 경우, 내적인 무의식적 갈등은 해결하지 않고 증상 완화에 목표를 두는 지지치료가 적합합니다.

반면에 앞에서와는 반대의 특성을 보이는 경우, 자기를 인식하고 있었던 것 이상으로 자기 자신을 좀 더 깊이 의식할 수 있도록 도모

하는 통찰치료가 적합합니다.

지지치료 혹은 통찰치료는 이분법적으로 접근하는 것이 아니라 내담자에 따라 조금씩 달라질 수 있는데, Dewald(2010)는 가장 극단적인 통찰치료와 가장 극단적인 지지치료 사이의 여러 스펙트럼에서 접근할 수 있다고 하였습니다. Dewald(2010)가 제시한 통찰치료와 지지치료의 스펙트럼에 따른 접근 예시를 들어 보겠습니다. 한 내담자는 부인과 부부 갈등이 있으며 매우 불안하다고 하면서 이에 대해 어떻게 하면 좋을지 상담자에게 물어봤습니다. 만약 이 내담자의 전반적인 기능 수준과 통찰 능력 수준이 많이 떨어진 경우라면 가장 극단적인 지지치료에서는 내담자 대신 내담자 부인에 대해 개입할 수 있습니다. 내담자 부인과의 면담을 통해 부인의 행동이 내담자의 증상을 악화시킨다는 점을 설명하고, 압력을 가하는 상호작용을 피하거나 억제하도록 권고할 수 있을 것입니다. 조금 더 힘이 있는 내담자라면 내담자에게 상담자가 직접 충고하고 행동 방향에 관한 지시를 할 수 있습니다. 그리고 좀 더 힘이 있는 내담자의 경우 내담자를 격려해 가면서 그런 상황에서 어떻게 반응할 것인지 방안을 생각해 보게 하고 이에 대해 함께 논의합니다.

한편 내담자의 기능 수준과 통찰 능력 수준이 어느 정도 높으며 자기 이해에 대한 동기가 높은 내담자의 경우에는 통찰치료적 접근이 가능합니다. 현재 내담자가 부인과의 관계에서 느끼는 감정을 살펴보면서 자신의 무력함이나 불안함을 인식하고 그 이유를 탐색하는 통찰적 접근이 가능할 것입니다. 그런데 여기에서 좀 더 나아가서 더 통찰치료 방향으로 간다면 내담자가 어렸을 때 중요 인물에게 느꼈던 반응과 여러 가지 면에서 비슷하다는 점을 보여 주는 시도가 가능합니다. 예를 들면, 내담자가 과거에 어머니와의 관계에서 두려워하고 억제한 것처럼 부인에게도 비슷하게 느끼고 행동하고 있으며, 부인이 어머니와는 다름에도 불구하고 그런 반응을 반복하고 있다는 점을 깨닫도록 도울 수 있습니다. 만약 좀 더 통찰적 접근을 한다면 부인에 대한 반응과 치료자에 대한 반응을 연결하고 해석하는 접근을 통해 부인한테 지시를 바라는 것처럼 치료자에게도 바라고 있다는 점을 깨닫게 하는 것입니다. 이렇게 통찰치료 접근의 스펙트럼이 다를 수 있습니다.

'내담자를 깊이 파악하고 깊이 접근하는 것이 좋은가, 아니면 증상 감소에 초점을 맞춘 표면적인 접근을 할 것인가?'의 질문에 대해 요약해서 답변해 보겠습니다. 상담자가 내담자의 호소문제에 대한 근원 요인을 파악하고 이해하고 있되, 내담자의 특성과 치료적 세팅에 따라 통찰치료나 지지치료적 접근이 달라질 수 있으며 그 정도 또한 내담자에 따라 고민하고 다르게 접근해야 합니다.

177

Q 58 상담 과정의 중간에 상담 목표를 수정해도 되나요?

그럼요. 다음 상황에서 상담 목표 수정이 필요할 수 있습니다. 첫째 상황은 내담자가 처음에 호소했던 문제가 상담을 몇 회 진행하면서 불안이나 분노 감정 등이 가라앉고 진정되어 목표가 달성된 것처럼 보일 때입니다. 또 다른 경우는 내담자의 생활 속에서 다른 호소문제가 올라오면서 이에 대해서 다루고 싶어 할 때입니다. 혹은 내담자가 진짜 하고 싶었던 이야기를 처음에는 하지 않다가 상담자와 라포가 맺어지면서 진짜 하고 싶은 이야기를 꺼내는 경우입니다. 어떤 경우이건 상담자는 처음 상담 목표를 설정하였다고 그 목표에 고착될 필요는 없습니다. 내담자가 진짜 원하는 바에 대해 항상 주의를 기울이고 이를 상담의 목표로 재설정하면 됩니다.

어떤 내담자의 경우에는 상담의 목표를 재설정해야 할 필요가 있을 때 "실은 이야기하고 싶은 다른 것이 있는데 그 이야기를 해도 되나요?"라고 물어보면서 자신에게 중요한 부분을 이야기하고 이에 따라 목표를 재설정할 수 있습니다. 그러나 어떤 내담자들은 자신이 진짜 하고 싶은 이야기가 있는데도 상담 주제를 바꾸기가 어려워서 우물쭈물할 때도 있고, 무슨 이야기를 해야 할지 모르겠다고 하면서 상담의 주제를 바꾸고 싶은 자신의 욕구를 잘 알아차리지 못할 때도 있습니다. 상담자는 이럴 때 내담자의 반응이 의미하는 바가 무엇인지 그리고 상담이 지금 어떻게 흘러가고 있는지 잘 의식하면서 개입해야 합니다.

상담이 지지부진한 것 같거나, 내담자의 증상이 가라앉아서 상담에서 할 말이 없는 것 같다고 하거나, 내담자가 다른 이야기를 하고 싶어 하는 느낌이 들 때 상담자가 좀 더 적극적으로 개입해 볼 수 있습니다. 이때 저는 내담자에게 상담에 대한 '중간평가'를 해 보자고 제안하곤 합니다.

> "○○씨가 상담에 처음 왔을 때 ~한 어려움을 해결하고자 했습니다. 오늘 잠깐 우리 상담이 어떻게 진행되고 있는지, 그 어려움은 어느 정도 해결이 되었는지, 앞으로 어떤 이야기에 집중하면 좋을지 등을 살펴보는 중간평가 시간을 가지면 좋을 것 같은데 어떻습니까?"

이와 같이 시작할 수 있습니다. 그리고 처음에 호소한 어려움이 어느 정도 해결되었는지, 어떤 부분이 도움이 되어서 해결되었는지 살펴봅니다. 원래의 목표에 대한 검토를 한 후, 더 적절한 목표가 추가되기도 하고, 지금 더 급한 문제에 대한 해결로 전환되기도 하고, 진짜 자신에게 중요한 부분을 정리하면서 새로운 목표로 변경하거나 목표를 좀 더 정교화하기도 합니다. 이 모든 과정이 내담자와 함께 합의하면서 명시적으로 논의될 때 '상담이 어디를 향해 가고 있구나.'를 상담자와 내담자 모두가 느낄 수 있습니다. 이는 상담에 대해 안정감을 느끼게 하며 좀 더 집중하게 만들어 상담에 활기가 생기게 됩니다.

Q 59 어떤 내담자는 자신이 무엇 때문에 힘든지에 대해 인식하고 표현하는 것을 어려워하는데, 그래서 상담 목표를 설정하기도 어려워요. 이럴 때는 상담 목표를 어떻게 설정해야 할까요?

　자신이 무엇이 힘든지 잘 설명하지 못하는 경우, 낯선 상담자에게 자신을 드러내는 것에 대한 두려움 때문일 수도 있고 자신의 문제를 인식하고 정리하면서 전달하는 능력이 부족해서일 수도 있습니다. 이때는 상담자가 목표 설정을 빨리하려고 하기보다는 내담자가 상담에 대해 좀 더 편안하게 느낄 수 있도록 해 주는 것이 좋습니다. 조급하지 않게 기다리면서 내담자가 자신의 이야기를 꺼낼 수 있도록 돕습니다. 천천히 자신의 문제가 정의되면 상담 목표도 자연스럽게 세울 수 있을 것입니다. 아마도 이러한 내담자에게는 자신의 어려움을 전달해 보고, 자신의 문제를 정의해 보고, 이를 통해 상담 목표를 세우는 것 자체가 상담 목표를 세우고 이를 달성하는 과정만큼이나 소중한 시간일 수 있습니다. 이러한 과정을 통해 자신의 어려움이 무엇인지 알기 위해서 자신의 정서와 욕구를 인식하는 능력이 키워질 수도 있으며, 내담자가 사회적 관계에서 필요한 대화법을 발달시키면서 타인과 관계 맺는 것도 배울 수 있습니다. 이에 상담자가 조바심 내지 않고 상담 목표를 빨리 설정하려고 하지 않는 마음이 필요할 것 같습니다.

Q 60 내담자에게 상담 목표를 어떻게 정하고 싶은지 물어볼 때, "자기 이해를 하고 싶어요."나 "자기 성장을 하고 싶어요." 등 추상적인 목표를 얘기하면 어떻게 도와줘야 할까요?

　　무엇이 변화되고 싶은지가 분명하고 명확할수록 변화 방향으로 갈 가능성이 높아질 것입니다. 애매한 호소문제에 대해서 혹은 내담자가 제시한 추상적인 목표들에 대해서 구체적인 목표 설정을 하기 위해 우선 애매한 호소문제나 목표들을 구체적인 행동(관찰할 수 있는 행동)으로 묘사하기를 시도해 볼 수 있습니다. 예를 들면, 내담자가 상담에서의 목표를 '자기 이해를 하고 싶다.'로 설정하고 싶어 한다면 저는 종종 "○○씨가 자기 이해를 잘하게 되면 ○○씨의 삶에서 구체적으로 어떤 점이 도움이 될까요?"라는 질문으로 시작해 봅니다. 내담자가 자기 이해를 하려는 동기가 무엇인지, 그 마음이 어디에서 온 것인지를 탐색하며, 자기 이해를 하고 싶은 마음에 공감해 나갑니다. 내담자가 "그럼 자존감이 높아질 것 같아요."라고 대답했다고 합시다. 그러면 그 대답에 대한 내용을 좀 더 좁혀 들어갑니다. "자존감이 높아지면 ○○씨의 행동이 어떻게 변화할까요?"라고 묻습니다. 혹시 이 질문에도 답을 하기가 어려우면, "누군가가 ○○씨의 모습을 TV로 지켜본다고 생각해 봅시다. 그 시청자는 어떤 모습을 보면서 ○○씨의 자존감이 낮다고 판단할까요?"와 같이 자존감이 낮은 모습을 구체적 행동으로 묘사할 수 있도록 돕습니다. 그리고 "○○씨가 6개월 후 상담에서 도움을 받아 자존감이 높아졌을 때 어떤 모습을 보면 자존감이 높아진 것을 알 수 있을까요?"라고 물어보면서 자존감이 높아진 모습을 구체적인 행동의 모습으로 그릴 수 있도록 돕습니다. 이를 통해 좀 더 추상적인 내담자의 이야기들을 구체적인 이야기로 표현할 수 있도록 돕습니다. 이렇게 자신이 변화하고 싶은 것을 명확하고 구체적으로 떠올려 보면 상담도 좀 더 해볼 만한 것으로 느껴지게 됩니다. 제가 질문에 6개월 후 상담이 끝났을 때라는 조건을 굳이 포함한 것은 이 목표들이 상담 기간에 달성할 수 있는 현실적이고, 성취할 수 있는 것으로 설정하고자 하는 의도가 담겨 있습니다. 이렇게 현실적인 목표를 설정할 때 그 목표에 대해 노력해 볼 만한 것이 되고 상담이 끝났을 때 좌절하지 않을 수 있습니다. 그리고 이런 목표를 정할 때는 내담자가 원하지 않는 것에 초점을 맞추기보다는 원하는 것에 초점을 맞추는 것이 좋습니다. 즉, '~을 하고 싶지 않다'라는 말보다는 '~을 하고 싶다'라는 긍정언어로 표현하며, 원하는 것에 초점을 맞추게 되면 변화의 방향이 좀 더 명확해질 것입니다. 예를 들면, '회사에서 화날 때 통제력을 잃지 않았으면 좋겠다.'라는 목표보다 '회사에서 화날 때 상대방에게 즉시 소리를 지르며 얘기하는 것이 아니라, 내가 원하는 것을 정리한 후 적당한 목소리로 비난이 아닌 내가 원하는 것을 이야기하고 싶다.'라고 목표를 설정하게 되면, 노력하고자 하는 방향이 좀 더 명확하게 보여 실행하기가 쉬울 것입니다.

Bertolino와 Schultheis(2005)는 내담자 호소문제를 구체화하고 원하는 변화를 명확히 하기 위해 여러 해결 중심적 도구를 제안하고 있습니다. 예를 들면, 원하는 미래를 그릴 수 있는 '수정 구슬' 기법에서는 미래를 볼 수 있는 수정 구슬이 있다고 상상하면서 그 안에 자신이 원하는 미래의 모습을 보도록 하며 목표 설정을 돕습니다. 또는 내담자에게 '타임머신'을 타고 가서 원하는 대로 이루어지는 미래로 가 보도록 하는 기법은 희망이 없거나 위축된 내담자에게 창의적으로 비전을 창조할 수 있도록 도움을 줍니다. 그리고 앞에서 제가 제시한 부분과 비슷하게 '비디오-이야기 사용하기' 기법을 통해 목표 설정 시 구체적 행동으로 묘사를 할 수 있도록 돕습니다. 이 외에도 '목표와 원하는 성과 및 변화의 시도를 척도화하기', 내담자가 상담에 기대하고 원하는 것이 무엇인지 들어 보기 위한 '내담자의 변화 이론 탐색하기' 등 상담 목표를 구체화하는 여러 기법을 제안하고 있습니다. 이에 내담자가 목표 설정 시 추상적으로 이야기한다면 이러한 기법들을 시도해 봐도 좋겠습니다.

Q 61 상담 목표를 설정할 때 "상담에서 이야기를 꺼내 놓는 것만으로도 충분할 것 같다."라고 이야기하는 내담자와는 상담 목표를 어떻게 구체화할 수 있을까요?

이런 내담자들은 상담에서 목표를 정하는 것이 낯설거나 필요성을 잘 느끼지 못하는 내담자들일 수 있습니다. 이때는 우선 상담 목표 설정의 중요성에 대해 오리엔테이션을 하면서 상담 목표를 정할 수 있도록 독려할 수 있을 것입니다. 그 후, 지금 내담자에게 필요한 변화에 대해 초점을 맞추면서 상담 목표를 구체화할 수 있도록 상담자가 도울 수 있습니다. 그런데 어떤 내담자는 목표를 설정하는 것이 부담스럽게 느껴지기도 하고, 목표를 정하면 꼭 이뤄 내야 할 것 같고 그렇지 못하면 실패한 느낌을 받을까 봐 두려워서 목표 설정을 거부할 수도 있습니다. "상담에서 이야기를 꺼내 놓는 것만으로도 충분할 것 같아요. 목표 설정을 할 필요가 없는데요."라고 하면서 목표 설정을 거부하는 내담자의 경우, 목표 설정의 오리엔테이션 외에 거부하는 마음이 있다면 이 마음을 드러나게 돕는 것이 필요합니다.

> "맞아요. ○○씨가 말씀하신 것처럼 상담에서 자신의 이야기를 하면서 편해지기를 바랍니다. 그런데 ○○씨의 현재 어려움에 대해서 어떤 것이 변화하길 바라는지를 분명히 할수록 상담의 초점이 분명해지고 변화 가능성도 커지기 때문에 도움이 된답니다. 그런데 혹시 이렇게 상담 목표를 정하는 게 좀 내키지 않는 마음도 있으신가요?"

183

이렇게 내담자의 말을 우선 긍정한 후에 상담 목표 설정의 중요성을 이야기하면서도 앞에서와 같이 상담 목표를 정하는 것에 대해 거부하는 마음이 어떤 마음인지 나눠 볼 수 있습니다.

제가 만난 한 내담자는 이렇게 상담 목표에 대한 거부의 마음을 나누다가 부모님에 대한 감정으로부터 기인했다는 것을 알아차렸습니다. 부모님이 공부나 행동에 대해 훈육할 때, 목표가 무엇이고 어떻게 달성할 것인지 말하는 것을 매번 발표 비슷하게 시켰고, 이를 달성하지 못하면 호되게 꾸짖었기 때문에 목표를 세우는 것이 다 싫고 성인이 된 후에는 절대 목표를 세우지 않는다고 하였습니다. 이렇게 내담자가 목표 설정을 거부하는 마음이 드러나면 상담자도 내담자가 왜 목표 설정을 하고 싶지 않은지에 대한 마음에 공감하게 됩니다. 그러면 목표 설정을 거부하는 마음이 이해되니 목표 설정을 하지 말라고 제안해야 할까요? 이 내담자에게는 목표 설정 자체가 문제가 아니라 그 억압적이고 긴장되는 분위기가 문제였을 겁니다. 이 잘못된 연합(목표 설정 = 강압과 긴장) 때문에 어쩌면 내담자는 상담의 목표 설정뿐 아니라 삶에서 필요한 모든 목표 설정을 거부하면서 살아가고 있었습니다. 그래서 이 내담자의 경우에는 부모님이 시켰던 긴장되는 목표 설정이 아닌, 건강하고 자신에게 도움이 되는 상담 목표 설정을 할 수 있도록 돕는 것이 치료적일 것입니다.

예를 들면, 다음과 같이 내담자를 이해하되 내담자에게 필요한 것을 할 수 있도록 안내하는 것이 좋겠습니다.

> "○○씨가 목표 설정을 하는 것이 부모님께 보여 주고자 하는 행동이었고 실패하면 혼나는 것이었기 때문에 긴장되고 저항하고 싶을 것 같아요. 그런데 이런 영향으로 삶에서 필요한 목표 설정도 안 하게 되신 것 같네요. 이번 기회에 상담에서는 나를 위한 목표 설정, 실패해도 혼나지 않고 격려하는 목표 설정을 한번 해 보셨으면 좋겠네요."

물론 이 내담자의 경우 목표 설정에 대한 저항감이 심하다면 조금 천천히 시간을 갖고 진행하게 될 수도 있습니다.

184

Q 62 내담자가 상담에서 원하는 것이 상담에서 이룰 수 없는 내용이거나 비현실적인 목표처럼 들려요. 이럴 때 어떻게 목표를 설정해야 하나요?

내담자는 때때로 비현실적인 목표(예: 나는 다른 사람들의 반응에도 절대 흔들리지 않는 평온한 사람이 되고 싶다.)를 정하기도 합니다. 그런데 비현실적인 목표를 세우는 내담자의 경우에는 내담자의 이 비현실적인 목표를 지적하기 전에 그 마음을 이해하는 것이 필요할 것 같습니다. 왜 이 내담자는 다른 사람들의 반응에 절대 흔들리지 않는 부처와 같은 절대 평온을 원하는 걸까요? 다른 사람들의 반응에 절대 흔들리고 싶지 않은 마음이 어떤 마음인지, 언제 어디서부터 누구에게서 유래한 바람인지, 다른 사람들의 반응에 흔들리면 어떤 것이 힘든지 등에 관해 이야기하면서 내담자의 상태를 좀 더 구체화하고 내담자의 마음에 공감할 수 있을 것입니다.

그리고 나서 진짜 다른 사람들의 반응에 전혀 흔들림이 없는 사람이 있을 수 있는지를 이야기해 볼 수 있겠지요. 그리고 현재 내담자의 현실에서 일어나는 어려움에 국한하여 목표 설정을 축소해 볼 수 있습니다. 구체적으로 내담자가 힘든 대상이나 상황을 탐색하여 이때 현실적으로 덜 힘들 수 있는 방향에 대해 논의하면서 목표 설정을 해 볼 수 있을 것입니다. 예를 들면, 아버지가 비난할 때마다 자신도 그런 말들에 휘둘려서 힘들어하는 내담자의 경우, '다른 사람들의 반응에도 절대 흔들리지 않는 평온한 사람이 되고 싶다.'라는 절대적 목표에서 조금 현실로 내려와 '일단 아버지의 비난하는 말들에 대해 적어도 자책은 하지 않고 나를 지지하기' 등으로 다시 설정해 볼 수 있을 것입니다.

Q 63 내담자가 상담 중에 외부 탓만 하느라 상담에서 변화하고 싶은 부분이나 목표를 세우는 것에 초점을 맞추지 못하고 있어요

어떤 내담자는 자신에게 문제가 없고 외부에 문제가 있다고 이야기하며(예: 어머니가 문제이다, 상사가 문제이다, 나의 증상이 문제이다 등), 상담에서 변화시킬 것을 찾지 못하기도 합니다. 이러한 내담자의 주장 앞에서 사실 상담자는 내담자의 안타까운 사정을 들어 주는 것 외에는 할 수 있는 게 별로 없습니다. 상담에서 상담자가 불편한 상황이나 대상을 변화시킬 수 없기 때문이지요. 이에 상담에서 상담자가 가장 먼저 해야 할 일은 내담자가 자신의 어려움에 대해 외부 탓으로 돌리지 않고 자기의 문제로 받아들여 문제의 원인과 해결을 내부로 돌릴 수 있도록 도와야 합니다. 이는 모든 문제가 내담자 탓이라는 말이 아닙니다. 이러한 상황에서도 내담자가 변화시킬 수 있는 부분에 초점을 두라는 이야기입니다. 예를 들면, 지금의 상황을 초래한 자신의 일부를 변화시킬 수 있습니다. 지금의 상황에 대해 효과적 대처방식을 끌어낼 수도 있습니다. 어떤 경우에는 지금의 현실을 적극적으로 수용해야 하는 자세가 필요할 때도 있습니다.

그렇다면 이 내담자들에게 어떻게 외부 탓에서 자신의 문제로 눈을 돌리도록 도울 수 있을까요? 이 내담자들이 상담에 온 이유는 외부 탓을 하기 위해서 왔다기보다 외부 요인들로 인해 무엇인가가 고통스러워서 이 고통으로부터 벗어나고 싶어서 왔을 것입니다. 이에 외부 탓을 하는 내담자의 이야기 속에서 외부의 이러한 환경들로 인해 좌절된 내담자의 욕구(예: 어머니가 잔소리가 많은 것 때문에 내 결정권이 존중되지 않는다, 상사가 일을 너무 많이 시켜서 소진이 왔다 등)

부터 이야기를 시작해 나갑니다. 그 환경 속에서 내가 얼마나, 어떻게, 무엇이 힘든지를 듣고 그 고통에 대해 공감하면서 듣습니다. 타인에게 무엇을 그만두게 하고 싶은지 기저에 있는 동기도 듣습니다. 그러면서 내담자가 이 힘든 상황 속에서 어떻게 반응 및 대처를 하고 있는지, 내담자가 진짜 원하는 것은 무엇인지 등을 이야기하다 보면 내담자 이야기 밑에 존재하는 관계의 갈등이나 내담자의 필요, 진짜 문제들이 드러나면서 상담에서 다룰 수 있는 해결 가능한 내담자의 문제들(예: 내담자가 문제 발생에 기여한 심리적 문제, 대처 태도 등)이 끌어내지고, 내담자의 문제를 재정리할 수 있을 것입니다. 이러한 방향성에 대해 제가 쉽게 이야기했으나 이는 이상적인 방향성일 뿐입니다. 내담자마다 자신의 욕구와 삶에 책임을 지려는 준비도(TCI 검사[1])에서는 이 특성을 성격 요인 중 하나인 자율성, 특히 자율성의 하위 요인인 책임감의 개념으로 이야기하고 있음)가 낮으면 자신의 문제를 자기 것으로 받아들이게 하는 작업에 긴 시간이 걸릴 수 있습니다. 이에 상담자는 내담자의 준비도가 낮을 경우, 내담자가 자신의 어려움을 자기 것으로 받아들여 문제의 원인과 해결을 내부로 돌릴 수 있도록 조급하지 않고 끈기 있게 도와야 합니다.

187

---

1) TCI(기질 및 성격검사): 기질과 성격특질을 측정하기 위해 Cloninger(1999)의 심리생물학적 인성 모델을 기반으로 개발된 검사이다. 한 개인의 사고방식, 감정양식, 행동패턴, 대인관계 양상, 선호 경향 등을 이해할 수 있으며, 성인 대상 검사는 총 140문항으로 구성되어 있다.

Q 64 청소년 내담자인데 부모님이 상담에서 원하는 것과 내담자가 원하는 것이 다를 때, 상담 목표를 어떻게 설정해야 하나요?

부모가 먼저 자녀의 상담이 필요하다고 생각하면서 자녀를 상담소로 데리고 올 때 부모가 상담에서 원하는 것과 자녀가 상담에서 원하는 것이 다를 수 있습니다. 예를 들면, 부모는 자녀의 문제로 '너무 부산하고 정신이 없다.' '행동이 불량하다.' '아무것도 하지 않는다.' '부모에게 말을 안 하려고 한다.' '틱 증상이 있는 거 같다.' '학교에 안 가고 싶어 한다.' 등을 호소하는 반면, 자녀는 '어머니의 잔소리가 싫다.' '집에 들어가기 싫다.' '공부를 잘하고 싶은데 잘 안 된다.' '친구들에게 오해받아 너무 힘들다.' '어머니에게 정말 미안한데 화를 내게 된다.' 등과 같이 다르게 이야기할 수 있습니다.

부모가 청소년 자녀를 상담에 데리고 온 경우 이렇게 서로 상담에서 원하는 것이 다를 수 있기에 첫 회 상담에서 부모와 자녀를 함께 혹은 개별적으로 상담하면서 상담에 오게 된 이유나 바라는 점에 대해서 부모와 자녀의 생각을 모두 확인해 보는 것이 중요합니다. 혹시 청소년 혼자 상담소에 왔으나, 부모나 학교에 의해 의뢰된 경우라면 왜 교사 혹은 부모가 본인에게 상담을 권했다고 생각하는지를 들어볼 수도 있습니다. 또한 전화로 보호자들과의 면담을 진행할 수도 있습니다. 이를 통해 각자 상담에서 원하는 것이 무엇인지 확인하고 상호작용도 확인해 볼 수 있습니다. 그리고 내담자의 관점 이외에 타인들의 시선으로 내담자를 그려 봄으로써 내담자의 행동이 외부에 미치는 영향을 객관적으로 볼 수도 있습니다. 그러나 부모가 상담받는 것이 아니라 자녀가 상담받게 되었다면 상담자는 내담자인 자녀가 호소하는 문제로부터 상담 목표를 세우고 시작해야 합니다. 내담자가 중요하게 생각하고 지금 내담자 마음에 생생하게 살아 있는 문제에서 시작되어야 상담자와 동맹관계를 맺을 수 있고, 내담자가 상담에 관심을 갖고 상담에 자발적으로 참여하게 될 수 있습니다. 상담자는 부모의 바람과 기대에 부담을 느낄 수 있지만 상담자가 중심을 갖고 내담자와 만나야 상담이 진행될 수 있습니다. 그러나 상담을 진행하다 보면 부모가 보는 자녀의 문제와 자녀가 가진 문제가 연결되어 서로 이해할 수 있는 지점이 생기게 될 것입니다.

예를 들어, 부모가 본 내담자의 문제는 '아무것도 하지 않으려고 한다. 동기가 없다. 공부도 할 마음이 없다. 너무 미숙하다.'라고 하였습니다. 한편 자녀인 청소년 내담자는 자신의 문제가 '친구들보다 내가 잘하지 못하고 있는 것 같아 위축되고 친구들이 날 무시하는 것 같다. 어머니와도 대화가 안 된다.'라고 하였습니다. 부모가 얘기한 행동의 문제는 내담자의 증상에 가깝고 내담자가 호소한 문제는 내적인 갈등이나 심리적 고통과 관련되어 있습니다. 내담자의 고통에 초점을 맞추어 이야기하다 보면 현재의 고통으로 인해 증상(문제행동)이 나타난다는 것을 알게 될 것입니다. 즉, 친구 관계에서 위축되고 대처를 잘하지 못하기에 불안하고 우울한 것이 내담자의 고통이었습니다. 이 고통을 어머니에게 이야기하려고 해도 어머니는 쓸데없는 것에 신경을 쓴다고 타박하니 더 답답하고 위축되는 상태였습니다. 이러한 상황이 오래 반복되고 해결되지 않자, 공부에 집중이 안 되고 성적도 잘 나오지 않아 문제가 악화되었던 것입니다. 어머니는 그 문제행동 혹은 증상을 내담자의 문제로 보았습니다. 만약 상담자가 상담 초기에 부모가 호소한 증상(문제행동)의 개선에만 집중한다면, 내담자는 상담에서 이해받지 못하는 느낌이 들고 또 다른 부모의 잔소리처럼 느낄 수 있을 것입니다.

이에 부모의 자녀에 대한 관찰이나 부모의 입장을 알고 있되, 내담자가 호소하는 문제로 상담의 목표를 잡고 시작해야 합니다. 그래서 앞의 예시에서 내담자와는 '친구들과의 관계에서 기분이 상했을 때 내 표현을 적절히 하면서 속앓이를 앓지 않도록 해 보자. 어머니한테도 내가 원하는 것을 잘 얘기해 보자.'라고 목표 설정을 하고 상담이 진행되었습니다. 어머니가 원하는 상담 목표는 아마도 '자기 동기를 갖고 공부에 집중한다.'였을 테지만요. 내담자는 추후 친구 관계와 어머니에게 자기 욕구를 좀 더 잘 표현할 수 있게 돼서 위축과 우울감이 조금 가시게 되었고, 그러자 여유가 생기면서 자기 동기가 생기게 되었습니다. 그러니 부모가 호소한 '아무것도 안 하려고 한다.'라는 행동에서 뭐라도 조금씩 하려는 모습이 보이기 시작하였습니다. 이에 상담자는 부모의 바람과 기대를 듣고 나름대로 부모의 입장을 이해하고 참고하되, 직접 만나는 내담자의 고통과 갈등에 좀 더 초점을 맞추면서 상담 목표를 세우고 진행해 나가도록 해야겠습니다.

Q 65 내담자가 생각하는 주 호소문제와 상담자가 생각하는 주 호소문제가 다르고, 내담자가 적절하지 못하거나 심지어 해로운 상담 목표를 가지고 있다면 어떻게 해야 하나요?

내담자가 자기 문제의 핵심을 잘못 짚어서 상담자가 생각하는 상담 목표와 내담자의 상담 목표에 괴리가 생기는 상황에 대해 살펴봅시다. 예를 들어, 상담자는 내담자의 애인이 내담자에게 언어폭력을 행사하고 있고, 이 내담자에게 필요한 것은 자기 보호라고 판단하였습니다. 그런데 이렇게 자신을 비난하는 애인을 이해하고 싶고, 자신이 원인이라고 판단하고 있는 내담자의 상황을 살펴봅시다. 이럴 때 우선 상담자가 자신의 관점을 내담자에게 너무 빨리 들이밀면서 그것은 안 좋은 목표라고 말하는 것은 크게 효과가 없을 수 있습니다. 왜냐하면 내담자의 목표가 적절하지 못하거나 해로운 경우라고 판단될지라도 그 목표 기저에는 내담자가 아직 이야기하지 않은 숨겨진 욕구가 있을 수도 있고, 내담자가 현재 자신의 상황에서는 최선의 문제해결이라고 생각하고 있을 수도 있기 때문에 상담자가 다른 관점을 섣불리 제시하는 것은 내담자 자신을 부정하는 느낌을 줄 수 있습니다. 이에 상담자는 먼저 내담자가 원하는 목표에 대해 내담자의 마음을 물어보면서 좀 더 이해하는 시간을 갖는 것이 필요합니다.

앞의 예시에서 우선 자신을 비난하는 애인에 대해 이해하고 싶은 마음이 어떤 것인지 물어볼 수 있습니다. 내담자는 자신을 비난하는 대상이 자신을 사랑하는 사람이기 때문에 양가감정(애인에 대한 사랑과 애인이 자신을 비난하는 것에 대한 화)을 갖고 있었습니다. 그리고 이 양가감정을 소화하기 어렵고 고통스러워했는데, 이를 해결하기 위해서는 자신의 상한 기분은 좀 참고 상대방을 이해하는 것만이 문제를 해결할 수 있다고 믿고 있었습니다. 그래서 내담자는 '상대방에 대한 이해가 잘 안 되는 것'이 자신의 어려움이라고 생각하였고, '애인의 마음을 잘 이해해 주기'를 상담 목표로 세운 것입니다. 그러나 상담자는 내담자가 세운 상담 목표를 통해서는 내담자의 어려움을 해결할 수 없을 것 같다고 판단하였습니다. 상담자는 내담자의 어려움을 '애인의 비난에 대해 꾹 참고 있고 부당한 비난에 대해 대처하지 못하는 것'으로 보았습니다. 이에 내담자에게 필요한 것은

191

'애인의 부당한 비난에 대해 자신을 보호하는 것'이라고 생각하였습니다. 이렇게 내담자의 목표가 상담자의 목표와 다를 때, 상담자는 바로 내담자의 의견을 반박하지 않는 것이 좋습니다. 상담자의 의견은 잠시 접어 두고 우선은 내담자의 양가감정을 드러낼 수 있도록 도와야 합니다. 비난을 들을 때의 고통에 관해서 이야기해 보고, 비난을 들으면서 했던 자책하는 마음과 그 마음 기저의 욕구도 살펴봅니다. 비난을 정말 들을 만하다고 생각하는지도 묻습니다. 그리고 애인에 대한 사랑과 애인의 필요성, 관계의 깨짐에 대한 두려움도 이야기할 수 있도록 합니다. 그동안 내담자가 어떤 노력을 해 왔는지 살펴봅니다. 이렇게 내담자 안에 있는 양가감정이 충분히 드러나면 상담자가 이 양가감정을 다음과 같이 정리해 줄 수 있습니다.

> "○○씨는 애인과의 관계에서 비난을 듣는 게 아주 힘들어 보여요. 그런데 그동안은 내가 이해하고 내가 더 잘해야지 하면서 견뎌 왔는데 그게 더 이상 잘 안 되는 것 같아 상담에 오신 거 같아요. 그런데 상담에서도 그동안 ○○씨가 스스로 해 왔던 방식인, '내가 더 상대방을 이해해야지.'라는 목표 외에는 다른 방안이 떠오르지 않는 것 같네요."

이렇게 이야기하면서 내담자가 자신의 양가감정을 인식하고 이에 대한 혼란스러움을 명료화하도록 돕습니다. 그 후에 상담자는 내담자가 받아들일 수 있는 그다음 단계의 목표를 설정할 수 있도록 돕습니다. "나를 비난하는 상대방을 이해하려는 마음 기저에 ○○씨가 진짜 원하는 것은 무엇일까요?"라든가 "상대방을 이해하려는 노력이 더 이상 효과가 없었던 거 같은데, 이 상담에서 조금 다른 노력을 해 보고 싶은가요?" 등으로 물어볼 수 있겠지요. 어떤 내담자는 "비난을 많이 하는 애인과의 관계에서 어떻게 대처해야 하는지 알고 싶다."라고 말할 수도 있고, "비난을 들을 때 다 내 잘못이라고 생각하는 습관을 고치고 싶다." 혹은 "이 관계에 대해 정리하고 계속 이어나갈지 선택하고 싶다." 등으로 말할 수도 있습니다. 이 사례를 보면 목표 설정에서 상담자와 내담자와의 관점이 다를 때라도 내담자의 고통과 원하는 점들이 더 분명히 드러나게 되면, 자연스럽게 내담자도 상담자도 합의할 수 있는 목표를 설정할 수 있다는 점을 느낄 것입니다.

또 다른 예시를 들어 보겠습니다. 상담에서 청소년인 내담자가 지금 남자친구가 있는데 빠른 시일 내에 임신을 하고 싶고, 아기를 갖고 싶다고 말한다고 합시다. 상담자는 놀라서 아직 청소년이고 경제적 독립도 안 되어 있고, 그것은 삶을 어렵게만 할 것이고 등의 설득을 하고 싶은 마음이 굴뚝같을 것입니다. 그러나 우선 이 마음은 잠시 접어놓고 내담자의 목표 기저에 어떤 근본적인 욕구가 있는지에 관심을 기울이고 경청해 봅니다. 지금 아기를 갖고 싶은 이유가 있는지 물어볼 수 있을 것입니다. 내담자가 자기 삶이 현재 공허하고 사랑받고 사랑하는 느낌이 들고 싶다고 얘기해 줄 수도 있습니다. 그리고 지금의 이 욕구가 채워지지 않는 자신의 현재 상황을 이야기할 수도 있습니다. 이 이야기를 듣게 되면서 상담자는 이전에 놀랐던 마음이 조금은 가라앉고 내담자를 좀 더 이해할 것입니다. 그렇다고 바로 내담자의 원하는 방안에 대해 동의한다는 의미는 아닙니다. 어쩌면 내담자들이 상담에서 원한다고 이야기하는 것은 자신의 깊은 내적 욕구를 채우려는 방법을 고민하다가 나름대로 생각해 낸 한 방안일 수 있습니다. 방안에 대해서는 동의가 되지 않지만, 내담자의 욕구는 동의가 됩니다. 이렇게 내담자의 욕구와 접촉이 되었다면 그 욕구를 현실적이고 건강하게 충족시키기 위한 목표를 세울 수 있도록 돕는 것이 필요하겠습니다. 요약하면, 내담자가 상담에서 원하는 것(좀 더 정확히 이야기하면 자신의 욕구를 충족시키기 위한 나름의 방안)이 상담자가 동의하기 어려운 것일 때 상담자는 내담자를 통제하고 설득하기보다는 먼저 내담자의 근본 욕구를 알도록 돕고, 그 욕구를 현실적이고 덜 해로운 방식으로 충족하기 위한 목표를 설정할 수 있도록 도와야 합니다.

상담자는 이 청소년 내담자에게 다음과 같이 내담자의 절망을 이해하면서 동시에 현실 가능한 목표를 세우도록 반응할 수 있을 것입니다. 예를 들면, "○○의 이야기를 들으니 지금 사람들과의 관계에서 사랑을 주고받는 느낌이 없어 공허함을 많이 느끼는구나. 이 공허함을 채울 수 있는 방법이 떠오르지 않아 그 방법으로 임신해서 아기를 갖고 싶은 거였구나."라고 돌려줄 수 있겠지요. 그리고 "그렇다면 ○○가 진짜 상담에서 원하는 것은 '내 삶에서 사람들과 사랑을 주고받으면서 공허함을 채우는 것을 알고 싶다'는 것이네?"라고 제안해 볼 수 있겠지요. 이렇게 먼저 내담자의 욕구를 인정하고 나서 내담자가 자신의 욕구를 충족시키는 방안이라고 생각했던 임신이 자신의 욕구를 충족해 주는 좋은 방안인지에 대해 논의해 볼 수 있을 것입니다. 임신이 자신에게 주는 영향, 뒤따르는 위험 요인들, 감당해야 하는 것들, 준비 안 된 출산과 양육이 공허함을 채울 수 있는지 등을 살펴보면서 내담자의 욕구를 충족시킬 수 있는 현실적이고 건강한 방안들을 찾아볼 수 있을 것입니다.

초보 상담자를 위한
초기 상담에 관한 99가지 Q&A

제5장
상담 구조화

"상담이 안전하고 편안할 수 있도록 울타리가 필요합니다."

Q 66 구조화는 어떤 의미를 지니고 있나요? 상담에서 구조화가 중요한 이유는 무엇인가요?

상담의 구조화는 상담자가 내담자에게 상담에 대한 전반적 설명을 해 주는 활동입니다. 저는 구조화가 상담에 대한 오리엔테이션을 하는 과정이면서도 상담이라는 울타리를 세우는 과정이라고 생각합니다. 즉, 오리엔테이션을 통해 내담자는 상담이 대략 무엇인지 알게 되고, 어떻게 진행될지 그림을 그리게 되고, 상담자와 내담자의 역할이 무엇인지 알게 됩니다. 상담에 대한 오리엔테이션을 통해 내담자는 상담이라는 낯선 상황이 어떻게 펼쳐지게 될지 조금이나마 알게 되어 상담에 대한 마음의 준비를 할 수 있게 됩니다. 그리하여 아직 가 보지 않은 길에 대한 불안감과 긴장감이 풀어질 수 있습니다. 그리고 상담에서 어떤 것을 해야 하고 어떤 태도로 임해야 하는지 준비가 되어 상담자와 협조하여 자신의 어려움을 효과적으로 풀어 나갈 수 있게 됩니다.

한편 상담이라는 울타리를 세우는 과정은 내담자가 상담에서 어디까지 자유로울 수 있는가, 상담이라는 구조에서 경계가 어디까지인가에 대해 알려 주는 것입니다. 울타리 없는 자유는 불안한 자유이기 때문에 지켜지기가 어렵습니다. 내담자가 상담에서 지켜야 할 기본적인 규칙들을 알게 되고 자신의 책임을 인식하게 되면, 상담자와 내담자가 모두 안전감을 느끼며 그 안에서 편안한 상황이 조성되기 쉽습니다. 이는 상담이 원활하게 시행될 수 있는 기본적인 상황을 조성하는 활동입니다. 상담에서 울타리를 세우는 과정에 대한 예시로 아동과 칼싸움 놀이치료 사례를 통해 설명해 보겠습니다. 이 아동은 자신의 적개심을 칼싸움 놀이를 통해 표현하고자 하였습니

다. 상담자는 내담자의 적개심이 표현되도록 하는 것이 치료적이라
고 생각하여 칼싸움을 통해 표현하도록 하였습니다. 그런데 아동이
칼을 상담자의 눈이나 성기 등에 겨누면서 실제로 공격하는 행동을
할 때, 비록 내담자가 아동이었지만 상담자는 본인이 다칠 것 같고
두려워서 편안하게 내담자의 적개심을 표현하도록 두기 어려웠습니
다. 그렇지만 내담자의 적개심 표현과 해소는 필요하다고 보았기 때
문에 딜레마를 느끼게 되었습니다. 이때 필요한 것이 상담에서 울타
리를 세우는 것입니다. 그래서 상담자가 아동에게 상담 장면에서의
경계를 알려 주었습니다. "우린 여기에서 칼싸움 놀이를 할 수 있어.
그렇지만 칼이 딱딱해서 서로를 다치게 할 수도 있고 그러면 둘 다
속상하거나 미안해져서 재미있게 놀이를 못할 거야. 그래서 칼은 신
문지로 만들어서 할 거고 상대방을 진짜로 찌르거나 때려서는 안 되
는 게 여기 규칙이야. 그 외에는 자유롭게 놀면 돼."라고 경계를 그
어 주자, 상담자도 내담자도 안전함을 느끼면서 칼싸움으로 자신의
적개심을 표현하는 작업을 해 나갈 수 있었습니다.

성인 상담도 마찬가지입니다. 상담에서 내담자와 상담자가 모두
안전하게 상담 작업에 집중할 수 있도록 여건을 조성하는 것이 울타
리를 세우는 것입니다. 이에 McWilliams(2007)는 상담에서 '경계를
설정하는 것은 우리가 매우 힘든 심리치료를 해 나갈 수 있도록 충
분히 편안한 상황을 조성하기 위한 정당한 노력을 의미한다.'라고
이야기합니다. 이는 시간, 공간, 내담자와 상담자의 거리, 상담에서
의 기본적 약속 등과 관련한 불편함에 에너지를 뺏기지 않음으로써
상담자가 상담 작업에만 집중할 수 있도록 함을 의미합니다. 때론
상담자들은 울타리를 세우는 것에 대해 좀 불편한 마음을 보고하기
도 합니다. 울타리를 세우는 과정이 뭔가 방어하는 것 같아서, 내 이

익을 챙기는 것 같아서, 규칙을 지키지 않으면 처벌하는 것처럼 느껴져서, 자유를 억압하는 것 같아서 불편하게 느껴진다고 합니다. 그래서 울타리가 진짜 어떤 역할을 하고 어떤 의미인지 좀 더 잘 전달하고자 울타리에 관한 짧은 글을 소개하고자 합니다. 울타리의 의미를 통해 상담에서 경계 세우기가 어떤 의미인지 음미해 보면 좋을 것 같습니다. 이 짧은 글은 작가 Peck(2017)의 『돼지가 한 마리도 죽지 않던 날』에서 발췌한 글입니다.

우리는 태너 아저씨네 땅과 우리 땅을 나누는 울타리에서 기둥을 고치고 있었다.

"울타리라는 거 참 우스워요. 안 그래요, 아버지?"

"왜 그렇게 생각하니?"

"아버지랑 태너 아저씨는 친구잖아요. 이웃사촌 말이에요. 그런데도 마치 전쟁하듯이 이렇게 울타리를 세우고 있잖아요. 이 세상에서 사람만이 자기 것을 지키려고 울타리를 세우는 것 같아요."

"그렇지 않아."

아버지가 말했다.

"동물들은 울타리를 세우지 않잖아요."

"아니야, 동물들도 울타리를 세운단다. 봄에 수컷 울새가 보금자리를 마련해야 암컷이 수컷에게 날아가거든. 수컷은 보금자리로 울타리를 세우는 거야."

"그런 말은 처음 들어요."

"울새가 노래하는 거 많이 들어 봤지? 그 소리는 말이야. 이 나무는 내 거니까 가까이 오지 말라는 뜻이야. 그 소리도 울새의 울타리인 셈이지."

"엉터리."

"여우를 본 적 있니?"

"물론 여러 번 봤죠."

〈계속〉

"내 말은, 자세히 살펴봤냐는 얘기다. 여우는 매일 자기 영토를 돌아다니며 나무나 바위 여기저기에 소변을 보지. 그게 여우의 울타리야. 그 이상은 잘 모르겠지만. 살아 있는 모든 생명체는 어떤 식으로든 울타리를 세울 것 같아. 나무가 뿌리로 울타리를 만들 듯이 말이야."

"그렇다면 그건 전쟁이 아니네요."

"평화로운 전쟁이야. 내가 알기로는 벤저민 플랭클린 태너는 자기네 소가 우리 옥수수 칸을 망가뜨리는 걸 좋아하지 않을 사람이야. 자기네 소가 우리 밭을 망가뜨린다면 나보다 더 속상해할 사람이고 말이야."

"테너 아저씨는 좋은 이웃이에요, 아버지."

"그 사람도 나처럼 자기네 땅과 우리 땅을 구분하는 울타리가 있어야 한다고 생각할 거다. 울타리는 이웃을 갈라놓는 게 아니라 하나로 만들어 준다는 사실을 태너 아저씨도 잘 알고 있어."

"그런 생각은 미처 못 했어요."

"이제 알게 됐잖니."

202

Q 67 상담 구조화를 할 때 어떤 내용을 포함해야 할까요?

앞에서 설명한 것처럼 구조화는 내담자에게 상담에 대한 오리엔테이션을 해 주는 과정이면서 상담 구조의 경계(울타리)를 세우는 과정이라고 하였는데 어떤 오리엔테이션이 필요한지, 어떤 경계를 세워야 하는지 내용들을 말씀드리겠습니다. 이 내용들은 상담 기관의 특수성에 따라 혹은 개업상담자의 경우에는 개업상담자 자신의 성격과 필요에 따라 그 내용들이 다를 수 있습니다. 여기에서는 대부분의 상담 기관에서 필요한 구조화 내용을 위주로 설명하고자 합니다.

첫째, 상담이 무엇인지, 상담에서 어떤 작업을 하게 될 것인지, 상담자가 하는 일이 무엇이고 어떤 식으로 도움을 주는지, 내담자는 무엇을 해야 하는지 알려 주는 내용이 포함됩니다. 이 구조화 과정은 내담자와 첫 회 상담에서 내담자의 어려움을 파악하고 상담 목표를 합의한 후 상담자의 임상적 목표와 대략적인 전략의 내용들을 전달하면서 자연스럽게 이루어질 수 있습니다. 예를 들면 다음과 같이 구조화할 수 있을 것입니다.

> "○○씨 오늘 이야기한 것처럼 ○○씨가 이성 관계를 안정적으로 잘 이루기 위해 우리가 같이 노력해 봅시다. 나한테 맞는 이성 관계를 잘 선택하고 있는지, 이성 관계 중에 갈등이 생길 때가 언제인지, 이성 관계 중 갈등을 어떻게 풀어 가야 하는지 등에 대해 살펴보고, 내 마음, 선택, 행동들에 대해 재고해 보는 시간이 될 겁니다. 상담 중에는 ○○씨가 이와 관련된 이야기를 자유롭게 하면 됩니다. 저는 이야기를 잘 듣고 더 잘 이해하기 위해서 도울 거예요. 상담자-내담자는 선생님-학생이나 의사-환자 관계와는 달라서 제가 어떻게 하라고 해결책이나 정답을 드리진 않을 거예요. ○○씨가 자신을 스스로 이해할 수 있고, 스스로 어려움을 풀어 나갈 수 있도록 돕는 게 제 역할이니까요."

203

둘째, 상담이라는 구조의 울타리(경계)를 만드는 과정 중 기본이 되는 비밀보장에 관해 설명해 줍니다. 상담이라는 울타리 안에서 일어난 일, 이야기들은 비밀보장이 된다는 내용이지요. 그래서 내담자는 다른 일상적 관계에서와는 달리, 이 공간에서 안심하고 이야기를 자유롭게 할 수 있게 됩니다. 그러나 비밀의 한계도 알려 주어야 합니다. 내담자나 타인의 생명이 위험해지는 상황에서는 이를 돕는 것이 더 우선적이므로 이는 비밀보장의 예외가 된다는 내용이지요. 다음과 같이 비밀보장에 대해 안내를 할 수 있을 것입니다.

"○○씨가 여기서 하는 모든 이야기는 비밀보장이 됩니다. 단, 예외 사항이 있는데요. ○○씨가 위험해지거나 타인이 위험해지는 때, 예를 들면 자해나 자살, 타해나 타살 등과 관련이 될 때는 비밀보장보다 생명이 중요하기에 도움을 청하기 위해서 이야기를 할 수도 있습니다."

한편 상담 수련생들은 지도감독자에게 상담 사례에 대한 슈퍼비전을 받게 되거나 사례발표를 하기 위해 사례 내용을 다른 상담자들과 공유하게 되는데, 이는 비밀보장의 예외 상황이라고 할 수 있습니다. 이러한 경우에도 내담자에게 비밀보장에 대해 안내해야 합니다. 더 좋은 질의 상담을 제공하기 위하여 경력자 상담자에게 상담에 대한 지도를 받고 있고 상담 내용을 지도하는 상담자와 공유하게 된다는 점, 그렇지만 내담자의 인적 사항에 대해서는 철저히 비밀을 지키고 있다는 점을 이야기하고 이에 대한 허락을 받아야 합니다. 슈퍼비전을 받기 위한 녹음도 비밀보장과 관련된 내용이므로 이에 관해서도 이야기하고 동의를 구해야 합니다. 이러한 내용에 대해서는 내담자에게 '상담 동의서'와 같은 양식으로 안내하고 내담자의 동의를 받을 수 있습니다. 어떤 내담자는 상담 내용에 대하여 본인과 상담자 외의 제삼자에게 (비록 상담에 도움을 받기 위한 상담전문가라 하더라도) 공개되는 것을 꺼릴 수도 있습니다. 이럴 때는 이에 대한 필요성과 철저한 비밀보장에 대한 구체적인 방안 등에 대해좀 더 설명해 줄 필요가 있을 것입니다. 특히 녹음에 대한 동의와 공개사례 발표에 대한 부분은 예민할 수 있는 부분이기에 상담 동의서 양식에서 안내했다 하더라도 구두로 한 번 더 설명하도록 합니다.

셋째, 상담이라는 구조의 울타리(경계)는 시간과 공간에 대한 것으로도 표현될 수 있을 것입니다. 상담은 약속된 시간에 얼마나 자주, 어느 정도의 시간 동안 상담이 진행되는지, 시간 조정을 할 때는 어떤 식으로 할 수 있는지, 일정한 상담 공간에서 진행된다는 것 등에 관해 이야기합니다. 보통 상담 기관에서는 상담을 일주일에 한 번 정해진 시간에 50분을 진행하고, 시간 조정이 필요하면 상담 기관 데스크에 연락을 취해 상담 24시간 전에는 알리도록 하고 있습니다. 혹시 내담자가 사정상 지각하게 될 경우라도 정시에 끝나게 됩니다. 이러한 경계와 관련된 내용은 상담소나 상담자마다 조금씩 다른 규칙이 있을 수 있습니다. 예를 들면, 어떤 상담 기관에는 노쇼나 당일 취소가 3번 이상이 될 때 상담이 종결되는 규칙이 있는 곳도 있습니다. 유료 상담 기관의 경우 노쇼나 당일 취소를 하면 상담료를 지급해야 한다는 규칙이 있기도 합니다. 어떤 상담소의 경우 상담 횟수가 정해져 있다면 이에 관해 설명도 해야 합니다. 공간의 경우에는 내담자가 상담소를 찾아옴으로써 자연스럽게 설명하지 않아도 어떤 공간에서 진행되는지 알게 되고, 상담소에서 상담을 진행하는 것이 자연스러운 일입니다. 그러나 간혹 내담자가 외부 카페나 집에서 상담하기를 원하고 초보 상담자가 이에 응하는 때도 있습니다. 하지만 일정한 상담소와 상담실이라는 울타리에서 진행되는 것은 비밀보장의 측면, 내담자에게 최대한 집중할 수 있는 환경적 측면, 상담자와 내담자로서의 관계로만 유지하는 측면에서 매우 중요합니다. 그리고 시간과 공간 외에 유료 상담소의 경우에는 상담 비용에 대해서도 안내합니다. 상담 비용이 얼마인지, 어떤 방식으로 지급하는지, 언제 지급하는지에 관해 설명합니다.

넷째, 앞에서 제시한 상담 구조의 울타리 외에도 여러 가지 울타리(경계)를 세워야 하는 측면들이 존재합니다. 예를 들면, 감정 표현은 언어적으로는 얼마든지 자유롭게 할 수 있지만 폭력적인 행동으로 화를 표출하면 안 된다는 점, 흡연은 불가하다는 점, 상담 외 시간에는 상담자와 만나거나 연락하지 않는다는 점 등이 있을 수 있습니다. 그리고 상담 기관이나 상담자의 특성에 따라 필요한 경계를 세우기도 합니다. 이러한 경계에 대한 설명은 처음부터 모든 내담자에게 일관적으로 다 할 필요는 없습니다. 이와 관련된 문제가 생겼을 때 하면 됩니다.

Q 68 첫 면접에서 호소문제 다루는 것에 몰두하다 보면 구조화하기가 어려워요. 구조화는 언제, 어떻게 하나요?

어떻게 보면 상담자가 상담 시간 50분을 지키고, 첫 면접에서 호소문제를 듣고, 이에 집중하여 이야기를 나누는 상담 과정 자체가 상담의 울타리를 만들어 나가는 것이라 할 수 있습니다. 상담자가 이렇게 상담 진행을 이끌어 가면서 상담이 어떻게 진행된다는 것을 자연스럽게 보여 주면 내담자는 상담의 경계를 익히게 됩니다. 많은 기관에서는 상담 신청서를 쓸 때 상담 동의서를 읽고 동의하는 서명 절차를 거치면서, 상담에 대해 기본적인 구조화를 하고 들어갈 수 있습니다. 그래서 구조화하는 시간을 절약할 수 있지요. 그렇지만 중요한 오리엔테이션은 한 번 더 이야기해야 하기에, 상담 중에 구두로 구조화하는 시간을 일정 시간 염두에 두는 것이 좋습니다. 처음 상담을 시작할 때 간단히 인사를 하고 녹음과 메모에 관한 동의를 구하면서 자연스럽게 비밀보장에 대해 안내할 수 있습니다. "제가 ○○씨 상담에 도움이 되기 위하여 녹음과 메모를 해도 될까요? 물론 모든 상담 내용은 비밀보장을 철저히 할 것입니다." 등과 같이 간단히 이야기합니다. 이미 상담 동의서에 관한 안내가 있었기 때문에 이 정도로 간단히 해도 됩니다. 그런데 이때 녹음이나 메모에 대한 불안을 보이거나 동의하는 데 주저함을 보이는 내담자가 있다면 조금 더 자세한 안내를 해 주는 것이 필요합니다. 그리고 바로 상담에 어떻게 오게 되었는지 호소문제를 물으면서 이야기를 시작합니다.

호소문제를 듣고 상담의 목표를 수립하였다면 대략 5분 정도를 남겨 두고 끝부분에 상담에 관한 구조화를 합니다. 상담을 시작할 때 구조화부터 시작하면 분위기가 조금 딱딱해질 수 있는데, 상담이 끝날 무렵에 하게 되면 상담자와 어느 정도 라포 형성을 하였고 내담자의 답답한 부분을 풀어내어 여유가 생긴 상태여서 구조화 작업을 좀 더 편안하게 할 수 있습니다. 상담 끝에 내담자의 호소문제와 목표에 대해 정리하면서 상담자의 목표와 전략도 내담자의 눈높이에 맞추어 설명하는 과정에서 상담의 과정이 어떠한 것인지, 앞으로 내담자가 임해야 하는 태도와 역할, 상담자의 역할, 상담 시간 약속 등과 관련된 규칙을 자연스럽게 연결하여 설명할 수 있습니다. 다음은 간단한 구조화의 한 예시입니다.

> "상담은 ○○씨 마음으로 여행하는 것과 같아요. 제가 그 여행에 동행하면서 ○○씨가 스스로 자신의 길을 찾도록 도울 거예요. 그래서 ○○씨가 적극적으로 자신의 마음을 느끼고 표현하시는 게 도움이 됩니다. 그리고 상담은 12회를 진행하게 될 텐데요, 매주 화요일 여기에서 1시부터 50분간 진행하게 됩니다. 혹시 시간에 변경 사항이 있으시면 전날까지 ~로 연락을 주시면 됩니다."

마지막으로, 오늘 상담이 어땠는지 소감을 듣고 내담자에게 상담의 진행과 관련되어 궁금한 점이 있는지 묻고 이에 대해 답해 주는

207

시간을 갖습니다. 그리고 나서 이후 상담의 시작을 어떻게 해야 하는지 다음과 같이 안내해 줍니다.

> "오늘은 첫날이라 어떤 어려움으로 오셨는지 제가 주도적으로 많이 물어봤는데요, 다음 시간부터는 ○○씨가 우리 상담 목표를 염두에 두면서 하고 싶은 이야기를 어떤 것이든 자유롭게 시작하시면 됩니다."

혹은 1회에 호소문제를 듣고 나서 상담 목표를 설정하고 2회에 검사해석을 하는 상담 세팅에서는, 2회에 검사해석이 있을 예정이라고 이야기한 후에 검사해석을 마치고 앞의 이야기를 하면 됩니다. 이를 통해 내담자가 매번 상담 주제를 본인이 정해서 이야기한다는 점을 구조화하는 것입니다. 이러한 형식이 대략 첫 회 상담에서 진행하는 구조화 내용입니다. 그런데 구조화는 첫 회 상담에서만 진행하는 것이 아니라 필요할 때마다 해야 하는 작업이기도 합니다. 예를 들면, 내담자에게 스스로 주제를 선택해서 이야기하는 것임을 구조화했음에도 불구하고, "선생님 오늘은 무슨 얘기를 하면 좋을까요?"라고 질문할 수 있습니다. 이럴 때 처음에 얘기를 시작하기가 낯설고 어려움을 공감하고 나서 다시 구조화하면 됩니다. 때로는 내담자가 아무 연락 없이 오지 않거나 지각할 때도 내담자에게 시간 변경의 규칙이나 노쇼와 관련된 규정을 이야기해 줄 수 있습니다. 지각하더라도 정시에 끝나는 점에 대해서는 언어적으로 이야기하지 않고도 정시에 상담자가 상담을 마침으로써 행동으로 구조화할 수도 있습니다. 때론 내담자가 상담자에게 위기 상황이 아님에도 불구하고 아무 때나 위안을 바라면서 혹은 질문이 있다고 하면서 연락할 때도 상담 외 시간의 연락에 대한 구조화가 필요합니다.

이렇게 내담자가 상담 과정에서 상담의 울타리를 벗어나는 행동을 할 때마다 구조화할 수 있습니다. 이러한 구조화들은 모든 내담자에게 다 할 필요는 없고 필요한 내담자에게만 하는 것이 좋습니다. 그런데 이렇게 상담의 구조화를 하는 것이 자칫 내담자에게 규칙을 강조하고 딱딱한 분위기를 주어 상담 관계를 형성하는 데 방해가 될까 봐 상담자들이 구조화하는 것에 관해 부담을 느낄 수도 있습니다. 그러나 이렇게 상담의 구조를 깨는 내담자의 행동은 내담자의 문제행동과 관련이 되기에, 내담자가 상담의 구조를 깼을 때 상담자가 화를 내지 않으면서 그리고 모른 척하지도 않으면서 이를 잘 다루어 나가는 것은 치료적 효과를 가져올 수 있어서 중요합니다. 상담자가 상담 구조의 경계가 잘 지켜지지 않을 때 경계를 설정하는 방법에 대해서는 이후의 질문과 답에서 좀 더 설명하고 있습니다.

Q 69 구조화할 때 '상담이란 무엇인가'를 설명하기가 막막한 기분이 들어요

내담자에게 상담이 무엇인지 간단히 설명해야 할 때가 있을 것입니다. 어떨 때는 이에 대해서 제가 설명문으로 써 놓은 것을 읽어 보도록 권하기도 합니다. 다음은 내담자들에게 상담이 무엇인지에 대해서 구두로 하기에는 너무 긴 내용이라 글로 안내하는 내용입니다.

흔히 상담이란 용어는 경험과 지식을 갖춘 전문가가 그렇지 못한 사람에게 문제해결을 위해 정보나 조언을 제공하면서 도와주는 것을 의미합니다. 그러나 심리상담에서는 결코 정보나 조언을 통해서만 문제를 해결하기 어렵습니다. 이미 답이나 방향은 주변의 많은 사람이 조언을 해 주고 있고, 자신도 알고 있지만(예: 일찍 일어나고 일찍 자고, 운동하면 우울증은 없어져, 그 사람은 너를 학대하는 사람이니 그 관계는 끊는 게 좋겠어, 너무 불안해하고 있는데, 불안해한다고 뭐 달라지겠니?, 떠나 버린 사람 때문에 슬프겠지만 어서 슬픔을 딛고 일어나야지 등) 그렇게 하기 어려워서 심리상담을 찾습니다.

법률 상담이나 주택 상담 등의 일반 상담과는 달리 심리상담은 해답은 알지만 실천할 용기가 없거나 해답을 실천하는 것을 가로막는 또 다른 심리적 장애물을 다룹니다. 이러한 장애물들은 인간의 사고와 정서, 의지, 행동, 때론 무의식 등 복합적으로 작용하여 생겨난 부분들인데, 심리상담에서는 이를 검토하고 깨달아 스스로 해결책의 실마리를 찾아낼 수 있도록 도와줍니다.

또한 심리상담에서 상담자는 문제의 실마리를 찾도록 돕지만 결국 상담을 받는 분(내담자)이 스스로 해결해 나가도록 돕는 역할을 합니다. 상담자는 내담자 자신의 고통을 이야기하게 하고, 원인에 대해 스스로 짚어 볼 수 있도록 하며, 더 깊이 자신의 문제를 들여다볼 수 있도록 돕습니다.

이를 위하여 심리상담자는 무작정 내담자 편을 들어 주거나 빠른 위로를 하는 것이 아니라, 내담자가 어려움을 호소할 때 그 속에 담긴 것(감정, 생각, 갈등 등)이 무엇인지 정확하게 이해하기 위해 질문도 하고, 상담자가 이해하고 느낀 바를 확인하면서 내담자가 자신의 문제를 더 깊이 들여다보는 기회를 제공합니다. 상담자가 중심을 잡고 버티면서 자기 탐색의 여행을 계속하도록 격려하지요. 이를 통해 내담자는 자기 어려움의 해결책을 스스로 찾게 됩니다.

이런 글을 읽으면서 내담자가 상담의 과정에 대해 좀 더 그림을 잘 그릴 수 있도록 도울 수 있습니다. 한편 내담자에게 상담이 무엇인지 직접 이야기할 때는 비유적으로 간단하게 이야기하는 것도 좋습니다. 어떤 상담자는 "상담의 과정은 퍼즐 맞추기와 같아요. 처음에는 어지러워 보이고 여기인가 저기인가 맞춰 보고 아닌가 하며 혼란스럽지만, 끈기 있게 시도하다 보면 나중에는 점점 윤곽이 드러나는 것처럼 자기에 관한 이해를 할 수 있어요." 또 어떤 상담자는 "상담은 책상 정리와 비슷해요. 정리하기 위해 책상 서랍을 다 꺼내 펼쳐 놓지요. 그리고 여기에다 정리해야 할 것, 저기에다 정리할 것, 버릴 것 등을 구분하여 다시 정리하는 것처럼 내 생각과 경험을 펼쳐 놓고 내가 취할 건 취하고 버릴 습관이나 생각들은 버리면서 나에 대해 정리를 할 수 있지요."라고 비유를 들기도 합니다. 또 어떤 상담자는 "상담은 미지의 세계에서 새로운 길을 찾아가는 과정이랍니다. 그 과정에서 제가 동행을 하게 되는 것이지요."라고 이야기하기도 합니다. 상담자가 상담의 과정이 무엇인지 곰곰이 생각해 보고 자신에게 맞는 표현을 찾아보며 내담자에게 설명해 주면 좋습니다.

211

Q70 상담을 구조화하고 이를 일관성 있게 지키는 것이 중요한 이유는 무엇인가요?

상담은 일방적으로 상담자가 내담자에게 해답을 주는 과정이 아니라 공동의 작업입니다. 상담의 경계(울타리)를 일관성 있게 지키는 것도 내담자와 상담자가 함께 이 상담에 대해 책임지는 행동이지요. 이 울타리가 일관성 있게 지켜질 때 상담자도 내담자도 상담이 안전하다고 느끼게 되어 상담자는 전문적 상담의 도움을 줄 수 있는 능력이 보호되고, 내담자도 그 안에서 안전하게 자신을 표현할 수 있습니다. 이러한 경계를 일관성 있게 지키는 것은 여러 의미에서 중요합니다.

첫째, 내담자를 존중하지만 동시에 상담자가 경계를 지키면서 자신을 존중하는 자세를 보여 주는 것이기도 합니다. 그래서 상담자가 경계를 일관성 있게 지키는 태도는 내담자가 자기 존중적 자세를 모델링할 수 있는 기회가 되기도 합니다. 둘째, 경계를 지키지 않는 내담자는 때로는 자신의 의존적 성향이나 통제 강박 성향 등이 반영된 심리적 역동일 수 있습니다. 이 심리적 역동을 반복적으로 재현하고 있는 한 자신이 왜 그러한 특정한 행동을 지속적으로 하게 되는지 생각해 보지 않게 됩니다. 이에 상담자가 경계 설정을 고수하고자 함으로써 자신의 역동이 반복되는 것에 대해 성찰해 볼 수 있는 기회를 얻게 됩니다. 마지막으로, 치료 설정 한계를 준수하기가 어려운 내담자는 이러한 한계를 받아들이고 이를 준수하는 태도를 학습함으로써 성장할 기회를 얻게 됩니다.

그런데 이러한 경계를 지키기 어려워하는 내담자들이 있습니다. 상담의 규칙을 깨거나 예외적 요구를 자주 하는 경우들이 있습니다. 지각을 지속해서 한다거나, 추가 상담 요청을 자주 한다거나, 위기 상황이 아니어도 속상하다고 상담자에게 연락을 한다거나 상담의 취소가 잦다거나 등의 행동으로 나타나지요. 상담자들은 내담자의 욕구나 사정에 초점을 맞춰 주는 공감적인 자세를 갖고 있어서 혹은 내담자와의 라포 형성을 위하여 이러한 상담의 울타리를 일관성 있게 지키는 것을 어려워하는 경우가 있습니다. 어떤 상담자의 경우에는 항상 20~30분씩 지각하는 내담자였는데도, 자신의 쉬는 시간까지 희생하여 지각한 시간을 메워 주며 상담해 주기도 합니다. 어떤 상담자의 경우에는 상담 취소가 잦아도 이에 대해 언급하지 않고 다음 상담 약속을 친절하게 잡아 줍니다. 그러나 이러한 치료적 울타리가 잘 유지되지 않을 때 상담자는 여러 가지 이유로 짜증날 수 있습니다. 처음에는 내담자를 위해 시간을 내어 주고 싶다는 마음이 가득하였을지는 몰라도 자신의 휴식 시간을 희생하는 것이 반복되다 보면 화가 날 수도 있고, 상담의 진척이 잘 되지 않는 것에 대해 지치면서 화가 날 수도 있습니다. 그리고 여러 가지 과한 요구를 하는 것에 대한 혼란스러움으로 화가 날 수 있습니다. 처음에는 자유롭게 허용하였으나 내담자가 더 요구하게 되고, 이 요구들이 상담자의 한계를 넘어서게 되면 내담자와 상담자는 서로 힘겨루기를 하게 되며 이는 결국 상담 관계를 훼손시킵니다.

이렇게 상담의 경계가 무너지면 상담자가 의식적이건 무의식적이건 부담을 갖게 되고, 불편하고 화가 나게 됩니다. 상담자가 화가 난 상태에서 상담을 치료적으로 하기는 어렵습니다. 그리고 내담자도 자신의 호소문제와 상담에서 경계를 허무는 행동이 밀접하게 연결되어 있기에 이에 대해서 해결하지 않고는 치료가 일어나기는 어렵지요. 어떤 내담자는 경계를 지키지 않는 행동이 상담자를 시험하는 행동이기도 하고, 어떤 내담자는 자기 위주의 행동에 대해 문제의식을 느끼지 못하는 특권의식을 반영하기도 하고, 어떤 내담자는 이 행동이 강박 증상이나 우울 증상 등과 관련이 되기도 합니다. 예를 들면, 상담 시간에 계속 지각하는 한 내담자의 경우 호소문제가 미루기 행동이었는데 상담의 지각도 같은 문제가 반복되고 있었습니다. 이에 상담자는 상담 경계를 일관성 있게 지키는 것을 고수하면서 상담 경계를 허무는 내담자 행동의 중요한 의미를 이해할 수

213

있도록 도와서 치료적으로 도움을 줘야 합니다. 이처럼 경계가 지켜지지 않는 상황에서 어떻게 접근할 수 있는지에 대한 몇 가지 예시를 다음에서 설명해 보도록 하겠습니다.

Q 71 첫 회 상담에서 구조화했지만, 이후에 경계가 깨질 수 있는 상황이 있거나 이 경계를 잘 지키지 않는 내담자들에게는 어떻게 이야기해야 할까요?

경계를 설정하고, 상담의 규범을 지키도록 요청하는 것, 혹은 '이건 안 하기를 바란다.'라고 이야기하는 것은 실은 불편하고 유쾌한 일이 아닙니다. 약간은 잘못을 지적하거나 혼내는 느낌이 들 수 있어서 조심스럽기도 합니다. 그러면 경계를 잘 지키지 못하는 내담자에게는 어떻게 다가가는 것이 좋을까요? McWilliams(2007)는 심리치료에서 내담자에게 이 경계를 설정해야 하는 근거와 이유에 관해 설명해 주는 것이 중요하다고 이야기합니다. 그리고 경계 설정의 필요성에 대한 이유를 '내담자인 당신을 위해서 필요하다.'라고 이야기하기보다는 상담자의 사정과 바람에 관한 것으로 말해 주면 내담자들이 좀 더 동의하고 협조하게 된다고 말하고 있습니다.

따라서 내담자에게 경계를 설정할 때 우리가 많이 배운 I-message로 전달하는 것이 효과적일 것 같습니다. 즉, 내담자의 구체적인 행동을 이야기하고 그 행동이 상담자에게 어떤 영향을 주고 있으며 상담자의 욕구가 무엇인지를 이야기하면서 협조를 구하는 것입니다. 여기에 덧붙여서 내담자의 욕구나 상황에 대해서 인정해 주고 서로의 욕구를 어떻게 타협할 수 있는지 논의해 볼 수 있을 것입니다. 다음에 이어지는 질문과 답변은 경계가 잘 지켜지지 않는 여러 상황에서 경계 설정을 하기 위하여 상담자가 어떻게 이야기할 수 있는지 좀 더 구체적으로 제시해 보았으니 참고하기를 바랍니다.

Q 72 내담자가 상담이 끝나기 10분 전에 중요한 이야기를 꺼내는 경향이 있는데 그 이야기를 끊지 못하고 듣게 돼요. 상담을 마치는 시간이 자꾸 늦어지게 되는데 내담자가 서운해할까 봐 이야기를 끊지 못하겠어요. 이때도 상담 구조화가 필요한 시점인가요?

이렇게 상담 막바지에 중요한 얘기를 꺼내게 되면 상담자는 난처해집니다. 이야기를 끊자니 중요한 얘기를 끊는 것 같아 미안하고, 이야기를 끊지 않고 듣자니 끝나는 시간이 자꾸 지연되는 것 같아 불편합니다. 상담에서 이러한 패턴이 계속 보인다면 내담자가 어쩌면 비슷한 느낌을 사회생활 속에서 타인에게 주고 있을 수 있습니다. 자신의 정당한 권리나 주장을 편안하고 쉽게 행사하지 못하며 눈치를 보면서 참고 있다가 어느 순간 더 이상 참지 못할 때 이야기하게 됩니다. 그런데 때론 사람들이 불편한 상황에서 그 권리나 주장을 내세우게 되므로 자꾸 거절당하게 됩니다. 그래서 내담자는 억울함이 쌓일 수 있습니다.

한편 이러한 내담자는 자신의 경계를 침범할 수 있는 타인의 요청에 대해 불편한데도 자기 모습을 투사하면서 미안해서 거절을 잘 못하기도 합니다. 이에 상담자는 이러한 내담자에게 자신의 경계를 지켜 내는 것에 대한 모범을 보여 주는 것이 중요합니다. 상담자가 편안하게 자신의 경계를 지키는 모습을 보면서 내담자는 자신의 경계를 지키는 것과 타인의 경계를 존중하는 것에 대해 배울 수 있습니다. 그래서 내담자는 처음부터 자신에게 중요한 이야기를 시작해도 괜찮다는 감각을 갖게 될 것입니다. 혹시 상담자가 상담을 제시간에 끝냄으로써 경계를 설정하고자 할 때 내담자가 거절당하는 것 같아 화나 억울함 혹은 슬픔 등이 올라오면 이에 대해 논의할 수 있어서 또 치료적 상황이 될 수 있습니다. 상담자는 다음과 같이 심플하게 얘기하면서 자신의 경계를 세울 수 있을 것입니다. 경계 설정은 하되 내담자의 중요한 이야기에 대해 상담자가 알고 있고 존중하고 있다는 메시지를 함께 전해 볼 수 있습니다.

> "지금 중요한 이야기를 꺼내셨는데 미안하지만, 상담 시간이 다 되었습니다. 다음 시간에 이 이야기를 이어 갔으면 좋겠습니다."

혹은 내담자의 패턴에 대해 논의하기 위한 이야기를 해 볼 수도 있습니다.

> "몇 번 상담하는 동안 계속 ○○씨가 중요한 이야기를 상담 말미에 꺼내시고 있다는 것을 알게 되었습니다. 그런데 그렇게 되면 상담 시간이 다 되어 이야기를 더 깊이 할 수 없어 아쉽기도 하고 그 얘기를 끝내게 해야 하는 제가 미안해지기도 합니다. 혹시 이런 부분에 대해 알고 계시나요?"

이렇게 말하면서 내담자의 패턴과 상담자가 받는 영향에 관해서 이야기하며 이 자체를 말해 볼 수 있습니다. 그리고 내담자의 다른 인간관계 패턴과 연결을 지을 수 있다면 이에 대해 연결 지으면서 이야기해 볼 수도 있을 것입니다.

Q 73 내담자가 고통스러운 중요한 이슈를 꺼냈는데 상담 시간이 종료된 경우에는 시간을 넘겨 그 이야기를 다뤄도 될까요? 이 내담자는 상담 말미에 중요 이슈를 꺼내는 패턴을 보이는 경우는 아니었어요. 이때는 어떻게 구조화해야 하나요?

이때도 되도록 상담의 경계를 지키는 것이 좋습니다. 5분 정도 조금 시간을 넘길 수는 있지만 이 부분을 다루기 위해 20~30분 시간을 더 쓰게 된다는 것은 상담자가 내담자의 고통 앞에서 고통에 대한 미안함과 과한 책임이 일어난 것일 수 있습니다. 그리고 이렇게 많은 시간을 넘겨서 상담을 진행하게 되면 부담이 되어 내담자를 볼 때 불편해질 수도 있습니다. 그래서 내담자의 고통에 대한 상담자의 마음은 전하되 경계를 지키는 것이 좋습니다.

> "지금 너무 고통스러운 중요한 이슈를 어렵게 꺼내셨는데 안타깝게도 상담 시간이 다 되었습니다. 지금, 이 이야기를 시작하면 시간이 없어서 중요한 이야기를 다루지 못한 채 마무리가 되어 마음이 안 좋을 것 같네요. 지금은 마음을 좀 추슬러 보고 다음 시간에 이 이야기를 꼭 이어 나갔으면 좋겠습니다."

이렇게 상담자의 안쓰러움을 충분히 전하면서도 상담 경계를 지키는 행동을 할 수 있습니다. 혹시 내담자가 고통스러운 이슈가 떠올라 이에 대한 감정 등이 해소되지 않고 다음 상담 약속까지 감당하기가 너무 어려울 것 같아서 염려된다면 다음과 같이 추가 회기를

217

제안해 볼 수도 있을 것입니다.

> "혹시 다음 상담까지 지금 마음으로 일상생활을 하기가 어려우시거나 위기감을
> 느끼실 것 같다면 추가 회기를 잡을 수 있습니다. 지금 추가 회기 약속을 잡아 드릴
> 수도 있고 생활하시면서 지켜보고 연락을 주셔도 됩니다."

Q 74 자주 상담을 빠지거나 지각하는 내담자의 경우 어떻게 상담 구조화를 하면 좋을까요?

우선 지각에 관한 이야기를 해 보겠습니다. 어떤 내담자는 상담자를 신뢰하는 것에 대한 두려움으로 스스로 거리를 조절하기 위한 무의식적 행동의 표현으로 지각을 할 수도 있고, 어떤 내담자는 강박적인 증상으로 인해 집을 나올 때 여러 강박행동을 하느라고 때맞춰 오지 못하는 것일 수도 있습니다. 또는 우울감 때문에 침대에서 일어나기가 너무 어려워서 시간 맞춰 상담을 오는 것이 힘든 내담자도 있을 수 있습니다. 어떤 내담자는 시간 관리가 전반적으로 안 되고 있는데 상담에 늦는 것도 이 행동 패턴의 일환일 수 있습니다. 상담에 지각하는 대부분의 경우 내담자의 현재 어려움과 연관되어 있을 때가 많기에 이를 상담에서 다루는 것이 중요합니다. 그러나 지각 행동이 내담자의 증상이나 여러 무의식과 관련되어 나타날 수 있기에 '지각하면 안 된다.' 식의 일방적인 이야기보다, 지각하더라도 상담은 정시에 끝내면서 지각 행동에 대한 책임을 질 수 있도록 하되 (지각은 내담자가 한 행동인데 지각해서 진행하지 못한 상담 시간을 연장해 주는 것은 내담자의 행동에 대하여 상담자가 책임지는 것입니다.), 지

각에 대한 상태나 마음을 다루는 것이 좋겠습니다.

내담자가 지각하는 경우 지각을 해도 상담자가 제시간에 끝나는 것으로써 비언어적으로 경계 설정을 할 수 있을 것입니다. 혹은 다음과 같이 상담자의 입장을 얘기하면서 지각 행동에 관해 이야기를 꺼낼 수 있을 것입니다.

> "○○씨가 지각하더라도 정시에 상담을 끝내야 해요. 그런데 상담에서 충분히 이야기를 나누지 못하게 돼서 ○○씨에게 충분한 도움을 드리지 못하는 것 같아 전 아쉽네요. ○○씨는 어때요?"

이번에는 상담 취소에 대한 부분을 얘기해 보겠습니다. 물론 대부분의 상담소에서는 내담자의 사정에 따라 상담의 취소나 시간 변경이 가능하다고 안내하고 있을 것입니다. 그리고 어떤 상담소의 경우에는 상담 취소나 변경은 상담 전날까지 알려 줘야 한다 등의 규칙이 있을 수 있습니다. 이러한 규칙과 관련하여 제가 근무했던 기관의 이야기를 해 보겠습니다. 이 기관은 무료 기관이었는데 내담자들이 너무 쉽게 노쇼와 당일 취소를 하는 경우가 많았습니다. 이에 따라 많은 상담자가 지치게 되었고, 상담 진행도 꾸준히 할 수 없어 내담자에게도 도움이 되지 않았습니다. 그래서 노쇼나 당일 취소 3회 이상 시 종결된다는 규칙을 세워 강제력을 행사하게 되었습니다. 이 기관에서 이 규칙이 있기 전과 후를 경험한 저는 개인적으로 이 규칙이 마음에 듭니다. 무료 기관에서 상담받는 내담자들이 좀 더 책임을 갖고 상담에 참여하게 되자 상담자들이 좀 편해진 부분도 있고, 내담자도 상담에 좀 더 집중하게 되니 상담의 치료 효과도 더 높아지는 것 같았습니다. 상담자들이 노쇼나 당일 취소에 대한 상담의 경계를 설정할 때도 이 규정을 근거로 하기에 이야기하기도 쉬워졌습니다. 처음에 상담을 신청할 때 상담 동의서에 이 규정이 설명돼 있고, 이를 읽고 내담자가 사인하게 되어 있습니다. 그런데도 노쇼를 하게 되면 저는 다음과 같이 이야기해 줍니다.

> "○○씨 상담소 규정상 노쇼나 당일 취소를 3회 이상 하게 되는 경우 자동 종결을 하게 되어 있어요. 이 규정을 잘 지키셨으면 좋겠네요. 상담을 계속하고 싶어도 이 규정 때문에 상담을 못 받으시게 되면 저도, ○○씨도 속상해질 것 같아요. 혹시 스케줄이 어렵게 되면 꼭 잊지 말고 챙겨서 전날까지 연락을 주시면 좋겠어요."

이렇게 말하면서 이 규정을 다시 한번 상기시켜 주며 잘 지키기를 요청할 수 있습니다.

그런데 어떤 내담자는 이 규칙을 잘 지켜 미리 연락은 하지만 상담을 너무 자주 취소하기도 합니다. 내담자의 현재 생활 중에 여러 가지 일이 복잡하고 일이 많아서 스케줄 조절이 어려운 경우일 수도 있습니다. 그렇지만 너무 잦은 상담 취소는 상담의 연결성과 안정감을 떨어뜨려 상담의 효과가 떨어지기에 다음과 같이 표현해 볼 수도 있을 것입니다. 이를 통해 상담 경계를 다시 세우는 계기를 마련해 볼 수 있습니다.

> "○○씨, 지난 두 달 상담을 진행하는 동안 취소를 많이 하셨네요. 보통은 8회 정도 진행할 수 있는 기간인데 저희는 3번밖에 못 만났어요. 그런데 이렇게 띄엄띄엄 만나면 집중적으로 얘기하고 생각해 보는 게 어려워 상담 도움에 한계가 있게 되지요. ○○씨는 어떤 것 같으세요?"

이렇게 취소나 변경과 관련된 이야기를 해 보면 내담자를 탓하는 뉘앙스를 주지 않으면서도 상담의 경계를 세워 볼 수 있을 것입니다.

Q 75 대학상담소에서 근무하다 보니 학교에서 내담자를 만나게 되는 경우가 있어요. 이때 내담자에게 반갑게 인사를 해야 하는지, 아니면 모르는 척 지나가야 할지 모르겠어요. 이때도 상담에 대한 구조화가 필요한가요?

상담자들은 상담실 밖에서 내담자와 마주치는 것이 부담스러울 수 있습니다. 상담소 안에서 상담자로서 역할을 하는 모습과 밖에서 사적인 공간과 시간에서 보이는 모습이 조금 다를 수 있기 때문이지요. 한 번은 제가 상담소와 가까운 곳에서 거주했던 적이 있었는데 같은 동네에 내담자가 살고 있어서 동네에서 편안하게만 다닐 수 없었던 기억이 있습니다. 그 경험 후에는 상담소와 거주지가 어느 정도 떨어져 있는 것이 필요하겠구나 생각하게 되었습니다. 상담자 측에서도 사적 공간을 보장받지 못해 불편한 부분도 있겠지만 상담 자체에도 영향을 주는 요인이 될 수 있어 더 조심스러운 것 같습니다. 내담자가 상담자에 관해 기대하고 있다가 상담자의 사적 모습을 보고 상담자에 대해 편견을 가질 수 있고, 이것이 때로는 상담 진행에 영향을 줄 수도 있습니다. 상담자가 상담자의 역할에 충실할 수 있는 것은 상담이라는 시간과 장소의 경계가 있어서 가능한 부분이 있는데, 이 경계가 허물어지면 문제가 생길 수 있습니다.

다시 질문으로 돌아가자면, 대학상담소에서는 그래도 상담자의 근무 시간 중에 내담자를 마주치는 경우여서 상담자들이 내담자들을 학교 안에서 만나는 것이 그다지 부담스럽지 않을 수 있습니다. 상담자가 상담실 외의 장소에서 내담자를 만났을 때 인사하는 부분에 대한 저의 대답은, "내담자의 반응에 맞춰서 그만큼만 하는 것이 좋을 것 같다."입니다. 내담자가 친구들이랑 가고 있는데 상담하는 사실을 친구들에게 알리고 싶지 않아 상담자를 보고도 인사를 안 하고 싶어 하며 눈을 피할 수도 있습니다. 때로는 내담자가 상담자를 보고 너무 반가워하면서 인사를 크게 할 수도 있습니다. 따라서 상담자는 내담자의 반응을 보면서 그만큼의 정도에 맞춰서 하는 것이 좋습니다. 그렇지만 이런 부분이 애매하고 또 마주칠 가능성이 있다면, 앞으로 만나게 될 때 인사를 어떻게 하면 좋을지 이야기해 두면 좀 더 수월하게 대처할 수 있을 것입니다.

222

Q 76 상담자에게 상담 외 시간에 자주 연락하는 경우 어떻게 구조화해야 할까요?

내담자가 상담자에게 연락을 취해야 할 필요가 있을 때는 언제일까요? 상담 회기를 취소하거나 변경해야 할 필요가 있을 때, 그리고 실제 응급상황으로 도움을 요청해야 할 때일 것입니다. 그러나 특히 경계선 성격장애 내담자들과 같은 성격장애 내담자들은 자주 그리고 늦은 밤과 같이 적절하지 않을 때 상담자에게 전화나 문자를 하면서 상담자를 지치게 합니다. Yeomans, Clarkin과 Kenberg(2013)에 의하면 이런 빈번한 내담자의 연락에 상담자가 지치는 이유는 전화의 빈도뿐만 아니라 아무리 많은 시간을 할애해도 그것이 결코 충분한 느낌을 내담자들에게 주지 못하기 때문이라고 합니다. 상담 기관에서는 보통 상담자의 번호를 주지 않고 상담소 데스크 대표 전화를 알려 줘서 직접 상담자와 연락하지 않게 하고 있는데, 이러한 시스템은 상담자가 상담에만 더 집중할 수 있는 상담의 구조를 제공하기 위한 울타리입니다. 그래서 보통 대학상담소에서는 상담자에게 연락해야 할 경우, 데스크에 전화해서 메모를 남겨 두게 합니다. 그리고 위기 상황에서는 데스크를 통해 상담자와 연락이 되면 상담자가 연락을 줄 수 있고, 그렇지 못할 때는 위기 상담을 받을 수 있는 시스템을 열어 놓거나 외부 기관에 의뢰하기도 합니다. 근무 외 시간의 위기 상황에서는 상담소에서 도움을 주지 못하니 이때는 연락할 수 있는 위기 전화상담이나 응급 서비스 기관에 전화를 걸 수 있도록 안내하고 연락처를 알려 줍니다. 상담자가 항상 대기하며 내담자를 도울 수는 없기 때문에 위기 상황에 좀 더 잘 대처할 수 있도록 여러 자원을 동원하는 것입니다.

그런데 개업상담자의 경우, 혹은 상담 기관의 상담자라 할지라도 내담자의 위기 상황에 전화할 수 있도록 상담자 번호를 오픈하였을 때는 좀 더 상담자와의 연락에 대한 구조화가 필요합니다. 상담 변경 관련 혹은 위기 상황에서 연락할 수 있고 연락이 가능한 시간을 알려 주었음에도 불구하고, 만약 내담자가 기분이 상할 때 혹은 여러 가지 요구사항으로 자주 연락할 때는 다시 상담에 대해 구조화해야 합니다. 이때 상담 구조화하는 방법을 McWilliams(2007)가 훌륭하게 제안했기에 그대로 인용해 보겠습니다. 이럴 때 McWilliams는 "미안하지만, 나는 개인적인 시간이 필요합니다. 집에서는 치료와 관련된 전화를 받지 않습니다. 하지만 나는 당신에게 도움이 필요하다는 것을 충분히 이해합니다. 그러나 어떤 다른 방법이 있는지 같이 얘기해 봅시다."라고 이야기한다고 합니다. 즉, 상담자의 욕구를 이야기하면서

(사적 시간의 필요) 정확히 경계 설정을 하되(상담 근무가 끝난 시간 이후에는 연락할 수 없음), 내담자를 공감하면서(힘든 상황에서 도움이 필요하다는 점에 대해 공감함) 내담자의 욕구를 충족시키며 상담자의 욕구도 충족시킬 수 있는 대안을 살펴보는 것입니다(이때 어떻게 하면 좋을지 구체적으로 의논해 보자고 제안). 이 대안으로 예를 들면, 내담자가 힘들 때 명상 훈련을 하는 것, 이완훈련을 하는 것, 친구 누구에게 연락을 해 보면 좋을지 구체적으로 생각해 놓는 것, 나를 기분 좋게 하는 것들에 대해 생각해 보는 것(초를 켜고 차 마시기 등), 밤에 전화상담을 할 수 있는 곳에서 전화상담을 받는 것이 가능할 것입니다.

개업상담자로서 상담 번호를 오픈하고 있는 저는 상담 변경과 관련해서는 문자로 연락하면 된다고 안내합니다. 가끔 전화가 오는 내담자도 있는데 위기 상황의 가능성이 있는 내담자로부터 근무 외 시간에 전화가 왔을 때는 전화를 받습니다. 그리고 "혹시 지금 위급하신 상황인가요?"라고 묻고 위기 상황이면 위기 대처 개입을 합니다. 그리고 그런 상황이 아니라고 하면 "제가 전화로는 2~3분 정도 짧게만 이야기할 수 있어서 충분히 ○○씨 얘기를 하지 못할 것 같아 도움이 안 될 것 같습니다. 가능하시면 다음 상담까지 좀 참아 보시고 그때 이야기할까요? 혹시 너무 급하시면 가장 빠른 시간으로 추가 상담 약속을 잡아 드릴 수 있습니다."라고 이야기하면서 내담자들의 상담 외 연락에 대해 구조화할 수 있습니다.

그러나 가끔 내담자의 특성이나 상담자의 허용 가능성에 따라 융통성 있게 구조화할 수도 있습니다. 한 내담자의 경우 힘든 감정을 일주일 동안 감당하기 어려워하며 상담자에게 연락을 시도하였습니다. 이야기를 나눈 결과, 이메일로 상담자에게 그 힘든 감정 내용을 보내는 것만으로도 도움이 된다는 것을 알게 되었고, 힘들 때 상담자에게 메일을 보내되 상담자가 답장하지는 않을 것이라는 점을 합의한 적이 있었습니다. 어떤 대학상담소의 상담자는 내담자가 자주 연락을 시도하였을 때 그 원인이 내담자가 매일 불안을 견디기가 어려워서라는 것을 알게 되었다고 합니다. 그래서 일주일에 한 번 만나서 상담하는 세팅에서, 매일 10분씩 5일 동안 상담소에 와서 상태를 모니터링하는 것으로 상담 구조화를 다시 한 일도 있었다고 합니다. 이처럼 상담 외의 시간에 연락하는 내담자들에게 새로운 틀이나 대안을 만들어 개입하는 특수한 경우도 있을 수 있습니다. 그러나 보통은 상담 외 시간에 연락하는 것에 대해 한정함으로써 상담 시간에 상담자와 내담자 모두가 집중할 수 있는 환경을 만드는 것이 중요합니다.

Q77 어떤 내담자는 상담자와 내담자의 관계가 불공평하다고 해요. 본인만 상담자 앞에서 개방하는 것이 불편하다고 하는데 상담자-내담자 관계에 대한 구조화가 필요할까요?

내담자의 이러한 질문에 대해서 상담자가 상담자-내담자 관계에 대해 구조화해 볼 수도 있고, 내담자의 불편한 감정을 다루면서 내담자의 이슈와 관련해서도 나누어 볼 수 있는 내용인 것 같습니다. 우선, 상담자도 상담자-내담자 관계에 대해 정립해야 이에 대한 구조화도 효과적으로 하고 여유 있게 내담자의 문제와도 연결할 수 있기에 상담자-내담자 관계란 어떤 관계인가에 대해 좀 더 이야기해 봅시다.

보통 관계에서는 한쪽만 자기의 동기, 무의식 그리고 취약점 등을 드러내야 하는 관계라면 분명 힘이 기울어진 특수한 관계일 것입니다. 그리고 만일 한 사람이 이 힘을 이용해 다른 사람을 조종하거나 조롱한다면 파괴적인 관계가 되겠지요. 상담 관계에서도 어쩌면 내담자만 자신의 많은 면을 상담자에게 드러내고 상담자에 대한 정보는 드러나지 않을 수 있습니다. 그러나 상담 관계에서는 내담자를 치료하는 목적으로 합의하여 내담자가 자신을 더 잘 알아갈 수 있도록, 그리고 자신에게 더 이익이 되는 방향으로 변화하도록 내담자 자신을 드러내는 관계입니다. 즉, 상담자가 내담자에게 영향력을 행사하도록 권한이 부여되지만, 상담자는 이를 내담자를 돕는 좋은 목적으로 이용하고 자기 영향력을 이기적으로 휘두르지 않습니다. 오직 치료적으로만 사용하지요. 혹시 상담자 자신의 사적 욕구로 이 영향력을 휘두른다면 이는 비윤리적 행동에 속하며, 혹시라도 부지불식간에 비윤리적인 행동을 할 수도 있기에 상담자들은 끊임없이 자신 스스로를 경계하고 있으며 교육도 수시로 받고 있습니다. 또한 상담자는 내담자가 자신을 드러낸 내용들에 대해 함부로 조언하거나 제언하지 않고 내담자 스스로 원하는 것을 찾을 수 있도록 중립적인 태도를 유지하며 도움을 주고자 합니다. 상담자 자신의 가치를 들이밀지 않는 이러한 가치 중립적 태도도 내담자가 자신을 드러내는 것으로 인한 힘의 균형이 깨질 수 있는 위험을 막아 줍니다. 상담자가 힘을 행사하지 않고 중립적인 태도를 유지하는 것은 어떤 변화를 수용하고 거부할 것인지, 어떤 속도로 변화할 것인지를 정하는 사람은 바로 내담자 자신이라는, 내담자를 존중하는 철학을 반영합니다.

요약하면, 상담에서 내담자만 드러내는 상황으로서 상담자는 내담자에 대해 많은 것을 알지만 내담자는 상담자에 대해 잘 모르기에, 상담자-내담자는 상호 동등하지 않은 관계이고 정보 공개가 불평등한 관계가 맞습니다. 그러나 이 불평등한 관계는 내담자를 돕기 위해 필요한 불평등입니다. 상담자가 자신에 대해 공개하고 보통 관계처럼 상호의존적 욕구가 있다면 내담자는 자신의 문제에 몰두하기 어려울 것입니다. 이에 상담자의 이기심으로 그 정보들을 사용하지 않고, 비밀보장과 비판단적 태도가 전제되며, 내담자의 긍정적 변화에 도움을 주고자 하는 목적을 가진 이 불평등한 관계는 치료에 필요하고 특수한 불평등 관계라고 할 수 있을 것입니다. 그러나 상담자는 내담자에게 집중하고 공감하고자 노력하면서 두 사람 사이에 친밀감과 연대감이 생겨납니다. 그리고 상담자 사생활에 대한 공개 없이도 상담자 자신의 감정과 생각이 진솔하게 드러나기에 인간 대 인간의 평등하고 상호적인 관계가 될 수 있다는 것도 덧붙이고 싶네요.

따라서 질문으로 돌아가서 내담자가 상담자 앞에서 혼자만 공개하여 불공평한 관계인 것 같아 불편하다고 이야기할 때 다음과 같이 이 관계에 관해 이야기하면서 자연스러운 구조화를 해 볼 수 있을 것입니다.

> "○○씨가 말씀하신 것처럼 이 관계에서 일방적으로 자신만 노출하는 것이 불공평하게 느껴지고 불편하게 느껴질 수 있습니다. 그런데 그 점이 상담 관계의 특수한 특성이랍니다. ○○씨 어려움을 해결하는 것에만 집중하기 위해 상담자는 상담자의 역할만 해야 하기 때문이지요. 그러나 이 불공평한 관계에서 내담자분의 권리와 존엄성을 지키기 위해 상담에서는 비밀보장, 존중, 중립성 등을 통해 노력할 것입니다. 그렇지만 혹시 상담 도중에 불편한 마음이 들 때면 말씀해 주시기를 바랍니다."

Q 78 비대면 상담에서는 어떤 구조화가 필요할까요?

코로나19로 인해 심리상담 분야에서는 몇 년 동안 비대면 상담을 위주로 진행해 왔습니다. 그래서 지금은 비대면 상담도 코로나19 이전보다 활발하게 진행되고 있는 것 같습니다. 그런데 비대면 상담을 좀 더 효과적으로 하기 위해서는 대면 상담과의 차이점들을 살펴보고 비대면 상담의 상황에 맞게 진행하는 점이 중요합니다. 상담 구조화의 측면에서도 비대면 심리상담 상황에서 구조화를 해야 할 점들이 있어 보입니다. 그럼 대면 상담과는 달리 비대면 상담에서 일어날 수 있는 특수한 상황들 몇 가지 예시를 제시해 보고 이때 어떻게 구조화하면 좋겠는지 말씀드려 보겠습니다.

상담자 A는 내담자와 비대면으로 상담하는 도중에 내담자가 상담 화면을 보면서 다른 작업을 하는 것 같은 느낌이 들어 집중이 안 되었다고 보고하였습니다. 그러나 이 부분에 대해 어떻게 얘기해야 할지 몰라 당황스러웠다고 합니다. 특히 화상으로 진행되니 직접 알 수도 없고, 느낌만 있어서 더 이야기를 못했다고 하였습니다. 이런 상황은 보통의 대면 상담에서는 잘 일어나지 않는 일이지요. 이때도 상담자가 참고만 있지 말고 다음과 같이 상담자의 느낌을 확인해 보면 좋겠습니다.

> "○○씨 확실히는 모르겠지만 ○○씨가 저를 잘 안 보시고 다른 소리도 나는 거 같아서 지금 상담에 집중이 되는 상황인지 잘 모르겠어요. 혹시 지금 상담하면서 다른 작업도 하시나요? ○○씨가 다른 작업을 동시에 하시면 저도 대화 중에 집중이 자꾸 흩어져서 도움을 잘 못 드리게 되는 것 같으니, 상담에만 집중해 주시면 좋겠어요."

이처럼 현재 어떤 일이 일어나고 있는지를 확인해 보고, 상담자로서 도움을 주고 싶다는 욕구를 표현하면서 상담에만 집중할 수 있도록 요청하는 구조화를 할 수 있습니다. 상담자가 불편한데도 참고 있으면 내담자의 의도를 더 추측하게 되고 내담자에게 부정적 감정도 생길 수 있으니 그런 감정으로 번지기 전에 상담 구조화를 하는 것이 필요합니다. 그런데 이러한 상황이 비대면 상담에서는 있을 수 있음을 알게 되었다면 상담 시작 전에 비대면 상담에 대해 구조화를 할 수 있을 것입니다. 예를 들면, 비대면 화상상담에 집중할 수 있도록 상담 중 SNS 등 타 프로그램을 함께 켜 두지 않으며, 타 프로그램의 팝업이 뜨지 않도록 설정해 달라고 안내할 수 있습니다. 그리고 상담 진행 도중 이메일 확인 등 다른 행동을 하지 않도록 안내할 수 있습니다.

또 다른 비대면 상담에서 구조화가 필요한 예시를 들어 볼게요. 상담자 B는 상담 도중 내담자가 옆을 보는 행동을 하였는데 상담하는 곳에 내담자 외에 다른 사람이 있는 느낌이 들었습니다. 비대면 상담을 막 시작한 시점이기 때문에 상담자도 우왕좌왕하는 시점이었고, 비대면 상담에 대해 어떤 구조화를 해야 하는지 확실히 하지 않은 시점이었기 때문에 이런 일이 있었던 것 같습니다. 지금은 상담을 시작하면서 구조화를 할 때 대면 상담과 달리 비대면 상담에서 추가되는 내용들이 생기고 있습니다. 앞의 사례와 관련해서는 상담이 시작될 때 상담 내용이 유출되지 않도록 비밀 유지가 잘되는 장소에서 매체 상담을 진행하도록 미리 안내를 해야 했을 것입니다. 개방된 카페, 야외, 공공장소, 다른 사람이 있는 곳에서는 상담이 이루어지지 않도록 당부하는 내용을 미리 구조화했다면 좋았을 것입니다. 만약 처음에 이러한 구조화가 되었음에도 지켜지지 않았을 때

229

는 다음과 같이 이야기해 볼 수 있겠지요.

> "○○씨 상담 중에 누가 옆에 있으면 ○○씨도 편하게 이야기하기 어렵고 저도
> 의식이 되어서 편하게 얘기하기 어려울 것 같아요. 혹시 아무에게도 방해받지 않
> 고 이야기가 다른 사람에게 들리지 않을 수 있는 장소로 옮겨 주실 수 있나요?"

그렇다면 비대면 상담에서 구조화되어야 할 내용으로 생각해 볼 수 있는 점을 몇 가지 제시해 보겠습니다.

첫째, 비대면 상담으로 상담이 어려운 내담자에 대한 경계를 세우는 것이 필요할 것입니다. 임상적으로 정신증이나 높은 불안이나 우울을 겪고 있는 경우, 자살 충동을 포함한 행동화 가능성이 큰 내담자의 경우, 약물중독 경향성이 있는 내담자의 경우에는 비대면 상담의 시행에 한계가 있을 수 있음을 안내하고 내담자 선별을 하는 것부터 상담의 경계를 세우는 구조화라 할 수 있습니다.

둘째, 상담자와 내담자가 어떤 환경에서 상담을 진행하게 되는지 화면 너머의 환경에 대해 합의해야 할 것입니다. 즉, 상담자와 내담자 모두 자신 외에 다른 사람이 있지 않은 밀폐된 공간으로 비밀보장이 지켜지는 공간의 필요성, 타인과 외부 소음으로부터 방해받지 않을 수 있는 공간에서 상담이 진행되도록 하는 것에 대한 안내 및 합의 그리고 확인이 필요할 것입니다.

셋째, 비대면 상담이기 때문에 발생되는 비밀보장 관련 사항들을 합의해야 할 것입니다. 예를 들면, 비대면 상담은 동의 없이 상담 내용을 내담자가 녹화하기 쉬운 환경인데, 이렇게 상담자 동의 없이 영상 녹화를 하여 공개하거나 유출해서는 안 된다는 점을 알려야 할 것입니다. 매체 상담에서 상담자도 녹음 녹화 등을 하고 있는지 그

리고 정보들에 대해 안전하게 관리와 보안 유지를 하고 있는지에 대한 안내도 필요합니다. 화상상담의 한계로 해킹 등의 보안 유지가 어려울 수 있고, 비언어적 메시지를 통한 의사소통이 어려울 수 있는 점 등에 대해서도 미리 알립니다.

넷째, 매체 상담 때 연결이 불안정하거나 끊어지는 상황이 발생할 수 있는데, 이때 전화상담으로 전환하는 등의 대처 방안을 미리 준비하고 내담자와 논의하는 것도 구조화 내용에 포함될 수 있습니다.

다섯째, 혹시 상담 중간에 소음이나 주변 상황에 방해 요인이 있으면 이에 대해 체크하고 확인하면서 상담의 환경이 조성되었는지 알고 재구조화하면서 진행하도록 하는 것이 필요할 것입니다.

여섯째, 안정적 화상상담의 환경을 확보하기 위해 인터넷 접속 환경 및 사운드, 카메라 각도 등을 확인하고 시작합니다.

일곱째, 화상상담 도중 다른 프로그램을 온라인에서 함께 사용하지 않도록 안내하고, 상담 도중 이메일이나 다른 SNS 등 앱을 함께 켜 두지 않으며 상담에만 집중하도록 권장합니다.

이러한 내용들을 포함하여 한국상담심리학회 사례연구위원회(2023)에서는 온라인 화상상담 구조화 필수 요소를 다음과 같이 상담의 흐름대로 제안하고 있으니 참고 바랍니다.

〈표 5-1〉 온라인 화상상담 필수 구조화 요소(한국상담심리학회)

요소	번호	내용	확인	
상담 준비	1	상담자는 상담 시작 10분 전 온라인 화상상담실에 먼저 접속하고, 내담자가 접속할 수 있도록 미리 개방	☐	☑
안정적 상담 공간 확보	2	내담자가 온라인 화상상담에 접속하는 물리적 장소가 심리적으로 안정적인 환경인지 확인하고, 상담자의 온라인 화상상담 접속장소를 내담자와 공유 – 불가피한 상황이 아니라면 물리적인 이동 중에 온라인 화상상담에 참여하지 않도록 권장 – 되도록 비밀보장이 되는 분리된 개인공간에서 혼자서 온라인 화상상담 플랫폼 접속을 권장	☐	☑
	3	온라인 화상상담 도중 SNS 등 타 컴퓨터 프로그램 및 앱을 함께 켜 두지 않도록 권장 – 되도록 전체화면으로 온라인 화상상담에 참여하여 다른 프로그램을 온라인 화상상담과 함께 사용하지 않도록 안내 – 온라인 화상상담 도중 email 확인 등 디지털 기기에서 할 수 있는 다른 행동을 하지 않을 것을 권장	☐	☑
	4	온라인 화상상담 접속기기 확인 – 매번 설정을 새로 하지 않아도 되도록 가능한 동일한 기기를 사용하도록 하며, 중도에 기기를 바꿀 경우 온라인 화상상담 전 기기의 사전점검을 요청. 특히 디지털 기기 변경에 따른 카메라 각도의 변화에 따른 내담자의 얼굴이 다르게 보일 수 있음을 안내하며 접속기기 변경을 하지 않을 것을 권장 안내	☐	☑
	5	인터넷 접속 환경 및 사운드 확인 – 와이파이가 안정적으로 연결되는지 확인하며, 마이크에 목소리 외 잡음이 들리지 않는지 확인하도록 함	☐	☑
	6	카메라 각도 확인: 상담자와 내담자 각각 확인 – 원활한 의사소통을 위해 가능한 얼굴(눈이 보이는 정면)과 상체 움직임이 보일 수 있는 카메라 각도를 내담자/상담자 상호 확인	☐	☑

〈계속〉

돌발 상황 시 긴급연락 방법 안내	7	인터넷 접속이 불안정할 경우 연락 방안에 대한 상의 –인터넷 접속 문제로 온라인 화상상담 플랫폼에 시간에 맞춰 접속하지 못하거나, 중도에 플랫폼이 꺼지는 경우 상담자와 연락할 방법 및 상담 진행 방법에 대한 논의	☐	☑
	8	온라인 화상상담 플랫폼의 기능 문제가 발생 시 대처 방안을 상의 –갑자기 온라인 화상상담 도중 플랫폼이 꺼지며, 다시 플랫폼 작동이 되지 않는 경우 상담자와 연락할 방법과 상담 진행 방법에 대한 논의	☐	☑
	9	이외의 긴급 상황이 생기거나, 개인적 상황으로 인해 상담 일정을 급하게 변경해야 할 때 연락 방법에 대한 논의	☐	☑
보안 및 윤리	10	온라인 화상상담 장면에 제삼자 상담 참여 금지 안내 –온라인 화상상담 장면에 상담자와 내담자 외의 인원 참여 불가에 대한 안내	☐	☑
	11	내담자 온라인 화상상담 녹화 금지 안내 –상담자와의 사전 동의 없이 상담 회기 녹화 금지에 대한 안내(허락 없는 화상회의 녹화 유포 행위는 개인정보보호법 제4조를 위배하는 행위이며 영상 삭제 및 파기를 요청할 수 있음을 안내)	☐	☑
	12	상담자 상담회기 녹화(추후 슈퍼비전) 영상 활용은 상담 목적(추후 상담 준비 및 슈퍼비전)으로만 활용되며,「개인정보보호법」「정보통신망 이용촉진 및 정보보호 등에 관한 법률」에 따라 철저하게 보호됨을 안내(「개인정보보호법」 제15조,「정보통신망 이용촉진 및 정보보호 등에 관한 법률」 제44조 등)	☐	☑

233

초보 상담자를 위한
초기 상담에 관한 99가지 Q&A

제6장
상담 초기 반응과 개입

"상담 초기에는 상담자와 내담자의 리듬 조율부터"

Q79 상담을 보통 초기-중기-종결로 나누는데 언제까지가 상담 초기인가요? 혹시 몇 회까지라고 말할 수 있을까요?

우선 상담의 초기-중기-종결의 전체 상담 과정의 특성을 간단히 말씀드려 보겠습니다. 상담의 초기는 상담의 기반과 토대를 다지는 과정이에요. 풀어서 이야기하면, 내담자와 촉진적 상담 관계를 형성하고, 내담자가 가지고 온 어려움에 대해 여러 정보를 탐색하면서 호소문제를 이해하고, 문제의 촉발 원인과 유지 원인에 대한 관계를 이해하는 사례개념화를 하는 단계입니다. 그리고 이를 토대로 앞으로의 치료 목표와 치료 계획과 전략을 수립하게 됩니다. 또한 상담의 울타리를 잘 만드는 구조화를 통해 내담자가 상담에서 안전하고 자유로울 수 있는 환경을 마련합니다. 이러한 작업을 해 나가면서 상담자와 내담자의 작업 동맹이 단단해지게 되면, 내담자가 상담과 상담자를 믿고 적극적으로 상담에 참여할 수 있는 단계가 되는데, 이때가 바로 중기로 넘어가는 시점입니다. 상담 중기로 넘어가면서 상담자는 내담자가 자신을 이해하고, 더 깊이 인식하고, 새롭게 자각하고 행동할 수 있는 치료적 개입을 하게 됩니다. 이를 통해 내담자는 자신의 문제에 대한 원인을 탐색하면서 통찰과 문제해결이 점차 이루어지게 됩니다. 마지막으로, 내담자가 처음에 가져온 문제가 해결되고 비슷한 어려움이 발생하더라도 스스로 처리할 자신이 생겼을 때 자연스럽게 종결 과정을 밟게 되는 것입니다.

다시 질문으로 돌아와서 상담의 초기는 그럼 언제까지로 봐야 하는지 말씀드리겠습니다. 앞에서 초기에서 중기로 넘어가는 시기가 작업동맹과 관련된다고 말씀드렸는데, 내담자와 상담자의 작업동맹이 어느 정도 단단해졌는지와 관련이 있을 것입니다. 이 작업동맹을 기반으로 상담자가 조금 더 적극적인 상담 개입을 해도 될 것 같다는(예: 문제 원인 통찰하기를 돕는 개입, 직면 등 다르게 생각하도록 하는 개입, 실행을 유도하는 개입 등) 믿음이 생겼다면 중기로 넘어가는 것입니다. 그런데 내담자가 아직 상담에 대한 동기가 불완전하거나, 아직 자신에 대해 이해하고 깊이 통찰해 나가는 과정을 밟기에는 장애의 심각성으로 인해 어려운 상태이거나, 내담자가 자신의 어려움을 너무 이야기하기 어려워하는 상태 등 내담자의 상담에 대한 준비도가 다를 수 있습니다.

이에 상담 초기의 기간이 내담자마다 약간 차이가 날 수 있습니다. 그런데 보통 10~15회로 상담 기간이 정해져 있는 대학상담소의 경우 대략 2회까지 상담의 초기로 진행하고, 3회부터 중기로 들어가게 되는 것 같습니다. 1회에는 호소문제를 듣고, 목표 설정을 하며, 구조화를 진행합니다. 2회에는 필수적으로 하는 검사해석을 하면서 내담자에 대해 좀 더 이해합니다. 이 기간에 상담자는 내담자에 대한 이해를 토대로 사례개념화를 한 후, 3회부터 내담자가 하고 싶은 이야기를 따라가면서 상담 개입을 하게 됩니다. 그러나 내담자의 문제와 증상, 히스토리 등이 다르고 이야기하는 방식도 다르고, 관계 맺는 양상이나 속도도 다르므로 융통성 있게 상담 초기를 진행하면 됩니다. 또한 상담자가 내담자를 총체적으로 이해했다는 감각과 개입 속도 스타일도 달라서 상담 초기를 정확히 단정하긴 어려울 것 같습니다.

요약하면, 내담자에 대한 총체적인 이해를 어느 정도 했고, 내담자와의 작업동맹이 어느 정도 형성된 것 같다는 느낌이 든다면 이때가 중기로 넘어가고 있다고 생각하면 되겠습니다.

Q 80 상담 중기로 가는 분기점이 효과적인 치료 동맹이 형성되었을 때라고 하셨는데요, 효과적인 치료 동맹 형성을 나타내는 신호가 있다면 구체적으로 어떤 것일까요?

맞아요. 치료 동맹이 형성된 후 직면과 같은 치료적 개입을 해야 한다고 하는데 도대체 치료 동맹이 형성되었는지 어떻게 알까요? 그런데 이 부분은 직감적인 부분이라서 상담자 100명에게 물어보면 모두 다르게 표현할 것입니다. 그래서 내가 내담자랑 치료 동맹이 형성되었는지에 대한 정답은 나만 알 수 있으니, 나의 마음과 감각에 지속해서 물어보아야 할 것 같습니다. 그러므로 이에 대한 대답을 정확히 드리기보다는 어떤 질문을 해야 하는지 말씀드려 보겠습니다. 저의 경우에는 치료 동맹이 잘 형성이 되었는지, 그래서 조금 아플 수도 있는 피드백을 해도 괜찮을지를 판단할 때 내담자를 떠올리며 다음과 같이 자문합니다.

우선 내담자 측면에서 상담과 상담자를 어떻게 느낄 것 같은지 자문해 봅니다.

> '이 피드백을 하더라도 내담자가 상담을 신뢰하고 덜 아파할 수 있을까?'
> '이 말이 그냥 판단적으로만 들리고 끝나는 건 아닐까? 자신을 위해서 하는 피드백으로 받아들일 수 있을까?'

그리고 상담자는 내담자에 대한 자신의 마음을 점검해 봅니다.

> '난 이 내담자의 힘을 믿는가?'
> '현재 나는 내담자가 이러저러한 부분이 참 문제인 것 같다는 판단적 시선이 아

239

닌 공감과 이해의 시선을 갖고 있는가?'

'나의 판단이 아니라 내담자를 위하는 마음과 의도를 갖고 배려하면서 표현할 수 있는가?'

이러한 질문들에 제가 '예스'라고 답할 수 있으면 저는 치료적 동맹이 형성되어 있다고 판단할 수 있고, 좀 더 상담 중기에 할 수 있는 개입을 할 수 있게 되는 것 같습니다.

Q 81 초기에는 주로 어떤 상담 면접기법을 사용하게 되나요?

상담 면접기법을 분절적으로 설명하기에는 조금 어렵기도 하고 큰 의미가 있을까 하는 의문이 들기도 합니다. 예를 들면, 질문이 어떨 때는 탐색이라는 기법보다는 공감적 기법으로 느껴질 때도 있고, 요약이 공감으로 느껴질 때도 있고, 공감이 통찰을 유도하는 해석이기도 하는 등 서로 얽혀 있기 때문입니다. 이는 자전거 타기란 두 손으로 핸들 쥐기, 먼저 한쪽 발을 페달에 올려놓기, 그리고 페달을 밟으면서 다른 쪽 발도 페달에 올려놓기, 두 발로 페달을 구르기, 앞을 보고 가기 등으로 얘기할 수 있지만 사실 유기적으로 같이 일어나는 행동들이기에 분절적 설명이 자전거 타기 행동을 실행하는 데 크게 도움이 안 되는 것과 비슷합니다.

그런데도 교육적 측면에서는 또 하나하나 구분해서 설명할 수밖에 없는 한계도 있네요. 이를 감안하고 질문하신 '초기에 주로 사용하게 되는 상담 면접기법'에 관해 말씀드려 보겠습니다. 우선 앞에서 설명한 상담 초기 과정에서 실행해야 할 부분들을 떠올려 보면 좋겠습니다. 상담 초기에는 내담자의 호소문제를 듣고, 내담자의 어려움을 이해하고, 상담 목표를 설정하고 구조화하면서 치료 동맹을 형성해 나가는 개입을 해야 한다고 했지요. 이런 개입과 관련되어 주로 많이 사용하게 되는 상담 면접기법은 다음과 같습니다.

첫째, 내담자가 자신의 이야기를 할 수 있도록 상담자가 배경이 되어 주면서 내담자의 세계로 들어갈 수 있는 '적극적 경청'이 필요하겠지요. 둘째, 내담자의 이야기를 들었다면 잘 들었다고 표현해 주면서 내담자의 심정을 알아주는 이해 전달과 공감 전달을 하게 되는 '재진술, 요약, 바꾸어 말하기, 반영, 공감'과 같은 면접기법이 필요합니다. 이러한 면접기법을 통해 내담자는 이해받고 판단받지 않으며 자신을 알아주는 것에 안도하게 되어 촉진적 상담 관계가 형성될 수 있을 것입니다. 동시에 내담자의 문제와 문제 원인에 대해 더 잘 이해하기 위하여 '질문하기, 탐색하기, 구체화하기'와 같은 면접기법도 필요할 것입니다. 마지막으로, 목표 설정과 구조화를 할 때 '구체화하기, 명료화하기' 등의 면접기법이 필요합니다.

덧붙여 상담 중기에 주로 사용하게 되는 상담 면접기법도 말씀드리면서 상담 초기 기법과 구분해 보겠습니다. 중기에는 문제해결에 초점을 맞추는 자각, 통찰, 심층적 이해, 실행하기를 돕기 위한 면접기법들로 '해석, 직면, 피드백, 자기 개방, 깊은 탐색, 깊은 공감, 정보제공, 행동 촉구' 등을 사용할 수 있습니다. 이러한 면접기법은 상담 초기에는 사용하지 않는 것이 좋은데, 아직 내담자의 문제가 완벽히 이해되지 않은 상태이기에 정확하게 개입하지 못할 확률이 높기 때문입니다. 또한 너무 빨리 사용하면 내담자가 압박을 느낄 수도 있기 때문에 이러한 상담 면접기법은 내담자를 이해한 후 내담자의 수준을 확인하고, 상담 관계를 염두에 두면서 개입하는 등 개입

241

의 타이밍을 주의하며 사용해야 하는 기법입니다.

Q 82 첫 회 상담에서 부적절할 수 있는 면접 개입을 말씀하셨는데, 첫 회 혹은 상담 초기에 하지 말아야 하는 반응이나 조심해야 할 반응이 있을까요?

이에 대해서는 제가 상담 초기에 했던 실수들, 혹은 슈퍼비전하면서 상담자들이 하는 실수 경험에 대한 성찰을 토대로 말씀드려 보겠습니다. 또한 Wolberg(1994)의 내용에 기반하여 신경진(2015)이 정리한 '초기 상담에서 상담자가 하지 말아야 할 내용들'도 참고하였습니다.

첫째, 중기에 사용하게 되는 면접기법(예: 해석, 직면, 깊은 탐색, 피드백, 자기 개방 등)을 상담 초기에 사용하는 것은 적절하지 않습니다. 상담 초기에는 아직 치료적 동맹이 단단하지 않을 수 있고, 내담자에 대한 이해도 불완전할 수 있습니다. 이에 너무 빠른 문제해결적 개입들은 적절하지 않습니다. 예를 들면, 내담자의 역동을 파악하기 위하여 어린 시절의 기억과 가족력을 살펴보는 것은 앞으로의 상담을 위해 필요한 작업입니다. 그러나 초반에 내담자의 역동이 파악되었다고 생각하면서 내담자의 문제와 이 역동을 너무 빨리 연결하여 해석해 주는 것은 초기에 하지 않는 것이 좋습니다. 내담자의 왜곡된 인지적 사고에 대해 바로 다루려고 하는 것도 초기에는 너무 빠릅니다. 그리고 내담자가 아직 상담에 익숙해지기도 전인데 즉시성을 사용하여 상담자의 즉각적인 감정(그것도 약간 부정적인 감정일 수 있는 부분인 지루함이 느껴진다, 약간 짜증이 올라온다, 답답하다 등)을 표현하거나 다루는 것은 내담자가 부담이나 압박감을 느끼게 될 수 있습니다. 또한 내담자의 어떤 행동이나 태도에 대해 너무 빨리 직면하게 되는 것도 상담 초기에는 적절하지 않습니다. 내담자에게 상담 초기는 낯선 상담이란 현장에서 낯선 상담자에게 자신의 약점을 드러내고 있는 두렵고 취약한 순간입니다. 이에 앞선 예시의 개입을 아직 받아들일 준비가 되지 않을 수 있고 부담을 느낄 수 있습니다. 이때 자기 비관적인 내담자는 '내가 이런 경험 때문에 지금 이럴 수밖에 없구나. 난 이렇게 생겨 먹었어. 다 내 탓이야.'라고 생각할 수도 있고, '상담자가 너무 나를 빨리 파악하고 낱낱이 민얼굴을 드러내는 게 너무 수치스러워.'라는 느낌을 받을 수도 있고, '날 알수록 내가 너무 별로인 것 같아.'라는 느낌 등을 받으면서 상담을 진척시키기 어려워할 수도 있습니다. 상담은 일반적인 사교적 대화나 조언 등과는 다른 낯선 대화유형을 사용합니다. 이에 상담자는 상담 초기에는 먼저 상담에 대해 그리고 상담 과정에 관한 설명을 해 주고, 상담이 친숙해지도록 돕고, 내담자의 어려움에 대해 잘 경청하면서 공감하여 안심할 수 있게 하고, 협동적인 관계 속에서 내담자의 역할을 할 수 있도록 준비하는 데 좀 더 집중하는 것이 좋으며, 문제해결과 변화를 위한 개입을 너무 이르게 하지 않는 것이 좋겠습니다.

둘째, 초기에 상담자는 내담자에게 뭔가를 줘야 할 것 같은데 그렇지 못한 것은 아닌가 하는 불안을 해소하기 위해서 혹은 내담자의 어려움이 너무 안쓰러워서 내담자를 무조건 긍정적으로 봐 주고 싶어 하는 경향이 있습니다. 그러나 아직 상담이 많이 진행되지 않아 내담자에 대한 파악이 정확하지 않은 상태에서 내담자에 대한 칭찬은 도리어 도움이 안 될 수 있습니다. 초기에 이러한 긍정적 피드백을 너무 빨리 듣게 되면 내담자는 자신의 고통을 조금 더 얘기하고

243

싶어도 '상담자가 내 고통 그 자체에 관한 관심보다 빨리 나아지는 것을 바라고 있구나.'라고 느끼거나, 더 나아가 '나의 고통을 듣는 것을 상담자는 힘들어하고 부담스러워하는구나.'라고 느낄 수 있어 내담자의 고통에 관한 이야기하는 것을 막게 될 수도 있습니다. 혹은 '나중에 상담자의 지지나 칭찬을 잃으면 어쩌지?' 하는 두려움이 생길 수도 있습니다. 다음은 한 내담자가 경험한 상담자 칭찬에 대한 것입니다. 상담자 칭찬의 부작용을 생생하게 보여 주는 것 같아 인용해 봅니다.

> 제가 만난 상담자분은 첫 만남부터 저를 편하게 대해 주시고 마치 아들처럼 대해 주셔서 좋았습니다. 또한 저에게 "착하다." "나쁜 말을 안 할 것 같다."와 같은 칭찬을 자주 해 주셨는데, 저는 왜인지 그 말 때문에 제 안에 있는 속내들을 상담사분에게 전부 다 꺼내지는 못했습니다. '나의 안 좋은 모습을 보여 준다면 이 상담사분께서 나에게 실망하지 않을까?'라는 생각이 들어서 마냥 편하지는 않았던 기분입니다.

특히 내담자를 칭찬할 때 "착하다." "나쁜 말을 안 할 것 같다."의 표현은 내담자에 대한 칭찬이지만 도덕적 의미와 판단적 의미를 내포합니다. 내담자의 어떤 부분은 받아들일 수 있고 어떤 부분은 받아들일 수 없다는 의미가 내포되면 내담자에 대한 칭찬은 도리어 내담자의 긴장을 유발합니다. 상담에서는 자신의 여러 복잡한 감정과 갈등들을 풀어내는 곳인데 이 감정들이 충분히 풀어지기 위해서는 '상담에서 어떤 이야기를 해도 된다, 판단받지 않고 나를 드러내도 된다, 어떤 감정도 받아들여진다.'라는 안전한 분위기와 신뢰가 필요하지요. 이에 상담 초기에는 내담자의 고통을 묵묵히 듣고 그 고통에 대해 공감하며, 그 고통을 어떻게 견뎌 왔는지 들어 보는 담담한 태도가 오히려 도움이 됩니다. 한편 내담자를 지지해 주고 싶다면 판단적인 칭찬이 아닌 내담자의 자율성과 인내 등에 대한 지지를 해 주면 좋겠습니다. 내담자가 용기를 내서 자신을 드러낸 부분에 대한 지지, 용기를 내서 문제를 풀어 보려는 행동력에 대한 지지, 힘든 상황에서도 견뎌 낸 데 대한 지지는 도움이 될 것입니다.

셋째, 상담 초기에는 내담자들이 상담 장면에 대해서도, 상담자에 대해서도 아직 신뢰가 높지 않기에 약간의 두려움을 갖고 자신의 어려움과 취약성을 내보이게 됩니다. 이에 상담자는 내담자를 판단하는 것 같은 언어 표현에 주의해야겠습니다. 예를 들어, 상담자의 '왜'란 단어는 내담자를 판단하는 듯한 느낌을 줄 경향이 있습니다. 이전 상담에서 조기 종결을 경험했던 내담자에게 상담을 중단한 이유를 물어본 적이 있습니다. 내담자는 이전 상담자에게 자기 친구의 어떤 행동으로 인해 고통스러움을 표현하고 있었는데, 상담자가 "왜 친구의 그 행동이 그렇게 고통스러웠나요?"라고 물었다고 합니다. 내담자는 이 말에서 '상담자는 친구의 행동이 고통을 줄 만한 것이 아니라고 생각하는구나. 나를 이해 못하고, 내가 그것에 고통받았다는 것에 대해 의아하게 생각하며 도리어 날 이상하게 생각하는구나.'라는 느낌을 받았다고 합니다. 물론 내담자의 확대해석하는 태도도 있었고 대인관계 양식과도 관계된 부분이지만 일면(상담자의 의도와는 달리) 상담자의 언어적 측면이 일조한 부분도 있을 수 있습니다. 이에 상담자는 특히 초기 상담에서는 내담자의 상담에 대한 두려움에 주의를 기울이며 질문을 할 때나 어떤 피드백을 할 때 내담자를 판단하는 듯한 태도를 주지 않기 위해 노력하는 것이 필요합니다. 만약 상담자가 "○○씨는 친구가 그 행동을 하는 게 고통스

245

러웠네요."라고 그 상태를 인정해 준 후, "그런데 어떤 마음과 생각으로 고통스러웠는지 좀 더 얘기해 줄래요? 제가 좀 더 잘 이해할 수 있게요." 등과 같이 조심스럽게 얘기했다면 내담자는 덜 판단받는 느낌을 받았을 것 같습니다.

넷째, 내담자들이 상담 초반에 어떤 주제에 대해 말하기를 너무 수치스러워하거나 불안해할 경우, 너무 자세하게 탐색하지 않는 것이 좋습니다. 특히 내담자가 과거의 고통스러운 트라우마 기억에 압도되어 있을 때는 트라우마 기억의 탐색은 내담자의 상태를 보면서 천천히 해 나가는 것이 좋습니다. 아직 상담자와의 관계가 단단하지 않은 초기에 노출하게 되면 상담 후에 내담자들이 이 감정을 잠재우기 위해 행동화(예: 알코올 남용, 자해 등)의 시도를 할 수도 있습니다. 이에 상담자는 "지금 이 고통스러운 경험을 이야기하시기 힘드신 것 같아요. 지금 그 이야기를 안 하셔도 좋습니다. 여기 상담에서는 ○○씨가 마음의 준비된 만큼만 이야기하시면 됩니다. 하고 싶지 않을 땐 안 하고 싶다고 말씀해 주시면 됩니다." 등으로 내담자가 스스로 조절할 수 있는 안내를 해 주는 것도 좋겠습니다.

다섯째, 내담자들의 주 호소문제 중 하나는 관계에 대한 것입니다. 상담 첫날 어머니에 대한 힘든 부분, 남편이나 부인에 대한 힘든 부분, 아이에 대해 화나 있는 부분, 친구, 직장 동료에 대해 화난 부분 등에 대해서 쏟아 내면서 이야기합니다. 그런데 다음 상담에 와서 상담하고 마음이 편하지 않았다는 말을 많이 하곤 합니다. '사실 어머니가 다 나쁜 것이 아니다, 사실 나도 아이한테 잘못하는 게 있다, 사실 남편이 불쌍한 부분도 있는데 내가 너무 욕한 것 같다.' 등을 이야기하면서 자신이 화냈던 대상에 대해 죄책감을 표현하는 경우가 많이 있습니다. 아마 사랑하는 사람이기 때문에 그 갈등이 더 힘든 것이었고, 미움도 더 있었을 것입니다. 상담 초반에 상담자가 내담자의 편을 든다고 "어머니가 너무 했네요." "남편분이 좀 문제가 있네요." 등의 표현을 쓰면서 상대방을 비판하는 내담자의 말에 적극적으로 동조하게 되면, 내담자는 그렇지 않아도 사랑하는 사람에 대한 뒷이야기를 한 것 같아 죄책감이 있는데, 더 죄책감이 증폭되어 힘들어질 수 있습니다. 내담자는 대상을 의식적으로 미워하더라도 무의식적으로는 사랑하고 있을 수 있습니다. 비록 자신은 부모나 배우자에 대해 좋지 않게 이야기하더라도 상담자가 평가적 언급을 하면 내 얼굴에 침 뱉기를 하는 것 같은 기분이 들 수 있습니다. 또한 나를 평가하는 느낌이 들 수 있습니다. 그래서 초기에 내담자가 주변 대상들과의 어려움에 관해 이야기할 때 상담자는 내담자의 입장을 따라가면서 내담자의 감정에 좀 더 초점을 맞추는 것이 좋습니다. 예를 들면, "~상황에서 어머니가 잘못했네요."라는 상대방의 행동에 대한 초점보다, "~상황에서 ○○씨가 많이 화가 났군요."라고 내담자의 감정에 대한 초점을 맞추는 것이 좋습니다. 그리고 내담자가 대상에 대한 욕을 한 것 같은 죄책감으로 힘들어할 때는 "우리는 사랑하는 대상에 대해서 사랑하고 좋아하는 면도 있고, 싫어하고 미워하는 면도 있는데 이것은 자연스러운 현상입니다. 저는 ○○씨가 어머니에 대해 힘든 점을 얘기했다고 해서 그 부분이 어머니의 전부라고 생각하지는 않습니다."라고 대상의 전체적인 면을 보려고 하는 상담자의 태도를 알려 주는 것이 내담자를 안심시킬 수 있습니다.

Q 83 초기에는 작업동맹과 라포를 쌓아야 할 시기라고 했는데, 무엇을 어떻게 해야 작업동맹을 잘 맺을 수 있을까요?

라포(Rapport)는 유대감, 친밀감과 같은 긍정적 애착 관계를 맺는 개념입니다. 내담자가 상담자에게 친밀하고 편안한 마음을 느끼는 것은 상담에서의 여러 작업을 할 수 있는 토대가 되며 치료 성공에도 결정적입니다. 상담 중에 불가피하게 동반되는 다양한 부정적 감정(예: 불안, 좌절, 수치 등)을 견디게 해 주는 것이 바로 이 긍정적 애착 관계인 '라포'라고 할 수 있을 것입니다. Freud(1913)는 내담자들이 상담이나 상담자라는 존재에 애착을 갖도록 하기 위해서는 내담자에게 시간을 주는 일 외에 달리 할 일은 없다고 말하기도 합니다. 그러나 라포를 형성하는 데 도움이 되는 상담자의 태도는 있습니다. 첫째, 내담자와 라포 형성을 잘하기 위해서는 상담자가 내담자의 이야기를 경청하면서 내담자에 대해 민감하게 알아차리고 공감적 반응을 해 주면 됩니다. 둘째, 비판단적 태도로 내담자가 감정을 안전하고 자유롭게 표현하도록 장을 만들어 주는 것이 필요합니다. 이러한 안전한 장은 앞에서 언급한 상담에서 경계와 관련된 구조화를 잘하는 것과도 연관되니 참고하기 바랍니다.

한편, 라포 형성을 토대로 상담자와 내담자가 작업동맹을 잘 맺음으로써 상담의 작업을 좀 더 잘 해낼 수 있게 됩니다. 내담자는 증상이 있거나 장애가 있는 면도 있지만 여전히 자신에 대해 합리적으로 관찰할 수 있는 면도 있습니다. 이에 내담자가 자신에 대해 합리적으로 관찰할 수 있는 면과 상담자가 내담자를 분석하고 치료할 수 있는 면이 서로 손을 잡아 협력하는 것을 작업동맹이라고 할 수 있습니다(Gelso & Carter, 1994). 이러한 작업동맹은 상담 작업에 전념하게 하고, 협력하도록 하며, 상담 중 어려운 시기가 와도 계속 상담할 수 있게 하는 힘이 됩니다. 작업동맹의 요소는 세 요소로 나누어 살펴볼 수 있는데, 상담자와 내담자가 함께 목표를 합의하는 것, 목표가 잘 이루어질 수 있도록 내담자의 역할을 잘 수행할 수 있도록 내담자를 준비시키는 것, 상담자가 내담자의 핵심적 문제를 이해하고 개입할 수 있는 전문가적 역량입니다. 따라서 상담자가 내담자의 호소문제를 들으면서 사례개념화를 명료하게 하고, 이에 기반한 상담 목표를 함께 잘 세우며, 상담의 과정과 내담자의 역할에 대해 구조화하여 내담자가 주도적으로 상담에 참여할 수 있도록 격려하는 것이 작업동맹을 잘 맺는 데 필요한 것이라고 할 수 있습니다.

Q84 초기 상담에서 상담의 개입과 라포 형성 중 무엇을 더 중요하게 택해야 할지 딜레마 상황이 있어요. 이럴 때 어떤 선택을 해야 할까요?

(예 1: 상담 초기에 내담자가 말을 끊지 않고 계속 이어 나가는데, 중간에 내담자의 말을 멈추게 하는 것이 나을지, 아니면 라포 형성을 위해 우선 내담자의 말을 잘 들어 주는 것이 나을까요?)

(예 2: 상담 초기에 내담자의 정보수집에 좀 더 중점을 두어야 하는지, 아니면 라포 형성에 중점을 두어야 할까요?)

많은 초보 상담자의 흔한 실수 중 하나는 치료적 동맹이 확고히 형성되지 않은 채 변화적 개입을 하려는 것입니다. 그래서 항상 치료적 동맹이 어느 정도 되어 있는지를 가늠하는 것이 필요하며, 치료적 동맹이 흔들린다고 생각되면 어떤 작업보다 우선순위를 두는 것이 필요하다는 이야기를 먼저 하고 싶군요.

그럼 질문에서 제시한 예시 부분을 하나하나 살펴보겠습니다. 첫 번째 예시에 대해 말씀드려 보겠습니다. 초기에 내담자가 말을 끊지 않고 계속 이야기할 경우, 우선 내담자가 어떤 상태일지 생각해 보는 것이 필요합니다. 제가 그동안 만났던 내담자들을 떠올려 보면, 어떤 내담자는 자신의 상황에 대해 모든 것을 자세히 이야기해야 상대방이 이해할 수 있을 것이라고 생각하여 이야기를 장황하게 하는 경우가 있었습니다. 혹은 그동안 풀지 못한 채 쌓인 감정과 경험이 많아 어디서부터 어떻게 이야기해야 할지 몰라서 이 이야기, 저 이야기를 왔다 갔다 하며 혼란스럽게 이야기하는 사례도 있었습니다. 어떤 분은 많은 삶의 장에서 자신이 언제나 혼자 책임을 짊어지면서 사셨던 분인데, 상담의 장에서도 책임을 져야 한다는 생각에 이야기를 계속 혼자 이끌어 가는 예도 있었습니다. 아니면 자신에 관해 이야기를 해 본 경험이 별로 없어서 표현이 미숙하여 이야기를 장황하게 하는 경우도 있었습니다. 상담자들은 내담자가 길게 이야기할 때 상담의 개입에 틈이 없어 도움을 주지 못한다는 초조함 때문에 빨리 이야기를 끊고 싶어 하는 것 같습니다. 그러나 상담 초기에는 상담자가 빨리 도움을 주려는 마음보다는 내담자가 어떤 마음 상태로 이야기를 끊임없이 하는지를 이해해 보려 하고, 그 이야기 속에서 무엇을 말하고자 하는지 잘 듣고 핵심적인 부분을 공감해 주거나 요약해 주는 것이 좋습니다. 그 과정을 통해 내담자도 어떻게 이야기를 전달해야 하는지 자연스럽게 터득하기도 합니다. 그러나 이러한 내담자의 대화 습관이 이후에도 지속된다면, 그리고 라포 형성이 되었다고 판단이 된다면 내담자의 대화 패턴에 대해 다음과 같은 피드백을 해 볼 수 있을 것입니다.

"잠깐만요 ○○씨. ○○씨의 고민이 ~라고 하시면서 이야기를 시작하셨는데, 상대방의 사정 얘기가 너무 길어지네요. 그래서 오늘 상담 중에 ○○씨의 고민을 좀 더 듣고 같이 이에 대해 다룰 수 있을까 하는 마음에 제가 초조해져요."

이렇게 피드백하면 상담자가 내담자의 긴 이야기에 관해 판단하고 끊는다기보다 상담자가 도움을 주고 싶어 하는 욕구가 전달되어, 라포 형성에 방해가 되지 않으면서 자연스럽게 이야기를 끊고 요지를 이야기할 수 있게 도울 수 있습니다.

이제 두 번째 예시에 대해 말씀드려 보겠습니다. 상담 초기에는 내담자의 문제와 그 원인을 이해하기 위해 알아야 할 정보가 많이 있습니다. 그리고 내담자에 대해 정확히, 객관적으로 이해하고 평가하여야 앞으로의 치료적 개입을 위해 방향 설정을 할 수 있어서 내담자에 관한 정보탐색을 하는 것은 매우 중요합니다. 그러나 너무 많은 정보를 빨리 얻고자 하는 조급함은 지양하는 것이 좋습니다. 이러한 조급함으로 질문과 정보만 탐색하는 태도는 내담자가 편안하게 이야기하지 못하게 하고, 방어하고 싶은 마음이 들게 해서 라포 형성도 저해할 뿐만 아니라 오히려 자신에게 중요하고 의미 있는 이야기를 가로막을 수도 있습니다. 이에 상담자는 정보탐색의 중요성은 간과하지 않되 내담자라는 사람을 잊지 않은 채 듣는 것이 필요합니다. 좀 더 구체적으로 말씀드려 보도록 하겠습니다. 우선 내담자에게 호소문제가 무엇인지 개방형으로 질문하고 내담자가 자발적으로 이야기하도록 합니다. 그리고 그 이야기를 잘 듣고 요약하고 따라가면서 그중 중요한 주제에 대해 주의를 기울이거나 초점을 맞춥니다. 때론 질문의 형식으로 정보탐색을 할 수도 있지만 질문이 아니더라도 요약이나 재진술, 반영만으로도 내담자는 그 주제들에 대해 더 자세히 이야기할 수 있도록 도울 수 있습니다. 그러면 자연스럽게 중요한 정보를 얻을 수 있습니다. 즉, 상담자가 내담자의 이야기를 잘 들으면서 중요한 이야기에 주의를 기울여 중요한 정보가 나올 수 있게 돕는다면 라포 형성과 정보탐색은 동시에 함께할 수 있는 부분임을 이야기하고 싶습니다.

Q85 초기 상담에서 경청의 중요성에 대해 많이 듣는데, 적극적 경청이 의외로 어려워요

경청은 내담자 말의 의미를 이해하려고 애쓰는 것이며 이를 통해 내담자의 세계로 들어가는 시작이 됩니다. 적극적 경청을 통해 내담자들은 편안하게 이야기할 수 있게 되고, 자신의 문제에 대해 말로 풀어놓으면서 스스로 생각하기 시작하여 문제의 실마리를 찾는 데 도움이 됩니다. 상담자들은 이 경청의 효과에 대해 공감하고 교육도 많이 받았을 것입니다. 그런데도 경청이 마음처럼 잘 안 됩니다.

슈퍼비전에서 초보 상담자들에게 경청과 관련되어 물어본 적이 있습니다. 예를 들면, 내담자의 말을 경청하지 않고 다른 주제로 넘어갈 때, 내담자의 말을 경청하지 않아 내담자의 마음에 조율되지 않은 반응을 할 때 상담자가 어떤 마음의 상태였는지 물어보았습니다. 이때 상담자들은 '다음에 어떤 말을 해야 하지?' '내가 이 문제를 잘 다룰 수 있을까?' '내담자가 울고 있는데 어쩌지?' 등 어떻게 반응하고 개입할지 모르겠다는 생각에 빠져 있다는 것을 알게 되었습니다. 이렇게 되면 온전히 내담자의 말을 경청하는 것이 어려워지는 것 같았습니다. 주의 집중이 '내담자가 지금 어떤 마음 상태이고 어떤 이야기를 하고 싶어 하는가?'에 가 있는 것이 아니라 '상담자로서 내가 어떻게 해야 하는가?'에 가 있게 되면, 아무리 내담자를 돕고자 하는 의도로 들었던 생각이지만 아이러니하게 내 앞에 있는 내담자를 놓치게 됩니다. 즉, 경청을 놓치게 됩니다.

그래서 슈퍼바이저들이 초보 상담자들에게 "상담을 잘하려고 하지 마라, 내담자에게 뭘 해 주려고도 하지 마라!"라는 이야기하는 것 같습니다. 내담자를 도우려는 상담자가 있는데 이 말이 무엇인가 의아할 수 있을 것입니다. 그러나 이 이야기를 다르게 해 보면 상담자로서 뭘 해야 하는지 주의를 두지 말고 내담자에게 주의를 두라는 이야기로 이해할 수 있을 것입니다. 경청을 잘하기 위해서는 내담자를 도우려는 내 안의 생각과 감정조차도 잠시 옆으로 미뤄 놓고, 내담자가 무슨 이야기를 하고자 하는가에만 주의를 두는 것이 필요하겠습니다.

253

Q86 초기 상담에서 공감하면서 듣는 것도 중요할 것 같은데요. 마음으로 공감은 되나 공감을 언어로 전달하는 것이 어색하고 어려워요. 어떻게 공감한 바를 잘 전달할 수 있나요?

내담자가 어떤 이야기를 하는지, 내담자의 세계는 어떠한지, 내담자의 고통은 무엇인지에 대해 주의를 기울여 잘 경청하면서 이해했다면, 그다음 이해한 바를 전달하는 것이 공감 반응입니다. 공감에 관해서는 여러 책과 슈퍼비전, 상담자 교육에서도 계속해서 강조되고 있습니다. 그렇지만 막상 상담의 장면에 들어가면 내담자의 말에 공감이 되고 이해가 된다고 하더라도, 공감 반응하는 것을 간과하고 질문 위주로 반응하든가 조언이나 문제해결에 중점을 두는 경우가 많이 있는 것 같습니다. 아마 초보 상담자들은 공감한 것을 말로 상대에게 돌려주는 대화 양식에 익숙하지 않아서일 수 있습니다. 우리는 일상생활에서 "당신이 그때 마음이 많이 상했군요." 식의 대화를 많이 하지 않기 때문이지요.

이에 여러 상담 교육자가 공감에 대한 연습 방법들을 제안하고 있는데, 그중 Egan(2016)이 제안한 공감의 연습 방법이 간단해서 기억하기도 쉽고 연습하기도 쉽기에 안내해 보려고 합니다. 이는 초보 상담자들이 상담 장면에서 연습해 보면 좋을 것 같습니다. Egan(2016)은 기본적인 공감적 이해 전달 방법으로 내담자의 이야기를 듣고 감정 상태를 파악하여, "~때문에(감정을 불러일으킨 사건, 경험, 행동 때문에), ~한 느낌이 드는군요."라는 표현법을 제안합니다. 물론 이 표현법 자체에만 매몰되어 내담자의 말을 듣고 느끼고 공감하는 단계보다 어떻게 반응할지에만 몰두하지 않기를 바랍니다. 내담자의 이야기를 우선 잘 듣고, 내담자가 처한 맥락 속에서 내담자의 마음을 잘 헤아려 본 후 공감 표현을 연습해 보면 좋겠습니다. 그럼, 다음의 내담자 말에 어떻게 공감하면 좋을지 생각해 봅시다.

> 내담자: 팀장님이 공격적이세요. 저는 그 말투를 더 감당할 수 없겠더라고요. "여기서 가만히 있지 말고 가서 OO 서류 좀 뽑아 와."라고 말씀하시는데, 가슴이 뭔가…….젖은 솜뭉치가 있는 것처럼 답답하고, 긴장감 때문에 힘들고, 아무 말도 없다가 그렇게 공격적인 말씀을 하시니까…….(침묵) 그런데 생각해 보니까 저희 오빠가 그렇게 말해서 무서웠거든요. 제가 치를 떨 정도로 싫어했어요. 그래서 저는 사람들에게 최대한 그런 것을 안 받으려고 제가 먼저 조용조용 그렇게 행동하려고 했거든요.

내담자가 앞에서와 같이 이야기할 때 상담자는 우선 여러 가지를 잘 들어야겠습니다. '팀장님이 갑작스러운 지시를 할 때 내담자는 답답하고, 긴장되고, 힘들고, 무섭다는 감정이 든다.'라는 것을 듣습니다(한편 언어로 표현하지 않은 내담자의 감정으로 무력하고, 화나고, 압도되는 것도 느껴집니다). '팀장님의 태도나 의도를 공격적이라고 판단하는 것'을 듣습니다. 본인의 '이러한 감정의 원인이 아마도 과거에 오빠의 말과 행동과 연결될 것이다.'라고 스스로 해석하는 이야기를 듣습니다(이는 팀장님 태도의 의도에 관한 판단 오류 가능성을 내포합니다). '사람들에게 공격받지 않기 위한 방어나 대처 행동으로 수동적이고 조용조용하게 행동한다.'라는 것을 듣습니다. 이렇게 내담자의 감정, 감정을 일으키는 내담자의 인지적 원인, 감정을 일으키는 과거 경험, 내담자 방어와 대처 행동 등에 대해 듣습니다. 이렇게 경청을 한 후 상담자들의 관점에 따라 다음과 같이 다양한 치료적 개입 포인트를 찾아 다양하게 반응할 수 있을 것입니다.

상담자 A: 팀장님의 행동을 공격적이라고 판단하시면 더 힘들게 느껴질 것 같아요.
→ 내담자의 감정을 인정하면서 또한 팀장님 행동에 대한 내담자의 판단을 스스로 돌아볼 수 있게 해 주고 싶은 의도가 있음.

상담자 B: 오빠는 ○○씨에게 어떻게 했었나요?
→ 과거의 경험과 좀 더 연결을 짓고, 과거의 경험 이야기를 함으로써 묵은 감정을 해소하고자 하는 의도가 있음.

상담자 C: ○○씨가 사람들에게 공격을 안 받으려고 조용조용하게 행동하신다면 어쩌면 ○○씨가 주도적으로 일을 못하지 않을까 생각이 들어요. 그래서 혹시 팀장님도 그 부분에 대한 불만이 있어서 표현을 그렇게 하신 걸까요?

→ 내담자의 수동적 행동이 타인의 반응(팀장님이 내담자를 답답하게 여기게 됨)을 끌어내고 있다는 점을 보여 주고자 하는 다소 해석적인 의도가 있음.

이러한 치료적 개입들은 내담자가 어느 정도 받아들일 수 있는 상태, 신뢰감 형성 정도 등에 따라 다른 타이밍에서 해 볼 수 있습니다. 그런데 그 어떤 치료적 개입보다도 우선하여 상담자는 내담자의 이야기를 잘 경청했고 이해한다는 것을 언어적으로 돌려주는 것이 필요합니다. 그래야 내담자는 상담자가 자신을 이해하고 있다는 데 대해 안도할 수 있고 자기 생각의 오류를 돌아보고, 좀 더 깊은 감정에 접촉하며, 자기 행동이 타인에게 미치는 영향 등을 살펴볼 여유와 용기가 생기게 됩니다. 따라서 다른 어떤 반응들보다 공감 반응을 우선으로 해야 합니다.

그러면 내담자의 말에는 여러 내용이 있었는데 어떻게 공감 반응을 할 수 있을까요? 앞에서 Egan(2016)이 제안한 기본적인 공감 반응에 기초하여 생각해 봅시다. 먼저 내담자의 이야기를 들으면서 내담자의 감정을 느껴 봅니다. 그중 말할 때 가장 도드라지고 강한 감정을 느껴 봅니다. 앞에서 내담자가 가장 도드라지게 느끼는 감정은 긴장인 것 같습니다. 그리고 그 감정을 불러일으키는 상황, 경험, 생각 등을 생각해 봅니다. 내담자가 긴장하게 되는 이유는 팀장님의 말투가 공격적인 것으로 판단하기 때문이고, 과거에 오빠와의 경험이랑 중복되어서 더 그렇게 느껴진다고 하였습니다. 이 부분을 담아 다음과 같이 표현해 보겠습니다.

상담자: 팀장님이 갑자기 지시할 때 옛날에 오빠가 했던 것처럼 공격적으로 받아들여져서 긴장이 많이 되는군요.

이런 공감 반응을 통해 내담자는 자신의 상태를 이해받는 느낌이 들게 되고, 점차 좀 더 깊은 심리적 작업을 해 나갈 수 있을 것입니다.

Q 87 초기에 내담자 정보탐색을 해야 할 것 같아서 질문을 했는데, 질문만 너무 많이 한다고 피드백을 받았어요. 질문과 공감을 어떻게 같이 잘할 수 있을까요?

정보수집을 위해 적절한 질문을 해야 할 필요가 있지만 질문만 너무 많이 하게 되면 내담자는 심문당하는 것처럼 느껴져 방어적으로 되어 입을 굳게 다물거나 영양가 없는 대답을 하게 될 수도 있습니다. 이에 질문을 하되 천천히 내담자가 여유를 갖고 자신에 대해 돌아볼 수 있는 분위기를 형성하는 것이 필요합니다. 이를 위한 방법으로 바로 앞에서 언급한 기본적인 공감 반응과 연결해 보겠습니다. 결론만 말씀드리면 내담자의 이야기를 잘 듣고, 질문이 떠오르더라도 한 박자 쉬면서 내담자에게 공감한 후에 질문을 하라고 말씀드리고 싶습니다. 앞의 사례를 다시 응용해 보겠습니다.

257

내담자: 팀장님이 공격적이세요. 저는 그 말투를 더 감당할 수 없겠더라고요. "여기서 가만히 있지 말고 가서 △△ 서류 좀 뽑아 와."라고 말씀하시는데, 가슴이 먼가……. 젖은 솜뭉치가 있는 것처럼 답답하고, 긴장감 때문에 힘들고, 아무 말도 없다가 그렇게 공격적인 말씀을 하시니까……. (침묵) 그런데 생각해 보니까 저희 오빠가 그렇게 말해서 무서웠거든요. 제가 치를 떨 정도로 싫어했어요. 그래서 저는 사람들에게 최대한 그런 것을 안 받으려고 제가 먼저 조용조용 그렇게 행동하려고 했거든요.

내담자의 이야기를 듣고 상담자는 '과거에 오빠가 어떤 행동이나 말을 내담자에게 했길래 지금까지 크게 영향을 받을 정도로 무서웠을까? 치를 떨 정도로 싫었다는 표현은 꽤 감정가가 큰 표현인데 어떤 경험을 했을까?'가 궁금하였습니다. 그리고 이에 대한 탐색이 중요하다고 판단되어 상담자는 내담자의 이야기를 듣고 바로 "오빠가 어떻게 했었는데요?"라고 물었습니다. 자, 이때 내담자의 내면에는 어떤 파장이 일어날까요? 팀장님과의 일이 지금 힘들다고 얘기하면서 오빠의 일이 생각났지만, 여전히 내담자는 현재 팀장님과의 일이 가장 힘든 상태에 있습니다. 그 마음이 충분히 안아지지 않고 바로 오빠와의 과거 경험에 관한 이야기로 들어가게 되면 현재 팀장님과의 힘든 마음을 혼자 감당한다는 느낌이 들 수 있습니다. 그 마음에 대해서는 혼자 간직하는 데 에너지를 쓰면서 (조금은 다시 힘을 내서) 오빠와의 경험을 끄집어내서 이야기를 시작하게 될 수 있습니다.

그런데 상담자가 조금 다르게 표현해 봅시다.

> "팀장님이 갑자기 지시할 때 옛날에 오빠가 했던 것처럼 공격적으로 받아들이면서 긴장이 많이 되는군요. (침묵) 그런데 오빠가 어떻게 했었나요?"

이와 같이 바로 질문을 하지 않고 내담자의 이야기를 듣고, 함께 느끼고(침묵의 시간이 그 시간일 수 있음) 공감 반응을 한 후 질문을 한다고 해 봅시다. 이럴 때는 내담자의 내면에는 어떤 파장이 일어날까요? 이렇게 상담자가 내담자의 고통스러운 감정에 대해 공감 반응을 해 줌으로써 내담자의 고통스러운 감정은 허공에 날아가 버리지 않고, 혹은 혼자서 감당하지 않고, 상담자의 마음속에 한 번 담기게 되는 것입니다. 그래서 고통을 혼자 견디는 느낌으로부터 함께한다는 느낌으로 변환되면서 덜 고통스럽게 되는 것입니다. 그러고 난 후 오빠와의 경험 고통에 관해 좀 더 깊이 나누고 싶어질 수 있을 것입니다.

그래서 요약하면 내담자의 이야기를 듣고 질문이 떠오르더라도, 한 템포 천천히 '공감 반응 후 질문'하는 연습을 해 보라고 말씀드리고 싶습니다. 그리고 어떨 땐 질문을 빼고 공감 반응만 하고 기다려 보십시오. 상담자 내면에 떠오른 질문을 내담자가 알아서 대답하고 있는 경험을 하게 될 겁니다. 물론 항상 앵무새처럼 반드시 공감 반응을 하고 질문을 해야 하는 것은 아닙니다. 그렇지만 계속 습관적으로 질문 반응만 하게 되는 초보 상담자에게는 필요한 연습이 될 것입니다.

Q 88 상담 초기에 내담자를 깊이 공감한 것 같은데 내담자가 도리어 반발하거나 침묵하는 느낌이 들었어요. 왜 그런 걸까요?

이러한 반응은 여러 이유로 인한 것일 수 있습니다. 먼저, 상담자가 내담자를 정확히 이해하고 공감하려고 노력하지만 때로는 제대로 이해하지 못해서 오는 반응일 수 있습니다. 그러나 상담자가 항상 내담자의 마음을 딱 맞게 공감할 수 있는 것은 아니니 너무 상심하지 않길 바랍니다. 어쩌면 공감 반응을 하는 것은 항상 내담자의 마음을 딱 맞게 맞추기 위해서가 아닌 제대로 이해했는지 확인하기 위해서 하는 것이기도 합니다. 상담자가 공감 반응을 했을 때 내담자가 "맞아요."라고 확인 반응을 해 주면 좀 더 깊은 탐색 등 그다음 단계로 넘어갈 수 있습니다. 그런데 상담자의 공감 반응이 부정확해서 "아닌데요."라고 얘기하면 내담자의 상태를 다시 물어보면서 정확히 이해하려고 노력하면 됩니다. 적극적인 내담자는 상담자의 공감 반응이 부정확한 경우, "아니, 그게 아니라 ~예요."라고 언어적으로 말해 줄 수 있지만, 소극적인 내담자의 경우에는 얼굴을 돌리거나, 주제를 바꾸거나, 침묵하는 등 비언어적으로 표현하는 경우가 많으니 상담자는 공감 반응 후에 내담자의 비언어적 반응까지도 잘 살펴보는 것이 필요하겠습니다.

그리고 때론 상담자가 내담자의 감정 자체는 비슷하게 공감하였으나, 그 깊이나 수준을 다르게 짚을 때 내담자가 반감의 표현으로 침묵을 보이기도 합니다. 예를 들면, 내담자는 "그럴 때 어머니가 약간 싫었어요."라고 표현하였는데 상담자는 "어머니에 대해 격분했겠어요."라고 하는 경우입니다. 이럴 때 내담자는 자신의 감정을 상담자가 과장하거나 상담자 마음대로 느끼고 있다고 생각하여 불편해하며 반발하거나 외면할 수도 있습니다. 이에 상담자는 내담자가 표현하는 감정들의 종류에 대해서도 잘 느껴 보는 게 중요하며, 더불어 내담자가 표현하는 감정의 깊이만큼 느끼고 그만큼의 공감 표현을 해 주는 것도 중요합니다.

또한 상담자가 내담자에게 맞는 공감을 하였으나 내담자가 감정을 느끼는 것은 약한 것이고, 자신은 그런 감정을 느껴서는 안 된다고 생각할 때도 감정에 대해 공감받는 것을 불편해하여 피하려고 하는 일도 있습니다. 또는 내담자에 따라서 특정 감정에 관해 이야기하기 어려운 때도 있습니다. 슬픔이나 우울함에 대해서는 표현을 잘하지만 화의 감정에 대해서는 꺼리는 내담자도 있고, 거꾸로 화내는 것에 대해서는 아무렇지 않게 표현하지만 슬픔이나 수치심 등에 대해서는 회피하는 내담자도 있습니다. 이럴 때 피하는 감정에 대해 상담자가 공감 반응을 하면 반발하거나 회피하기도 합니다. 따라서 내담자의 감정에 대한 태도와 상담자의 공감 반응에 대한 내담자의 반응을 잘 살펴보면 좋겠습니다. 그리고 감정을 받아들이는 것에 대해 불편해하는 내담자에게는 초기부터 너무 자신의 감정을 느끼도록 강조하거나 강요하기보다는, 조금의 시간을 두고 상담자와 라포형성이 될 수 있도록 기다리는 것이 필요합니다. 때에 따라서는 "저라면 ~감정을 느낄 것 같습니다." 등으로 우회적으로 공감 반응을 시도하거나 "기분이 안 좋았겠네요." 등의 다소 포괄적인 공감 반응으로 시작해 볼 수도 있습니다.

마지막으로, 초기에 깊은 공감 혹은 해석적 공감을 하게 되면 도리어 내담자의 반발심을 불러일으키는 일도 있습니다. 공감에는 내담자의 표면적 감정을 읽어 주는 표면 감정에 대한 공감도 있지만 내담자가 표현한 감정 이면에 숨겨진 내적인 상태나 욕구를 읽어 주는 깊은 공감도 있을 수 있습니다. 이러한 깊은 공감은 스스로에 관해 탐색하고 통찰을 가져올 수 있는 깊은 수준으로 확장된 공감입니다. 예를 들면, 내담자가 "조모임을 할 때 제가 잘 못하고, 도움도 못주고, 민폐를 끼칠까 봐 이 수업을 듣는 게 힘들어요."라고 표현했다고 합시다. 표면 감정에 대한 공감은 "조모임 때 도움을 못 줄까 봐 걱정되나 봐요."라고 할 수 있고, 이는 내담자가 이야기한 만큼의 감정선에 맞춰서 한 공감입니다. 그런데 상담자가 "조모임에서 나도 인정받고 싶은데 그렇지 못할까 봐 걱정되네요."라고 내담자의 걱정 기저에 있는 내담자의 욕구를 읽어 주며 좀 더 깊은 공감을 했다고 해 봅시다. 만약 내담자가 이 욕구에 대해 금방 알아채고 이 욕구에 대해 인정하기 쉬운 상태라면 이러한 공감이 도움이 될 수 있습니다. 그렇지만 초기에 이런 심층적 공감은 내담자 자신도 의식하지

261

못하는 욕구일 수도 있고, 받아들이고 싶지 않은 욕구일 수도 있습니다. 그래서 상담자가 심층적 공감을 할 때 자신에 대해 너무 깊이 알고 있다는 느낌으로 혼란을 줄 수도 있습니다. 혹은 자칫 상담자의 부정확한 추측이 될 가능성도 있습니다. 이에 상담 초기에는 심층적 공감보다는 내담자가 표현한 수준의 감정만큼 공감하는 것이 좋겠습니다.

Q89 내담자의 이야기를 들을 때 구체화하라는 피드백을 받았는데, 구체화는 뭘 어떻게 해야 하나요?

구체화 작업은 상담 과정에서 계속 필요하나 특히 상담 초기에 내담자의 어려움을 객관적으로 파악하기 위해 중요한 상담 기법입니다. 구체화란 내담자가 경험한 실제 사실의 실체를 규명하는 작업으로서 주관성을 최대한 배제하고 그 안에 들어 있는 원자료를 얻어 나가는 과정입니다. 때론 내담자들은 실제의 생생한 경험과 고통스러운 감정을 덜 느끼기 위해 모호하고 막연하게 묘사하기도 하고, 책임을 타인이나 환경에 전가하려는 무의식적 동기로 구체적으로 표현하지 않을 수 있습니다. 내담자가 호소문제를 애매하게 묘사하고 있는데 이에 대해서 상담자가 애매하게 이해해 버리면 상담자의 주관성이 많이 들어가게 되어 정확한 이해나 평가가 어렵게 됩니다. 그렇게 되면 이후에 해결책을 모색해 나갈 때도 당연히 어려움을 겪게 되지요. 이에 실제 사실과 그에 대한 내담자의 해석을 구분해 나가기 위해 구체화가 필요합니다. 예를 들어, 한 상담자가 집이 가난해져서 많은 것이 좌절된 상태이고, 세상 사람들에게 수치스러우며, 새로운 시도를 하기도 두렵다고 호소하는 내담자의 이야기를 듣고 있었습니다. 상담자는 내담자가 가난해져서 경제적 어려움으로 인해 많은 것이 막혀 있는 상황인가 보다 하고 막연히 추측하면서 이야기를 듣고 있었습니다. 그러다가 어느 정도로 가난한지 물어보았습니다. 이에 대해 모호하게 대답하자 상담자는 다시 거주지는 자가인지, 몇 평 정도에서 살고 있는지 등을 물어보게 되었습니다. 그런데 경기도 지역이지만 50평대 자가 아파트에 거주한다고 하여서 깜짝 놀란 적이 있습니다. 그전에 살던 곳은 강남 중심지에 있는 비슷한 평수의 아파트였는데 가난해져서 지방으로 이사를 할 수밖에 없었다고 하였습니다. 그 정도 평수가 편한데 서울 중심지에서는 경제적 여건상 그 평수에서 살기가 어려웠기 때문이라고 하였습니다. 이전만큼 생활비를 쓰는 것이 습관화되어 있어 수입이 줄어 수입에 생활을 맞추기가 힘들다고 하였습니다. 만일 상담자가 이 질문을 하지 않았다면 가난한 정도를 마음대로 생각하고 그 생각에 근거해서 반응했을 것입니다. 내담자는 객관적으로 가난하여 이에 대한 대처가 필요한 상황이라기보다 형편이 바뀐 상황에 대해 마음이나 습관 등을 새롭게 적응시키는 것이 필요한 상황이었습니다. 이렇게 구체화를 통해서 치료 개입의 방향을 잡을 수 있는 근거가 마련될 수 있습니다.

263

그렇다면 구체화를 잘하기 위해 어떻게 해야 할까요? 먼저 '내담자의 이야기를 듣고 내담자의 상황이 비디오 보듯이 생생하게 그려지는가?'를 상담자 자신에게 물어보면 좋을 것 같습니다. 내담자가 '가난하다'라고 표현할 때 상담자 혼자 생각하고 추측하는 것에서 끝나지 않고, 내담자의 가난한 모습이 어떤 것인지 실제 생활과 그림이 그려져야 한다는 뜻입니다. 그리고 내담자가 어떤 사건이나 대상에 대해 해석적 혹은 추상적 말을 할 때 실제로 벌어진 구체적인 에피소드를 파악하는 것도 좋습니다. 예를 들면, "우리 어머니는 대화가 안 되는 사람이다."라고 내담자가 이야기할 때, "어머니랑 대화하면서 대화가 안 된다고 느꼈던 최근 에피소드를 이야기해 주시면 제가 더 잘 이해할 수 있을 것 같아요."라고 하면서 어머니와 어떤 대화를 어떤 식으로 했고, 내담자는 어떻게 반응했는지 등을 물으면서 구체화를 해 볼 수 있을 것입니다. 그리고 내담자의 이야기를 들을 때 누가, 언제, 어디서, 무엇을, 어떻게, 왜와 같은 육하원칙을 떠올려 보면서 생략된 부분이 있다면 이에 대한 질문을 하며 구체화를 해 볼 수 있습니다. 내담자가 "이 과제는 정말 지루해요."라고 했을 때 '왜'가 생략되어 있다는 것을 알아차렸다면 "어떤 이유로 지루한가요?"와 같이 질문을 해 볼 수 있겠지요.

264

Q 90 내담자가 상담 초기에는 특히 여러 이야기를 쏟아 내곤 해요. 그래서 한 번에 많은 이야기를 할 때 어디에 초점을 두면 좋을까요?

상담자들은 내담자의 많은 이야기와 정보 속에서 무엇에 초점을 맞출지 감이 잘 안 잡힐 수 있습니다. 물론 상황에 따라 다르겠지만 일반적인 부분에 대해 말씀드려 보겠습니다.

첫째, 내담자가 위기 상황(자살이나 자해, 안전에 대한 위협 등)을 보고하였다면, 설령 가볍게 스치듯이 이야기하였다 하더라도 이 부분에 초점을 맞춰 현재 상태를 파악하고 평가하는 데 중점을 두어야 합니다. 그리고 만약 위기 상황이라고 판단되면 안전을 위해 조치를 하는 것에 우선순위를 두라고 말하고 싶습니다.

둘째, 상담에서 상담자와 내담자의 동맹관계가 흔들리는 어떤 행동이나 상황이 있다면 그 부분을 우선순위에 두어야 합니다. 예를 들면, 내담자가 상담에서 이야기하기를 거부하거나, 거짓말을 하거나, 상담에 연속적으로 늦게 와서 몇 분밖에 상담을 진행하지 않거나, 상담자에 대한 적대감을 드러내거나, 회기 내에 액팅 아웃(acting-out)을 하거나, 알코올 섭취 후 상담에 참여해 상담 진행이 어렵거나, 병원에서 처방한 정신과적 약 복용을 하면서 상담하기로 했는데 약 복용을 하지 않아 상담을 진행하기 어려운 상태인 경우 등이 있겠습니다. 이렇게 상담자와 내담자와의 동맹관계에 위협이 되는 상황이라면 그 어떤 것보다 우선으로 다뤄야 합니다.

마지막으로, 내담자가 전달하는 이야기나 에피소드 중에서 가장 큰 감정이 올라와서 이야기한 부분에 주의를 집중하는 것이 필요합니다. 예를 들어 보겠습니다. 한 내담자는 취직을 준비하는 것의 힘든 점에 관해 이야기하고 있었습니다. 면접에서 떨어진 이야기, 자기소개서 쓰면서 자신에 대한 긍정적 면을 어필하는 어려움, 지금 이런 취직 준비 중에 어머니가 입원하셔서 걱정되는 마음, 친구들은 취직이 되어 부럽다는 이야기 등을 하였습니다. 그런데 이렇게 여러 이야기를 하는 가운데 내담자가 어머니의 입원 얘기를 할 때 특히 감정이 크게 올라오는 것(예: 눈물이 고임, 목소리가 떨림, 목소리가 커짐 등)이 관찰되었다면, 상담자는 어머니의 입원 이야기에 초점을 두고 반응할 수 있을 것입니다.

물론 상담의 진행 과정과 내담자의 방어 수준, 내담자의 현재 상태, 상담자의 상담 이론 등에 따라 상담자가 내담자의 이야기 중 어디에 주의를 집중해야 하는지가 다를 수 있겠지만 앞의 세 가지는 일반적인 상황에 해당할 것으로 생각되어 제시해 봅니다.

초보 상담자를 위한
초기 상담에 관한 99가지 Q&A

제7장
초보 상담자의
걱정과 두려움

하늘의 흰 구름이
나에게 말했다
흘러가는 것을
두려워하지 마라
흐르고 또 흐르다 보면
어느날 자유가 무엇인지
알게 되리라

이해인

"상담 길 위에 마주하는 두려움들로부터 자유로워지길"

다음은 초보 상담자들이 초기 상담을 진행하면서 많이 물어보는 질문 중에 상담자의 걱정과 두려움과 관련된 질문들입니다. 제가 수련생들을 슈퍼비전하거나 교육할 때 받았던 질문 내용들을 바탕으로 나름대로 생각해 본 내용과, Pipes와 Davenport(1999)가 기술한 상담자들의 두려움과 관련된 내용들을 정리해 보았습니다.

Q 91 상담 초반에 긴장을 많이 하게 되어 내담자에게 적절한 피드백이 떠오르지 않을 때가 있어요. 위로나 응원의 말을 하고 싶은데 적절한 말이 떠오르지 않을까 봐 걱정돼요

상담자가 뭔가(적절한 피드백, 적절한 응원의 말, 적절한 공감과 위로 등)를 잘하려고 하면 잘해야 한다는 마음 때문에 더 부담되는 것 같습니다. 잘하려는 마음을 내려놓는 것이 필요합니다. 울퉁불퉁하게 갈 수도 있고, 실수할 수도 있습니다. 때로는 실수로 인해서 정말 중요한 이슈들이 드러나고 이에 관해 이야기해 볼 수도 있게 되기 때문에, 실수가 꼭 나쁜 것은 아닙니다. 상담자가 상담을 잘하려고 하기보다 최선을 다해 경청하고 자신의 감정과 지금 상담에서 일어나는 것들에 대해 잘 느끼고 자각하여 이를 표현하려고 노력해 보면 좋겠습니다. 그렇게 되면 상담자 마음이 덜 부담되면서도 내담자 마음에 더 연결되는 것 같습니다.

예를 들면, 내담자의 이야기를 듣고 위로나 응원의 말을 하고 싶을 때, 상담자로서 '내 마음이 어떻지?' 묻고 살펴봅니다. '나도 비슷한 처지에 있었을 때 얼마나 힘들었는지가 떠올라…… 그 힘듦이 내게 전해져. 그땐 끝이 안 보였는데 시간이 지났었지.'라는 생각과 마음들이 떠오른다면, "○○씨 얘기를 들으니 그 힘듦이 느껴지네요. 끝이 없을 것 같다는 막막함도 느껴지고요." 정도의 공감을 할 수도 있을 것입니다. "○○씨 괜찮아질 거예요. 잘하고 있어요. 힘내세요." 등의 응원, 위로를 섣부르게 할 때는 내담자가 도리어 부담스럽거나 좋은 말이지만 와닿지 않는다고 느낄 수도 있어 우선 공감에 무게를 더 싣고 조금 조심스럽게 응원하는 것이 좋습니다. 예를 들면, "○○씨가 지금은 끝이 없다고 느끼지만 조금 시간이 필요해 보여요. 그 시간이 지나가는 과정에서 함께해 봐요." 정도로 표현하면 좋습니다.

Q 92 내담자를 공감했는데 잘못된 공감이면 어떻게 하나 걱정돼요

초보 상담자들은 정확하지 않은 공감 반응을 하는 데 대한 걱정을 자주 보고합니다. 저 또한 초보 상담자일 때 이러한 두려움에 대해 동료와 이야기를 나누었던 것이 기억납니다. 그런데 실제로 내담자의 마음에 대해 공감하였는데 그 공감이 딱 맞지 않다고 느끼는 경우가 상담에서 많이 일어나기도 합니다. 이때 어떤 내담자는 자신을 몰라주는 좌절이나 슬픔, 조금 비껴가는 간격으로 인한 약간의 민망함 또는 화 등을 느끼거나 표현할 수도 있기에, 상담자가 공감 반응을 하는 것이 조심스러울 수 있습니다. 내담자의 마음에 딱 맞게 공감하는 것은 쉽지 않습니다. 그런데 이렇게 생각해 보면 어떨까요? 우리 상담자도 한계가 있는 인간이고 완전히 같은 경험과 완전히 같은 고통을 경험하지 않은 이상 우리는 완전한 공감을 할 수 없고 이 한계는 어쩔 수 없다는 것이지요. 어쩌면 공감을 하나의 가설일 뿐이라고 생각하면 좋을 것 같습니다. "당신이 ~한 상태이고 당신의 생각이 ~한 것으로 들리는데 맞을까요?"라고 가설을 검증하는 마음으로 공감해 보는 거지요. '당신은 이렇습니다.'라는 확언이 아니라 '이럴 수 있을 것 같은데, 맞나요?' 하는 자세입니다. 그래서 상담자의 공감 반응이 내담자가 표현한 것과 맞는다고 하면 이를 통해 내담자의 마음이 명료화되는 기회가 될 것입니다. 그리고 맞지 않다고 하면 좀 더 정확한 마음이 무엇인지 다시 물어볼 기회가 되는 것이지요. 맞아도 괜찮고 딱 맞아떨어지지 않아도 괜찮다는 마음으로 공감을 두려워하지 않았으면 좋겠네요. 단, 앞에서 말한 것처럼 상담자가 느끼는 것이 틀릴 수도 있다는 열린 마음이 필요하겠습니다.

인간이 타인을 완벽하게 공감하기가 어려운 한계에 대해 문학평론가 신형철(2018)의 표현이 절묘하고 우리 상담자들을 공감하는 말 같아서 인용해 봅니다. 그의 말처럼 우리도 완벽한 공감의 한계를 인정하면서도 계속 노력해 보면 좋겠습니다.

271

> 인간은 심장이다. 심장은 언제나 제 주인만을 위해 뛰고, 계속 뛰기 위해서만 뛴다. 타인의 몸속에서 뛸 수 없고 타인의 슬픔 때문에 멈추지도 않는다. 타인의 슬픔에 대해서라면 인간은 자신이 자신에게 한계다. 그러나 이 한계를 인정하되 긍정하지는 못하겠다. 인간은 자신의 한계를 슬퍼할 줄 아는 생명이기도 하니까. 한계를 슬퍼하면서, 그 슬픔의 힘으로, 타인의 슬픔을 향해 가려고 노력하니까. 그럴 때 인간은 심장이기만 한 것이 아니라, 슬픔을 공부하는 심장이다. 아마도 나는 네가 될 수 없겠지만, 그러나 시도해도 실패할 그 일을 계속 시도하지 않는다면, 내가 당신을 사랑한다는 말이 도대체 무슨 의미를 가질 수 있나. 이기적이기

도 싫고 그렇다고 위선적이기도 싫지만, 자주 둘 다가 되고 마는 심장의 비참. 이 비참에 진저리 치면서 나는 오늘도 당신의 슬픔을 공부한다. 그래서 슬픔에 대한 공부는 슬픈 공부다.

Q 93 내담자 몇 명이 조기 종결하였는데, 그 후 상담을 진행할 때마다 조기 종결될 수도 있다는 두려운 마음이 들어요

내담자가 상담 시간에 나타나지 않거나, 합의되지 않은 상태에서 갑자기 상담을 중단하거나, 또는 문제가 해결되지 않은 1~2회기 정도에서 일방적으로 상담을 중단하는 조기 종결(심혜숙, 안이환, 1999)을 경험하는 것은 상담자들에게 결코 유쾌한 경험은 아닐 것입니다. 특히 상담에 대한 열정은 높으나 경험이 많지 않고 새로운 상황들을 계속 겪어 내야 하는 초보 상담자들의 경우 조기 종결 시 더 많이 좌절하곤 하지요. 아쉽기도 하고, 무력감을 느끼기도 하고, 상담자로서 내가 괜찮나 하는 회의감도 느낄 수 있을 것입니다. 내담자에게 도움이 되는 상황을 목격하고 흐뭇하게 끝난다면 뿌듯할 텐데 그 반대 상황이 되니 반대 감정들이 일어나는 것이지요. 특히 초보 상담자들은 아직 상담 전반의 과정에 대해, 그리고 상담자 요인과 내담자 요인에 대해 뚜렷하게 구분하여 인식하는 것이 어렵기 때문에 조기 종결이 된 경우 대부분 객관적으로 이해하기보다 상담자가 실패했다는 느낌, 무능력하다는 느낌에 매몰되어 더 힘들어하는 경향이 있습니다.

그러나 내담자가 조기 종결하게 되는 이유는 상담에 대한 불만 외에도 여러 가지가 있을 수 있습니다. 상담에 대한 동기가 높지 않아서일 수도 있고, 현재 내담자가 처한 상황들이 너무 혼란스러워서 상담에 집중하기 어려워서일 수도 있고, 상담에 대한 기대와 실제 상담 상황이 다른 것에 대해 실망해서일 수도 있고, 상담자에 대한 신뢰를 형성하는 힘이 약해서일 수도 있고, 상담자의 언어를 왜곡해서 받아들일 수도 있고, 상담에서 자신에 관해 이야기하는 것에 대해 아직 준비가 안 되어 있는 상태일 수도 있습니다. 어쩌면 1~2회 만에 급한 불이 꺼졌을 수도 있습니다. 이와 관련된 재미있는 연구가 있네요. 김영주, 장재현, 김대원, 이지원(2013)은 초보 상담자인 수련생들이 조기 종결 경험의 원인을 무엇으로 생각하는지와, 내담자들은 조기 종결 경험의 원인을 무엇으로 생각하는지에 대한 비교 연구를 했습니다. 상담자들은 조기 종결의 이유를 상담역량의 부족, 내담자 저항과 이 저항에 대한 대처 능력의 부족, 수련생이 맡기 어려운 사례, 내담자 기대에 맞지 않은 상담자 성향과 같은 상담자-내담자 간의 부조화, 그리고 내담자가 상담에 불만 표현을 한 것에 대한 상담자의 방어적 반응 때문이라고 보았습니다.

반면, 내담자들은 조기 종결이 된 이유에 대해 초기 호소문제가 해소되었거나 상황적 여건의 이유, 자기 공개에 대한 불편감, 상담자의 공감 부족, 상담자의 전문성에 대한 불신 등을 보고하고 있었습니다. 이런 결과에서 보면 상담자는 조기 종결의 원인을 대부분 적절히 개입하지 못한 상담자의 역량 부족으로 돌리는 경향이 있지만, 내담자들은 상담자에 대한 자신의 기대가 못 미치거나, 상황이나 자기 요인 등 다양한 요인으로 돌렸습니다.

이러한 연구를 근거로 제가 말씀드리고 싶은 것은, 초보 상담자들이 실제 내담자들의 조기 종결에 대한 이유를 정확히 지각하기보다는 상담자의 불안감으로 인해 과도하게 자신의 원인으로 돌리는 경향이 있다는 것입니다.

또 다른 연구 결과를 말씀드려 볼게요. 숙련 상담자와 초보 상담자의 조기 종결 비율에 관한 연구 결과인데, 초심자가 더 많은 조기 종결이 일어난다고 할 수 없다는 연구 결과(Hunsley, Aubry, Verstervelt, & Vito, 1999)였습니다. 이를 통해 초심자의 조기 종결의 이유가 항상 초보 상담자의 경험 부족이나 상담 능력 부족으로 인해 일어난다고 단정할 수는 없다는 것을 알 수 있을 것입니다. 따라서 초심자들은 조기 종결이 일어났을 때 '상담자의 실패다. 내 능력이 부족하다. 상담자로서 자질이 없다. 내가 내담자에게 잘못했다.' 등으로만 생각하는 것은 너무 편파적 혹은 왜곡되게 지각하는 것일 수 있습니다. 이는 내담자에게 주의를 돌리기보다 상담자 자기 자신에게 과도하게 집중하고 있는 것입니다.

이렇게 조기 종결로 인해 상담자가 위축되어 자신에게 매몰되어 있을 땐 주변 동료들과 이러한 경험을 나누면서 불안이나 무력감을 좀 털어 내는 것이 도움이 됩니다. 또는 조기 종결의 상황에 대해 슈퍼비전이나 개인 상담 등을 받으면서 조기 종결이 일어난 원인에 대해 객관적으로 보는 것을 배울 수 있습니다. 그러면서 100% 나의 요인으로 갖고 가지 않고 나의 요인 중에서도 어떤 부분에서 미흡했는지를 축소하여 살펴보며, 다음에 어떻게 대처할 것인지 정리하는 것이 필요합니다. 100% 내 요인으로 갖고 가면 상담자로서 무능력하다는 감정에 빠지게 되고 좌절감 속에 있게 되어 다음 내담자를 도울 수 있는 학습도 일어나기 어렵습니다. 그리고 내담자가 일방적으로 조기 종결에 대한 통보가 있을지라도 상담자는 방어적이거나 소극적으로 받아들이기보다는 한 번 더 만나 종결 작업 시간을 갖도록 안내하면서 한 번 더 만나 볼 수 있으면 좋겠습니다.

그래서 상담자는 내담자가 종결을 제안한 이유에 대해서 들어 보고, 내담자의 마음에 대해 이해하고 상담자의 입장도 전달하면서 얘기를 나누면 좋겠습니다. 이러한 과정을 통해 어떨 때는 종결이 아닌 새로운 상담 국면을 다시 이어 갈 수도 있습니다. 또는 종결을 최종적으로 결정한다고 하더라도 이러한 시간을 통해 한계점을 확인하고 다른 대안에 대해 생각해 보면서 패배적이지 않게 종결을 선택하도록 도울 수 있습니다. 이러한 경험은 상담자와 내담자 모두에게 도움이 됩니다. 마지막으로, 조기 종결은 많은 상담자에게 일어나는 일이라는 점도 기억했으면 좋겠네요. 이는 앞에서 말한 조기 종결에 대한 여러 이유로 인해서이기도 하고 모든 내담자가 상담이나 상담자를 항상 좋아할 순 없기 때문이기도 하지요.

Q94 한 내담자는 제가 말하면 '그건 아니고요' '그게 아니라' '그런데요' 등으로 반박하고 튕겨 내는 듯한 느낌을 줘요. 이 내담자를 싫어하게 될까 봐 걱정이에요

초보 상담자들은 내담자를 공감하고 이해하려는 열망이 너무 강해서 내담자에 대해 비호감을 느끼는 경우 이에 대한 죄책감을 느끼기도 합니다. 그래서 내담자에 대해 불편한 마음을 느끼는 자신을 자책하며 꼭 참아야 한다고 생각하기도 합니다. 그러나 상담자도 인간이기 때문에 모든 내담자에게 긍정적인 감정을 느낄 수 없고 때론 화가 날 수도 있습니다. 그런데 이러한 감정을 부정하고 모든 내담자를 좋아해야 한다거나 좋다고 생각하는 것이 도리어 문제가 될 수 있습니다. 왜냐하면 상담자가 내담자에 대해 비호감을 느낀다는 것은 상담자와 내담자 상호작용에서 문제가 있는 상황인데, 이를 외면하게 되면 이에 대해 해결할 기회를 얻지 못하게 되기 때문입니다. 그리고 상담자도 인간인지라 불편한 마음이 있다면 어떻게 해서든지 간접적으로든 표현되게 되므로 상담 진행에 도움이 안 되기 때문입니다.

그렇다면 이렇게 불편하고 때론 싫은 내담자를 마주했을 때 어떻게 해야 할까요? Pipes와 Davenport(1999)는 상담자가 내담자에 대해 불편하고 싫은 감정이 들어서 힘들 때, 자신의 불편함을 인식하고 상담자 요인과 내담자 요인으로 나누어 생각해 보는 과정을 제안합니다. 먼저 자신의 불편함을 인식하고 인정하는 과정이 필요하고, 그 후에는 내담자에 대해 불편하고 싫은 것이 무엇인지 이해해 보기를 제안하고 있습니다. 내담자를 싫어하는 표면적 이유는 내담자의 특정 행동이나 가치의 차이 때문일 수 있지만 좀 더 상담자의 내면을 들여다보면서 싫은 이유를 찾아보라고 합니다. 그 이유를 찾는데 다음 질문들이 도움이 됩니다. '이 사람이 과거 내가 싫어했던 사람을 떠올리게 하는가?' '싫어하는 이 사람의 특성이 내 성격의 일부이거나 내가 부정하는 내 성격의 일부인가? 그래서 내 자존감 유지를 위해 싫어하는 나의 특성에 대해 화가 나는 상태인가?' '내담자에 대해 고정관념을 갖고 그 특정 부분에 대해서만 반응하고 있는가?' '나에게 너무 의존하는 것이 두려워서 거리를 유지하려고 하는가?' '사실 내가 존경하거나 좋아할 만한 특성을 내담자가 갖고 있어서 내가 느끼는 내담자에 대한 끌림의 감정에 방어하려고 내가 내담자의 싫어하는 행동에만 집중하고 있는가?' '내담자가 의도적으로 나를 화나게 하고 있는가?' 등과 같은 질문을 해 보라고 제안하고 있습니다. 그리고 상담자 자신의 화나는 요인들에 대해 어느 정도 정리가 되면 마음의 여유가 생길 것이고 그 후에는 다시 내담자에게 돌아가서 이해하는 시간을 갖는 것이 좋습니다. '내담자는 왜 이런 행동을 하는가?' '이 행동은 어떤 마음에서 비롯된 것일까?' '이 행동은 다른 사람과도 지속되는가?' '이 행동을 통해 내담자는 무엇을 얻을 수 있는가?' '이러한 행동 밑에는 어떤 고통을 반영하는가?' 등 내담자의 역동과 관련하여 생각해 보고 관찰하는 것입니다. 이는 내담자를 비난하기 위한 목적이 아닙니다. 내담자가 상담 외의 관계에서도 상담에서 보이는 것과 비슷하게 행동할 가능성이 있고, 타인에게 부정적 감정과 반응을 불러일으킬 수 있다면 이에 대해 잘 이해하는 것은 치료 과정에서 아주 중요한 부분입니다. 그러나 이러한 과정에 대한 상담자의 숙고 과정이 초보 상담자 혼자서 해 나가기 어려울 때도 있으므로 슈퍼비전이나 개인 상담이 분명 도움이 될 것입니다.

마지막으로, 상담자의 부정적 감정과 반응에 대한 피드백 혹은 즉시성 개입에 관해 이야기해 보고자 합니다. 이는 내담자와 상담자가 좀 더 깊이 대면하는 과정이므로 용기도 필요하고 어느 정도 라포 형성도 되어야 해 볼 수 있습니다. 상담자가 피드백할 때는 다음의 피드백 원칙을 상기하는 것이 필요합니다. 피드백할 때는 관찰한 객관적인 상황과 행동을 이야기하려고 노력합니다. 그리고 상담자의 반응과 감정을 이야기하되, 비난이나 판단을 내려놓으려고 노력하는 것이 필요합니다. 또한 피드백하는 자신의 의도를 의식하면서 이야기합니다. 상담자의 의도를 이야기할 때는 내담자에게 도움이 되기 위해서나 치료를 위해서, 혹은 성장을 위해서와 같은 측면보다 상담자의 욕구와 의도에 기초해서 이야기하려고 하는 것이 더 도움이 됩니다. 예를 들면, 상담자가 내담자와 가까워지고 싶고, 소통하고 싶고, 조심스럽지 않고 좀 더 편한 관계를 맺고 싶은 욕구 등이 있을 수 있겠지요. 상담자가 피드백한 후에는 내담자에게 피드백을 듣고 어떤 생각이나 마음이 드는지, 그리고 어떤 감정이나 욕구로 인해 그 반응(행동)을 하는지, 그 반응(행동)이 다른 관계에서도 반복되는지 등을 탐색해 볼 수 있을 것입니다.

그러면 앞에서 질문자의 상황(내담자가 상담자의 말에 대해 즉각적으로 '그건 아니고요' '그게 아니라' '그런데요' 등으로 반박하고, 튕겨 내는 듯한 느낌을 줌)에 대한 상담자 피드백 예시를 들어 보겠습니다.

> "○○씨 지금 제가 ○○씨 마음에 대해 이해한 부분을 말씀드렸는데, ○○씨는 바로 '그건 아니구요' '그게 아니라'의 말씀으로 시작하셨어요. 비슷한 상황이 오늘 상담에서 몇 번 반복이 되었어요. 이럴 때 제가 ○○씨를 잘 이해 못하고 있나, 혹은 ○○씨를 이해하는 말이 불편하게 들리셨나 하는 생각에 혼란스럽기도 하고 걱정도 됩니다. 전 ○○씨를 잘 이해해서 도움을 드리고 싶거든요. 제 말이 어떻게 들리세요?"

이렇게 피드백한다면 객관적 사실(오늘 상담에서 내담자의 반응), 상담자의 감정(혼란과 걱정), 상담자의 욕구(도움을 주고 싶다)를 표현하면서 판단적이거나 비난적이지 않게 피드백을 해 볼 수 있을 것입니다. 그리고 이러한 피드백을 듣고 내담자가 어떻게 느끼는지 물어보면서 둘의 상호작용에 대해 그리고 내담자 행동의 의미나 다른 관계에서 내담자 행동의 영향에 관해 다음과 같이 다뤄 볼 수 있게 될 것입니다.

> "어떤 마음에서 제가 이야기한 후 바로 '그건 아니구요.'라고 반복적으로 말하게 되는 걸까요?"

"혹시 다른 사람과의 관계에서도 이러한 경향이 있을까요?"

상담자와의 관계에서 일어나는 생생한 상호작용에 대해 상담자가 비판단적으로 다루게 되면 내담자는 자신에 대해 열린 마음으로 살펴볼 수 있기에 치료적일 수 있습니다.

Q 95 공개사례발표, 슈퍼비전을 받는 경험이 힘들고 불안해요

내담자도 잘 보이고 싶고, 인정받고 싶은데 그게 안 되어서 속상해하는 이야기를 상담에서 많이 하죠? 그런데 상담자도 내담자들과 똑같지 않나요? 유능함을 느끼고 싶고, 사람들에게 잘하는 모습을 보이고 싶고, 인정받고 싶은 욕구가 당연하게 존재합니다. 그래서 질문한 분의 고민(공개사례발표와 슈퍼비전에서의 불안)이 공감됩니다. 사실 진행한 상담에 대한 대안 반응과 대안적 관점들을 제시받는 자리는 자기애적 상처를 남기는 것 같습니다. 이 자리는 상담자의 태도, 생각, 감정들도 고스란히 드러나며 마치 벌거벗은 듯한 취약한 느낌을 줄 수 있습니다. 이때 '이건 잘못 개입했다.' '이건 잘못된 관점이다.' 종류의 이야기를 듣고 있으면 별로인 상담자처럼 느껴질 수 있습니다. 그런데도 우리가 열심히 슈퍼비전을 받는 이유는 내담자에게 도움을 주고자 하며, 도움을 줄 수 있는 상담자로 성장하고자 하는 동기가 더 크기 때문인 것 같습니다. 평가에 대한 두려움으로 슈퍼비전을 받지 않으면 내담자에게 도움을 주기 어렵기 때문이지요. 먼저 저는 이렇게 (누구에게나) 힘든 슈퍼비전을 열심히 받는 자기 자신을 응원해 주고 지지해 주라고 이야기하고 싶습니다.

279

그리고 때로는 공개사례발표에서 피드백하는 사람들의 말투들이 비판적으로 들리기도 하지만 그들도 상담자와 내담자를 도와주고자 하는 의도로 자신의 의견을 나누어 주고 있다는 것을 되새겨 보면 좋겠습니다.

한편 내가 초보 상담자로서 못하는 것이 당연하다는 사실을 받아들이는 과정도 필요한 것 같습니다. 그래서 저는 이런 평가에 대한 불안을 호소하는 초보 상담자들에게 자주 말합니다. "상담 시작한 지 얼마 안 된 사람이 어떻게 처음부터 잘할 수 있겠는가? 지금 내가 잘 못하는 것은 너무나 당연하다. 스스로 난 초보 상담자로서 지금 50점 정도 한다 하고 되뇌어라. 그리고 지금 50점이 중요한 게 아니라, 배우고 실수하고 또 배우면서 포기하지 않고 60점, 70점, 80점 만들어 나갈 생각을 해 보면 좋겠다."라고 말해 줍니다. 그런데도 평가는 누구에게나 힘들고 벅찰 수 있습니다. 그래서 만일 개인 슈퍼비전에서의 지적이 벅찰 경우 슈퍼바이저에게 의논하고 이해받는 것도 도움이 됩니다. 때로는 의욕적인 슈퍼바이저들은 슈퍼바이지에게 도움을 많이 주고 싶어 상담자가 학습해야 할 점을 위주로 많은 이야기를 하기도 합니다. 이때 슈퍼바이저에게 자신의 벅찬 느낌을 표현하면 슈퍼바이저들도 속도를 줄이거나, 상담의 성과 부분이나 상담자의 장점 이야기하는 것을 놓치고 있다는 것을 상기하면서 이에 대해 피드백도 해 줄 겁니다. 저 역시 많이 주고 싶은 슈퍼바이저로서 이러한 균형을 놓치지 않기 위해 노력 중입니다.

때로는 슈퍼비전이나 공개사례발표에서 피드백에 동의가 되지 않지만 배우는 태도로 수용해야 한다는 생각에 다른 의견을 표현하지 못하는 때도 있는 것 같습니다. 혹시 슈퍼바이저의 이야기가 추상적이거나, 잘 안 와닿거나, 모르겠거나, 슈퍼바이저와 조금 다른 의견을 갖고 있을 때는 용기를 내서 이야기해 보면 좋겠습니다. 예를 들어, 슈퍼바이저가 "이때는 내담자의 감정을 좀 더 깊이 들어가면 좋았겠다."라고 할 때, 어떻게 깊이 들어가는지 모르겠으면 물어봅니다. "깊이 들어가면 좋겠다는 말씀이 와닿는데, 어떤 질문을 하거나 어떻게 해야 깊이 들어갈 수 있을까요?"라고 질문을 할 수 있습니다. 슈퍼바이저가 "이때는 좀 더 이 부분에 대해 깊이 탐색하면 좋았을 것 같다."라고 할 때, 상담자가 지금은 탐색보다 공감과 지지가 필요하다고 판단했다면, "저는 이때 깊이 탐색하면 내담자가 좀 상처받고 힘들어할 것 같아 공감이 필요한 때라고 생각했었는데, 제 느낌이 어떨까요?" 등으로 상담자 입장을 이야기하고 검토받을 수 있을 것입니다.

마지막으로, 때로는 상담자의 개인적인 불안과 두려움의 요인보다 슈퍼바이저의 요인이 큰 때도 있는 것 같습니다. 실제로 어떤 슈퍼바이저의 다소 심한 부정적 피드백으로 인해 슈퍼바이지들이 압도되는 일도 있습니다. 그러한 피드백으로 인해 상처받은 이야기를 들으면서 저도 슈퍼바이저로서의 제 태도를 돌아보기도 합니다. 슈퍼비전이나 공개사례발표 후 압도가 많이 되고 너무 힘든 느낌이 든다면 주변 동료들이나 상담자들에게 자신의 상황과 감정에 대해 나누고 타당화와 지지를 받을 필요가 있습니다. 자신의 문제로만 다 돌리지 않기를 바랍니다. 때로는 냉혹한 스타일의 상담자가 있을 수 있다는 점도 수용하면서(이게 세상의 현실입니다.) 자신과 자신의 감정에 수용적인 태도도 잃지 않길 바랍니다. 혹시 슈퍼바이저를 선택할 수 있다면 특히 초보 상담자들은 자신이 안심하고 배울 수 있는 슈퍼바이저를 선택하는 것이 좋을 것 같다고 McWilliams(2007)는 제안합니다. 저도 편안하게 이야기하면서 자신을 솔직하게 공개할 수 있어야 배움이 일어날 수 있다고 믿습니다.

Q96 상담을 잘 못하는 것 같아요. 제 적성에 안 맞는 일을 선택한 것이 아닌가 두려운 생각이 들어요

우리는 자전거를 처음 배울 때 어떻게 자전거를 타야 하는지 이론적으로 아무리 잘 알아도 계속 넘어지면서 배웁니다. 때로는 '넘어진 이유는 무엇 때문이다. 이리저리 해 봐라.'라고 뒤에서 자전거를 잡아 준 아버지의 얘기를 잘 듣고 유념해도 또 넘어집니다. 자전거를 타는 것은 무엇보다 '감'을 익히는 것이 중요하지요. 상담자가 상담을 배우고 익히는 과정도 자전거 타기를 배우는 과정과 비슷한 것 같습니다. 조금 다른 점은 상담은 시간이 더 많이 필요하다는 것이지요. 자전거 타기를 배울 때 끊임없이 넘어지고 또 넘어지면서 배우게 되는 것처럼, 상담도 아무리 이론을 듣고 슈퍼바이저의 조언을 들어도 상담을 잘 못하는 기분이 듭니다. 당연합니다. 침묵하는 내담자 앞에서 어떻게 해야 할지, 내담자의 질문들에는 어떻게 반응해야 할지, 내담자가 고통을 호소하는 상태에서 어떤 반응을 해야 할지, 내가 이해가 안 되는 이야기를 들을 때는 어떤 태도로 있어야 할지, 어떤 질문을 해야 할지, 내담자의 고통이 내 고통이랑 유사해서 내 마음들이 막 움직일 땐 어떻게 해야 할지, 공격적인 내담자 앞에서 위축될 땐 어떻게 해야 할지, 화가 나는 감정이 들 때 화를 내지 않으면서 치료적으로 돌려주는 것은 무엇인지 등 아무리 나열해도 상담자가 겪게 되는 어려움이 너무 많습니다.

그래서 제가 말씀드리고 싶은 것은, 초보 상담자가 이러한 새로운 상황들과 고민을 계속 마주하면서 좌절하는 것은 너무 당연하고 그래서 아무리 이론을 배워도 잘 못하는 것은 당연하다는 것입니다. 그리고 인간의 문제가 딱 정답이 있지도 않은 상황이니 상담에서는 막막한 상태로 한 걸음 한 걸음 나아가야 할 때가 많아 상담자는 유능감을 느낄 기회가 그리 많지 않습니다. 그렇기에 상담을 잘 못하는 것 같은 느낌이 드는 초보 상담자들이 '이 일은 나의 적성에 맞는 일이 아니다.'라고 단정하는 것은 그야말로 단정이고 너무 빠른 판단이지 않나 싶습니다. 이럴 때는 상담자가 효과적인 상담에 대한 기대를 적절하게 하고 있는지 상담자의 상담 목표에 대해 검토해 볼 필요가 있습니다. 때로는 내담자의 상태나 변화 가능성에 대한 적절한 평가 없이 내담자 변화에 대한 기대를 너무 높이 설정하여 상담자가 좌절하기도 하는 경우가 있기 때문이지요. 그리고 상담에서 유능감을 느끼지 못한 부분에 대해서 동료들과 이야기하고 함께 나누면서 나만의 어려움이 아니라는 것을 아는 것도 많은 도움이 됩니다.

283

상담자란 직업은 참 매력적인 직업입니다. 그 누구보다 인간의 깊은 내면을 마주하고 일반 관계에서는 느끼지 못하는 깊은 연결감도 느낄 수도 있습니다. 내담자와의 만남 속에서 내담자의 마음뿐 아니라 상담자 자신에 대해서도 끊임없이 알아 갑니다. 그리고 인간의 고통을 함께 나누면서 그 고통에 대해 듣고 공감하며 새롭게 노력해 보면서 그 고통이 감소되고 행복해지는 모습을 목격할 수 있는 것은 참 행운입니다. 이러한 목격의 경험 속에서 인간 존재에 대한 신뢰가 싹트기도 합니다. 다양한 사람의 고통을 마주하면서 사람에 대해 경험적으로 알아 갑니다. 건강한 정신, 건강한 마음, 건강한 관계에 대해 계속 고민하고 배우면서 내담자와 함께 나누다 보면 상담자 자신도 건강한 정신과 마음, 관계를 맺기 위해 노력할 수밖에 없어서 상담자 개인의 삶에도 많은 배움과 성장이 있습니다. 이러한 면이 매력적이어서 상담자라는 직업에 매료가 되어 공부를 시작하신 분들이 많을 것입니다. 그러나 이런 매력과는 별도로 상담자가 되기 위한 길로 들어섰으나 심리상담이라는 일이 자기 적성과 맞지 않아 갈등될 수도 있습니다. 이는 단지 '상담을 잘 못하는 기분'과는 좀 다른 고민일 수 있습니다. 상담자라는 직업은 작은 공간에서 은둔자처럼 사람을 계속 만나면서 그 사람의 내면을 깊이 들여다보는 작업을 하게 되는데, 이는 또 다른 고독감을 주기도 합니다. 내가 이야기하기보다는 듣고 있는 경우가 많아 에너지가 내 내면에 항상 모여 있는 느낌이 들기도 합니다. 상담의 과정에서 뚜렷한 정답이 보이지 않기에 상담 과정 중 갈등과 좌절, 무기력 등 힘든 감정들이 뒤따르기도 합니다.

때로는 조기 종결이나 실패하는 상담이 있을 수도 있고 이에 대한 좌절감이 힘들 수 있습니다. 자살 위기를 겪는 내담자와 만날 때는 상담자도 부담과 두려움을 느낄 수 있고 더 집중해야 해서 소진이 올 수도 있습니다. 슈퍼비전이라는 길잡이가 있지만 '이건 맞는 방향이다, 이렇게 해라.'라고 수학 문제를 풀듯이 분명히 알려 주지도 않아 불안과 막막함을 나 혼자 견뎌 내야 하는 부분도 있습니다. 상담은 논문이 출판되거나, 시험 점수가 나오거나, 성과급을 받는 것과 같은 인정에 대한 증표들도 분명하지 않습니다. 내가 계획한 대로 탁탁 진행되는 게 아니기 때문에 통제감을 느끼면서 만족할 수 없습니다. 내가 알고 있는 사실들을 내담자에게 시원하게 말을 다 할 수 없고 나 혼자 소화하면서 홀딩해야 할 때 답답함이 올라올 수도 있습니다. 강한 연대감과 친밀감을 느끼기도 하지만 내담자와의 관계가 종결되면 다시는 만나지 않는 관계로서 단절되는 경험과 상실감을 끊임없이 경험해야 합니다. 상담실 안에서는 여러 인간의 민낯들을 마주하고 가리지 않은 깊은 감정들이 오고 가기도 하는데, 이 감정들이 어떨 땐 너무 강해서 부담스럽기도 합니다.

상담자가 되기 위해서는 슈퍼비전, 개인 분석, 끊임없는 교육들이 필요하기 때문에 교육비용도 만만치 않고 계속 부족한 느낌이 뒤따릅니다. 그래서 다른 직업들에 비해 경제적으로 빨리 성취를 얻지도 못합니다. 저도 힘들었는지 여기서 이렇게 계속 쏟아 내고 있네요. 어떤 사람들은 이러한 경험을 선택하고 감수하고 싶지 않을 수도 있습니다. 이러한 선택은 잘못된 것이라기보다 그저 다른 자신의 선택이라고 말씀드리고 싶네요. 어떤 사람들은 듣기보다 이야기하는 것을 좋아할 수 있고, 통제감을 느끼는 것을 좋아하고, 깊은 감정들을 마주하기가 싫을 수도 있고, 경제적 성취가 중요한 사람일 수도 있고, 분명한 답을 내리는 것을 좋아할 수도 있고, 막연한 상황을 견디는 것이 싫을 수도 있고, 사람들과 계속 상실감을 느끼는 것을 원치 않을 수도 있습니다. 타인의 고통을 지속해서 마주하는 것이 고통스럽고 싫을 수도 있습니다. 개인과의 상호작용을 통해 한 개인에게 도움을 주거나 영향을 미치기보다 좀 더 사회적 시스템의 변화나 사회 전반에 기여하고 싶을 수도 있습니다. 한 장소에서 은둔자처럼 계속 앉아 있는 것이 싫을 수도 있습니다. 좀 더 자기표현을 많이 하고 밖으로 나가 역동적인 일을 하고 싶을 수도 있습니다. 이런 부분이 상담자라는 직업에서 힘든 점이기에 넘어서야 하는 부분일 수도 있지만 선택하고 싶지 않을 수도 있습니다.

다른 선택을 했다고 해도 괜찮습니다. 좀 더 자신에게 알맞은 것을 선택하면 됩니다. 그 선택이 실패도 아니고 능력 없음이 아닐 수 있습니다. 저는 상담 공부를 시작하셨다가 경영직을 다시 선택하신

분, 변호사 직업을 다시 선택하신 분, 대기업에 취직하신 분, 예술 일을 선택하신 분, 교수직을 선택하신 분 등 다양한 분을 알고 있습니다. 상담을 전공하고 상담 수련을 받았으나 상담자라는 직업보다 교수직을 선택한 분은 "전 막연함을 견디는 게 싫어요. 그리고 내가 뭔가를 해냈다는 기분을 좀 더 자주 빨리 느끼는 것을 하고 싶었어요." 라고 하면서 상담보다는 교수직이 본인에게 맞는 것 같다고 말합니다. 또 경영 분야를 선택하신 분은 "나는 한 자리에서 한 사람이랑 오래 만나고 있는 게 적성에 맞지 않는 것 같습니다. 좀 더 여러 사람을 만나면서 한 목적을 위해 마음을 모아 뛰는 일을 하고 싶었어요. 심리 콘텐츠에 대한 지식이 있으니 이를 활용하여 경영 관련 일을 하고 있어요."라고 이야기한 것을 들었습니다. 따라서 '상담자로서 이렇게 해야 한다, 이런 부분에 대한 인내가 필요하다.' 등의 이야기들은 절대 명제가 아니라 상담자라는 직업에서 내담자를 효과적으로 돕기 위해 필요한 부분임을 기억하면 좋겠습니다. 자신의 기질이나 성격, 가치관 등에 맞게 자신이 진로를 선택하면 된다고 봅니다. 그래서 상담자 교육을 받을 때 반감이나 어려움이 느껴진다면 '왜 나는 그걸 못하지?'라고 자책하기보다 '내가 진짜 이 일을 하고 싶은가, 이 일이 진짜 나에게 맞는가?' 하는 고민을 할 수 있다고 생각합니다.

질문에 대해 두 가지 관점으로 말씀드렸는데요. 요약하면 초보 상담자로서 잘 못하는 기분이 들 때, '초보 상담자로서 내가 너무 기대가 높고 자연스러운 좌절에 대해 너무 빨리 낙심하는 것인가?' 하는 질문과 '내 기질이나 가치관이나 내가 하고 싶은 일의 모습에 맞지 않아서 생기는 갈등이진 않을까?' 하는 질문을 스스로 해 보기를 바랍니다. 이를 통해 좌절감에 대한 인내심이 필요한 상황인지, 다른 선택을 하고 싶어 하는 상황인지 판단하는 데 도움이 될 것입니다.

Q 97 내가 상담을 잘 못하는 기분이 들 때마다 내담자에게 미안해요. '내가 아닌 다른 경력 많고 잘하는 상담자를 만났다면 도움을 더 줄 수 있었을 텐데…….' 하면서 자책하게 돼요

이런 얘기를 초보 상담자들에게 많이 듣습니다. 그런데 이런 얘기를 하는 상담자는 자신의 관점과 감정에 너무 갇혀 있는 것 같아서 좀 더 객관적인 관점으로 이야기하는 것이 좋겠다는 생각이 드네요.

첫째, 상담 기관에서 상담자는 여러 내담자를 담당해야 하는데, 경력상담자들이 상담을 좀 더 능숙하게 하겠지만 모든 내담자를 경력 상담자가 담당할 수 없어서 사례 회의를 걸쳐 경력 상담자와 초보 상담자에게 알맞은 내담자가 담당이 된 것이지요. 그러니 우선은 내담자가 다른 경력 상담자를 만나기는 어려운 상황입니다. 그래서 내가 맡은 내담자는 상담의 기회가 없을 수도 있었으나, 초보 상담자인 내가 맡아 진행할 수 있어서 그나마 상담할 기회가 있는 것입니다. 내담자에게는 상담을 안 하는 것보다는 나은 상황이니 자책하지 마세요.

둘째, 실제로 경력 상담자가 그 내담자를 상담한다고 하더라도 더 잘할 수 있을지는 몰라요. 어떤 경우에는 초보 상담자가 좀 더 내담자의 상황에 대해 공감을 잘할 수 있는 상태나 경험을 갖고 있을 수 있고, 초보 상담자의 열정이 어떨 때는 경력 상담자들보다 더 도움이 되는 것을 자주 보았답니다. 초보 상담자로서 노력하고 있는 부분(예: 내담자가 하는 이야기를 이해하고자 부단히 애를 쓰는 점이나 내담자에 대해 관심을 기울이고 존중하려는 태도 등)에 대하여 간과하지 않았으면 좋겠습니다.

셋째, 이미 내가 담당한 내담자이면 죽으나 사나 내 내담자입니

287

다. 다른 경력 상담자랑 비교하고 내가 못하는 것 같다고 자책하는 것은 별로 도움이 되지 않습니다. '경력도 적고 잘 못하는 나이지만 이 내담자는 내 내담자다.'라고 탁 받아들이고, 비교하지 않고, 자책하지 않고, 내담자에게 도움이 될 수 있는 부분만 더 집중해 봅시다.

넷째, 만약 정말 내가 감당하기 어려운 내담자이고 내담자에게 도움을 주는 것에 너무 한계를 느낀다면 슈퍼바이저와 상의해서 상담 개입에 대해 노력해 봅니다. 그런데도 내담자가 위험한 상태이거나 상담자 스스로 '내가 하기에는 정말 역부족이다.'라는 생각이 든다면 역시 슈퍼바이저와 의논해서 리퍼를 생각해 보면 됩니다.

상담이 잘 안 될 때 상담자들이 자책하는 것은 어쩌면 좌절감이나 무력감을 방어하는 과정일 수 있습니다. 부정적 감정을 자기에게 귀인하는 것은 때로는 괴로운 상황을 더 잘 통제하는 것 같은 착각을 줄 수 있기 때문입니다. 그런데 이는 상담자 자신에게 눈길이 가 있고 내담자를 보고 있지 않아 실제로 도움이 되지 않습니다. 그러므로 내가 좌절하고 무력한 느낌을 느낀다는 것을 인식하고, 내가 초보 상담자로서 한계가 있을 수 있다는 점도 수용하면서 좀 더 내담자에게 도움을 주려는 방법을 간구하는 것 자체에 중심을 둬 보면 좋겠습니다.

Q 98 내담자의 자살 가능성과 같이 제가 통제할 수 없는 상황들이 상담 중에 일어날까 두려워요

상담자들에게 힘든 상황 중 하나는 내담자의 자살 가능성이지 않을까 싶습니다. 이에 대해 상담자로서 해야 할 부분을 배우고 그 시점에 맞게 개입을 잘하더라도 사고처럼 일어날 수 있는 일이니까요. 그런데 이러한 가능성에 대해 상담자가 너무 두려워하고 압도되면 상담자가 얼어붙게 되어 내담자를 좀 더 있는 그대로 만나지 못하게 되고 방어적으로 대하게 되어 치료적 도움을 주기가 어렵습니다. 이 럴 때 어떻게 대처해야 한다는 교육들은 많은 책에서 배울 수 있고 배워 왔겠다고 생각하여 여기서는 어떤 마음의 자세로 임하는 것이 좋을지 말씀드려 보겠습니다.

상담자는 절대 일어나지 않았으면 하는 상황을 포함하여 모든 상황을 통제할 수는 없습니다. 이에 우선은 상담자로서 위기 상황에 개입해야 하는 사항들을 꼼꼼히 숙지하고 최선을 다해 개입할 수밖에 없습니다. 그리고 나머지는 내담자에게 별일이 없기를 빌 수밖에 없습니다. 즉, 내가 할 수 있는 부분을 했다면 그다음의 결과에 대해서는 어쩔 수 없다는 것을 받아들여야 합니다. 그리고 이렇게 어려운 상황에서는 상담자 혼자서 감당하려고 하지 말아야 합니다. 너무 감당하기 힘든 상황에서는 슈퍼바이저에게, 동료들에게, 필요하면 위기 상담센터에, 경찰서에, 내담자의 보호자에게, 병원에 도움을 요청하고 같이 협력해서 내담자를 도와야 합니다. 상담자는 전지전 능하지 않습니다. 상담자로서 할 수 있는 영역은 제한적입니다. 이에 상담자로서 책임의 정도와 역할을 합리적으로 예상하고 평가하여 이에 따라 내담자를 돕는 것에 대해 죄책감을 느끼지 않아야 합니다. 그래야 상담자는 소진(burn-out)되지 않으면서 끝까지 내담자를 도울 수 있고, 더 잘 도울 수 있을 것입니다.

Q 99 저의 개인적 고통 경험들이 상담에서 역전이 등으로 방해될까 봐 두려워요

저는 많은 상담자가 자신의 고통에 관해 탐구하고 치유하고자 하는 욕구로 인해서 상담에 관심이 생기고, 상담을 공부하다 보니 상담자가 된 경우가 많다고 생각합니다. 그러면서 타인의 상처와 고통에도 관심을 두게 되고 공감하게 되면서 도와주고 싶은 욕구가 생기는 것 같습니다. McWilliams(2007)는 치료자의 개인적 고통이 궁극적으로 치료를 깊이 있게 만들고, 상담자의 고통스러운 불행이 직업적 강점으로 활용될 수 있는 직업이라고도 이야기합니다. 그래서 상담자가 개인적 고통을 느낀 것 자체는 아이러니하게 상담자로서는 축복입니다. 그런데 우리가 상담의 현장에 들어가게 되면 아팠던 고통을 지적하고 비난하는 내담자도 있고, 내가 아팠던 고통과 비슷한 고통을 겪는 내담자를 보면서 내담자의 감정보다는 내 감정에 더 빠지게 되기도 하고, 내 고통을 방어하기 위해서 무감각해지거나 회피하는 행동을 하게 되기도 합니다. 그래서 저는 이렇게 이야기하고 싶습니다. 상담자는 개인의 고통을 상담에서 활용할 수 있는 직업이기도 하면서 내 고통이 상담을 실패로 이끌게 되기도 한다고요.

따라서 이에 대해 상담자가 할 수 있는 것은(너무 진부한 얘기지만 진실인) 상담자 자신의 고통에 대한 끊임없는 성찰과 치유를 해야 한다고 말씀드리고 싶습니다. 만일 상담자 자신의 고통으로 인해 내담자의 고통을 느끼고 싶지 않다면 무의식적으로 내담자와 연결되지 않으려 하게 되고 내담자에게 공격적이거나 판단적인 태도로 방어할 수도 있습니다. 그러므로 상담자가 자신의 고통에 대해 성찰하고 치유하는 경험은 상담자로서 너무 중요합니다. 그리고 이때 상담자도 상담받는 것이 많이 도움이 됩니다. 상담자 본인이 상담받는 경험 통해서 내담자들이 겪는 여러 현상(전이, 이상화, 의존성, 상담자와 내담자와의 특수한 관계 체험)을 경험함으로써 내담자를 이해하는 폭이 넓어집니다. 그리고 나의 고통과 관련된 경험들이 현재에 어떤 영향을 미치는지 알게 되며, 자신의 어두운 면, 욕망, 한계 등을 자각하고 수용하게 되어 상담 중 반응적이거나 충동적인 행동보다는 의식적인 개입을 할 수 있는 능력이 늘어납니다. 상담자가 자신의 한계까지도 수용할 수 있는 능력은 내담자가 상담자를 공격하거나 비하하는 반응을 할 때 비방어적으로, 그러나 자존감을 보호하는 행동을 할 수 있게 됩니다. 그뿐만 아니라 자신의 심리적 작용을 이해하는 만큼 타인의 심리의 작용을 이해할 수 있게 됩니다.

그러므로 상담자들이 자신이 겪은 고통으로 지금까지 영향을 많이 받고 있는 상태라면, 상담자 개인의 경험들이 상담에 부정적인 영향을 주는 것에 관해 막연히 불안해하기보다는 상담자도 상담받으면서 상담을 해 나가면 됩니다. 자신의 고통이 앞으로 내담자에게 도움의 씨앗이 될 것입니다. 내가 성장한 만큼 그리고 내가 볼 수 있는 만큼 내담자를 보고 성장에 조력할 수 있을 것입니다.

에필로그

요즘 한창 서바이벌 가수 오디션 프로그램이 인기입니다. 그 프로그램을 보면 선배 가수가 후배 가수들에게 이야기해 줄 때 여러 마음이 느껴집니다. 그 길을 걸어갈 때 어려웠던 경험을 해 본 선배가 후배를 보듬어 주고 싶은 마음, 조금이라도 더 알려 주고 싶은 마음, 같은 길을 가면서 그 길을 사랑하는 동지에 대한 애틋한 마음 등이 느껴집니다. 필자는 이 책에 나오는 질문들을 후배들에게 받을 때 그리고 이 책을 쓸 때 선배 가수들과 비슷한 마음이 들었던 것 같습니다. 상담이라는 학문과 현장을 조금 앞에서 걸어 본 선배로서 사랑하는 후배들에게 연결감을 느끼며 조금이라도 도움을 주고 싶은 마음으로 책을 썼습니다. 제가 상담 중 겪었던 어려움들과 그 어려움을 헤쳐 나가기 위해 고민하고 경험했던 것, 동료들과 선배들 그리고 선생님들의 도움을 받았던 기억, 상담 전문 서적들을 찾아보고 상담에서 적용해 봤던 내용들 등을 녹여 내고자 했습니다. 그러나 이 책에서 질문에 대해 제가 제시한 답들이 절대적인 정답은 아닐 것입니다. 서바이벌 오디션 프로그램에서도 때론 선배 기수들끼리 의견이 다르기도 한 것처럼, 이 책의 질문들에 대한 답변 중 어떤 부분에서는 조금 다른 의견이 있는 상담자들도 있을 것입니다. 다양한 내담자와 내담자가 처해 있는 상황, 상담자의 관점 등에 따라 다른 답변이 가능할 것입니다. 그래서 Q&A의 형식으로 전달하는 것이 조금 조심스럽기도 합니다. 그럼에도 불구하고 상담의 기본 원리에 충실하려 하였고, 제 상담의 경험에 비추어 보면서 질문에 대한 답변의 근거들을 설명하고자 노력하였습니다. 이러한 근거를 토대로 상담에서 각자 적용해 보기를 바랍니다.

마지막으로, 이 책은 후배들의 상담에 대한 진지한 고민과 질문 그리고 제가 만났던 내담자분들, 동료 상담자들, 선배님들, 선생님들의 가르침으로 인해 답변을 제시할 수 있었던 책이라고 생각합니다. 상담의 길에서 만나고 연결되었던 많은 분께 진심으로 감사를 전합니다.

참고
문헌

김영주, 장재현, 김대원, 이지원(2013). 초심 상담수련생과 내담자가 겪는 조기 종결 경험에 대한 개념도 연구. 한국심리학회: 상담 및 심리치료, 25(2), 157-186.

신경진(2015). 상담의 과정과 대화 기법. 학지사.

신형철(2018). 슬픔을 공부하는 슬픔. 한겨레 출판

심혜숙,안이환 (1999). 조기종결 내담자 및 상담자 변인 연구. 부산대학교 학생생활연구소연구보, 32, 51-73.

이동식(2008). 도정신치료 입문(프로이트와 융을 넘어서). 도서출판 한강수.

이명수(2010). 자살위기개입 핸드북. 서울시 자살예방센터.

이윤주(2001). 상담 사례개념화 요소목록 개발 및 수퍼비전에서 중요하게 지각되는 사례개념화요소 분석. 한국심리학회지: 상담 및 심리치료, 13(1), 79-93.

이윤주(2016). 효율적인 상담사례개념화를 위한 상담사례개념도의 활용. 상담학연구: 사례 및 실제, 1(2), 53-72.

한국상담심리학회(2020). 한국상담심리학회 개인상담 사례 수퍼비전 보고서. https://krcpa.or.kr/bbs/view.asp?page=2&rows=15&task=ins&bid=bid_44&bord050Seq=400008&boStartDatei=&boEndDatei=&bord050Optioni=&strIsMei=A&searchText

한국상담심리학회(2023). [사례연구위원회] 온라인 화상상담 수퍼비전 가

이드라인 안내. https://krcpa.or.kr/bbs/view_search.asp?page=&rows=&task=ins&searchURL=&bord050Seq=685259&searchText_All=%ED%99%94%EC%83%81%EC%83%81%EB%8B%B4

Bertolino, B., & Schultheis, G. (2005). 해결중심 면접의 도구들 (*Therapist's Notebook for Families*). (김유순 역). 시그마프레스. (원저는 2002년에 출판).

Blow, A. J., & Sprenkle, D. H. (2001). Common factors across theories of marriage and family therapy: a modified Delphi study. *Journal of Marital and Family Therapy, 27*(3), 385-401.

Butler, S. F., & Binder, J. L. (1987). Cyclical psychodynamics and the triangle of insight: An integration, *Psychiatry, 50*, 218-231.

CACREP. (2016). *Council for Accreditation of Counseling and Related Educational Programs Standards.*

Cashwell, T. H., & Dooley, K. (2001). The impact of supervision on counselor self-efficacy. *The Clinical Supervisor, 20*(1), 39-41.

Cloninger, C. R. (1999). *Temperament and Character Inventory-Revised.* St Louis, MO: Center for Psychobilogy of Personality, Washington University.

Cooper, M., & McLeod, J. (2012). From either/or to both/and: Developing a plualistic approach to counselling and psychotherapy. *European Journal of Psychotherapy & Counselling, 14*(1), 5-17.

Dewald, P. A. (2010). 정신치료의 이론과 실제 (*the Theory and Practice of Individual Psychotherapy*). (김기석 역). 고려대학교 출판부. (원저는 1974년에 출판).

Egan, G. (2016). 유능한 상담자 (*The Skilled Helper*). (제석봉, 유계식, 김창진 공역). 학지사. (원저는 1975년에 출판).

Freeman, M, S., Hayes, B. G., Kueh, T. H., & Taub, G. (2007). Personality: A predictor of theoretical orientation of students enrolled in a counseling theories course. *Counselor Education &*

Supervision. *46*(June), 254-265.

Freud, S. (1913). On beginning the treatment. *Standard Edition 12*, 123-144. NYU Press.

Gehart, D. R. (2019). 상담 및 심리치료 사례개념화-이론 기반의 사례개념화 훈련 (*Case Documentation in Counseling and Psychotherapy: A Theory-Informed, Competency-Based Approach*). (이동훈 역). 학지사. (원저는 2015년에 출판).

Gelso, C. J., & Carter, J. A. (1994). Components of the psychotherapy relationship: Their interaction and unfolding during treatment. *Journal of Counseling Psychology, 41*(3), 296-306.

Hathaway, S. R., & McKinley, J. C. (1940). A multiphasic personality schedule. *Journal of Psychology, 10*, 249-254.

Hunsley, J., Aubry, T. D., Verstervelt, C. M., & Vito, D. (1999). Comparing therapist and client perspectives on reasons for psychotherapy termination. *Psychotherapy: Theory, Research, Practice, Training, 36*(4), 380-388.

Jongsam, A. E., Helkowski C., & Stout, C. E. (2012). 대학생을 위한 상담 플래너 (*The College Student Counseling Treatment Planner*). (강순화 역). 학지사. (원저는 2004년에 출판).

Levenson, H. (2008). 단기 역동적 심리치료: 상담 실제를 위한 안내서 (*Time Limited Dynamic Psychotherapty*). (정남운, 변은희 공역). 학지사. (원저는 1995년에 출판).

Malan, D. H. (1979). *Individual psychotherapy and the science of psychodynamics*. Butterworth.

McWilliams, N. (2005). 정신분석적 사례이해 (*Psychoanalytic Case Formulation*). (권석만, 김윤희, 한수정, 김향숙, 김지영 공역). 학지사. (원저는 1999년에 출판).

McWilliasm, N. (2007). 정신분석적 심리치료 (*Psychoanalytic Psychotherapy: A Practitioner's Guide*). (권석만, 이한주, 이순희 공역). 학지사. (원저는 2004년에 출판).

Menninger, K. (1958). *Theory of psychoanalytic technique*. Basic Books.

Morrison, J. (2023). 임상 및 상담 장면에서 첫 면담의 실제 (*The First Interview*). (성소연, 김민호, 송영조, 박민규, 정성우, 하보원, 천성문 공역). 학지사. (원저는 2014년에 출판).

O'Donohue, W. O. (1989). The (even) bolder model: the clinical psychologist as metaphysician-scientist-practitioner. *American Psychologist, 44*, 1460-1468.

Peck, R. N. (2017). 돼지가 한 마리도 죽지 않던 날 (*A Day No Pigs would Die*). (김옥수 역). 사계절. (원저는 1972년에 출판).

Pipes, R. B., & Davenport, D. S. (1999). *Introduction to psychotherapy: Common clinical wisdom* (2nd ed.). Allyn & Bacon.

Ronnestad, M. H., & Skovholt, T. M. (1993). Supervision or beginning and advanced graduate students of counseling and psychotherapy. *Journal of Counseling & Development, 71*, 396-405.

Ronnestad, M. H., & Skovholt, T. M. (2003). The journey of the counselor and therapist: Research finding and perspective on professional development. *Journal of Career Development, 30*(1), 5-44.

Sacks, J. M., & Levy, S. (1950). The sentence completion test. *Projective psychology: Clinical approaches to the total personality*, 357-402.

Saul, L. J. (2015). 인격형성에 미치는 아동기 감정 양식 (*Childhood Emotional Pattern: The Key to Personality, Its Disorders and Therapy*). (이근후, 박영숙, 문홍세 공역). 하나의학사. (원저는 1977년에 출판).

Sims, A. (2003). 마음의 증상과 징후-기술 정신 병리학 입문 (*Simptoms in the Mind*). (김용식 외 공역). 중앙문화사. (원저는 1998년에 출판).

Szalita, A. B. (1985). On becoming a psychoanalyst: education or experience? *Contemporary Psychoanalysis, 21*, 117-122.

Vasco, A. B., & Dryden, W. (1994). The development of psychotherapists' theoretical orientation and clinical practice. *British Journal of Guidance & Counselling. 22*(3).

Vasco, A. B., Garicia-Marques, L., & Dryden, W. (1993) Psychotherapist know thyself!: dissonance between metatheoretical and personal values in psychotherapists of different theoretical orientations, *Psychotherapy Research, 3*, 181-196.

Watson, D. M., & Super, J. (2020). Selecting a Theoretical Orientation: A Constructivist Grounded Theory Study with Counselors-in-Training. *The Journal of Counselor Preparation and Supervision, 13*(2).

Weiner, I. B., & Kuenhnle, K. (1998). Projective Assessment of Children and Adolescents. *Comprehensive clinical psychology, 4*, 431-458.

Wolberg, L. R.(1994). *The technique of psychotherapy*. Grane & Stratton.

Yalom, I. D.(2005). 치료의 선물 (*The Gift of Therapy*). (최웅용, 천성문, 김창대, 최한나 공역). 시그마프레스. (원저는 2001년에 출판).

Yeomans, F. E., Clarkin, J. F., & Kernberg, O. F. (2013). 전이초점 심리치료입문 (*A Primer Of Transference-Focused Psychotherapy For The Borderline Patient*). (윤순임, 이용승, 김정욱, 도상금, 심영숙, 문형춘, 남기숙, 이임순 공역). 학지사. (원저는 2002년에 출판).

찾아보기

300

내용

저자 소개

신혜린(Shin, Haelin)

연세대학교 심리학 박사, 상담심리사 1급
전) 서강대학교 학생생활상담연구소 상담교수
현) 기연심리상담센터 대표
    연세대학교 겸임교수

〈저서 및 역서〉
사례로 배우는 심리상담의 실제(공저, 학지사, 2020)
효과적인 치료 전략 선택하기(공역, 시그마프레스, 2017)

초보 상담자를 위한
초기 상담에 관한 99가지 Q&A
99 Questions and Answers in the Early Phase of Counseling

2024년 7월 5일 1판 1쇄 인쇄
2024년 7월 10일 1판 1쇄 발행

지은이 • 신혜린
펴낸이 • 김진환
펴낸곳 • ㈜**학지사**

　　　　04031 서울특별시 마포구 양화로 15길 20 마인드월드빌딩
대표전화 • 02-330-5114　팩스 • 02-324-2345
등록번호 • 제313-2006-000265호

홈페이지 • http://www.hakjisa.co.kr
인스타그램 • https://www.instagram.com/hakjisabook

ISBN 978-89-997-3144-0　03180

정가 17,000원

출판미디어기업 **학지사**

간호보건의학출판 **학지사메디컬** www.hakjisamd.co.kr
심리검사연구소 **인싸이트** www.inpsyt.co.kr
학술논문서비스 **뉴논문** www.newnonmun.com
교육연수원 **카운피아** www.counpia.com
대학교재전자책플랫폼 **캠퍼스북** www.campusbook.co.kr